| 博士生导师学术文库 |

A Library of Academics by
Ph.D.Supervisors

资源配置与成本分摊管理

——以效率为视角

安庆贤 著

光明日报出版社

图书在版编目（CIP）数据

资源配置与成本分摊管理：以效率为视角 / 安庆贤著. -- 北京：光明日报出版社，2022.3
ISBN 978-7-5194-6572-8

Ⅰ.①资… Ⅱ.①安… Ⅲ.①资源配置—研究②成本管理—研究 Ⅳ.①F205②F275.3

中国版本图书馆 CIP 数据核字（2022）第 073271 号

资源配置与成本分摊管理：以效率为视角
ZIYUAN PEIZHI YU CHENGBEN FENTAN GUANLI: YI XIAOLÜ WEI SHIJIAO

著　　者：安庆贤	
责任编辑：杜春荣	责任校对：崔瑞雪
封面设计：一站出版网	责任印制：曹　诤

出版发行：光明日报出版社
地　　址：北京市西城区永安路 106 号，100050
电　　话：010-63169890（咨询），010-63131930（邮购）
传　　真：010-63131930
网　　址：http://book.gmw.cn
E - mail：gmrbcbs@gmw.cn
法律顾问：北京市兰台律师事务所龚柳方律师
印　　刷：三河市华东印刷有限公司
装　　订：三河市华东印刷有限公司

本书如有破损、缺页、装订错误，请与本社联系调换，电话：010-63131930

开　　本：170mm×240mm	
字　　数：240 千字	印　张：15
版　　次：2022 年 3 月第 1 版	印　次：2022 年 3 月第 1 次印刷
书　　号：ISBN 978-7-5194-6572-8	
定　　价：95.00 元	

版权所有　　翻印必究

前 言

资源一般指一国或一定地区内拥有的物力、财力、人力等各种物质要素的总称，分为自然资源和社会资源两大类。经济学研究的资源是可以被人类开发和利用的，彼得·蒙德尔等人的《经济学解说》一书将资源定义为"生产过程中所使用的投入"。随着社会经济的发展，人类不断追求更高的生活质量，相对于人类无限的需求来说，资源是重要的，也是稀缺的。《中国落实2030年可持续发展议程国别方案提纲》中指出，要提高资源利用效率，努力使经济增长与环境退化脱钩。同时，企业或组织要想利用有限的资源创造出更多更好的产品和服务也离不开对有限的、相对稀缺的资源进行合理配置。可见，解决如何实现资源合理配置这一问题既符合国家可持续发展重要战略的要求，也是企业增加收益、节省成本的有效措施。

在此背景下，本书将致力于在效率视角下研究资源配置与成本分摊管理相关问题。由于一些特殊资源，如技术资源和广告资源等无法直接进行配置，对该类资源的配置只能通过对其成本的分摊来实现，而成本作为一种"负向"资源，与产品的产量无关，所以又将成本分摊称为固定成本分摊，其可视为一种特殊的资源配置。现实中，企业或组织往往不是单一的个体，其内部可能由两个或多个子单元或子部门构成；同时企业与企业之间，以及企业内部各子部门之间通常存在竞争合作关系。根据研究对象内部结构的不同，我们将其分为单阶段系统和网络系统，后者又可细分为串联结构系统和并联结构系统。对不同结构的研究对象进行资源配置与固定成本分摊管理所需要的方法有所不同。本书基于数据包络分析方法，结合博弈论等知识，对效率视角下不同结构不同情形的资源配置与固定成本分摊管理问题进行深入研究。包含如下内容。

第一模块，绪论（第一章）。阐述本书的研究背景和研究意义，介绍资源配置和固定成本分摊的相关概念和研究进展，确定全书结构，并给出本书的创新点。

第二模块，基础概念、模型和理论（第二章）。该部分介绍了本书后面章节中涉及的基础理论和基础模型，包括：决策单元及其投入产出的含义，规模收益的含义及不同规模收益的定义，生产可能集与生产前沿面的定义与联系，决策单元的技术效率及数据包络分析方法的特点，数据包络分析的基础模型与网络模型，合作博弈与非合作博弈中的基础理论和思想。

第三模块，主要包含三个部分。

第一个部分研究单阶段系统资源配置问题（第三、四章）。该部分首先以网络流为基础，在资源配置过程中考虑了内部的资源配置流，运用数据包络分析方法和网络流相关理论给出最优的资源配置方案。接着，提出了一种综合数据包络分析方法和多目标线性规划的方法来解决资源配置问题，运用新决策单元投入产出的比例化处理将原有的多目标规划问题转化成了单目标问题，针对三种不同情形提供了资源分配模型。

第二个部分研究网络系统资源配置管理（第五、六、七、八章）。本书针对网络系统内部不同的结构，包括串联、并联、混合和双向交互并联，以及系统中非期望产出、非同质子系统、共享资源、竞争合作关系等，使用数据包络分析方法，构建不同的效率评价模型，提出不同的资源配置方案，并将理论研究应用于银行、酒店、金融和建筑行业中。

第三个部分研究固定成本分摊管理（第九、十章）。首先介绍了固定成本分摊基础模型；然后以两阶段网络系统为研究对象，结合数据包络分析方法和博弈论，提出了考虑两阶段系统内子阶段竞争合作关系，以及考虑两阶段系统外部之间竞争合作关系的固定成本分摊方法，并用保险公司和银行的数据进行了验证，对其固定成本分摊提供了参考意见。

第四模块，结论和展望（第十一章）。对本书研究内容进行总结，并对未来的研究方向进行展望。

在本书完成过程中，笔者所指导的研究生文瑶、陶向阳、王萍、邹雨晴、刘旭阳参与了大量讨论、编写和资料收集等工作。具体为：文瑶完成第二章，陶向阳和刘旭阳完成第三、五、六章，邹雨晴完成第八章，王萍完成第九、十章。

  本书受到国家自然科学基金面上项目"环境大数据背景下交互网络系统的环境绩效评价方法及其应用研究（71871223）""面向共享经济的网络DEA合作博弈方法及应用研究（72171238）"，湖南省自然科学基金优秀青年项目"资源与环境绩效管理"（2021JJ20072）和中南大学创新驱动青年人才项目计划"大数据情形下网络系统的环境绩效评价方法及其应用研究"的资助，在此深表谢意。此外，感谢光明日报出版社《博士生导师学术文库》对本书的出版给予了大力的支持与帮助。

  由于笔者水平有限，书中错误和不足之处在所难免，恳请广大读者批评指正！

安庆贤
2021年4月于中南大学

目 录
CONTENTS

第一章　绪　论 …………………………………………………………… 1
　第一节　研究背景及意义 ……………………………………………… 1
　第二节　资源配置相关概念及研究进展 ……………………………… 4
　第三节　固定成本分摊相关概念及研究进展 ………………………… 8
　第四节　本书结构及创新点 …………………………………………… 11

第二章　基础概念、模型和理论 ………………………………………… 14
　第一节　决策单元及其投入产出 ……………………………………… 14
　第二节　规模收益 ……………………………………………………… 16
　第三节　生产可能集与生产前沿面 …………………………………… 17
　第四节　技术效率 ……………………………………………………… 21
　第五节　数据包络分析及其模型 ……………………………………… 22
　第六节　博弈论基础 …………………………………………………… 39

第三章　考虑网络流的 DEA 集中化资源配置 ………………………… 45
　第一节　基于 DEA 的广义资源配置框架 …………………………… 46
　第三节　资源配置模型 ………………………………………………… 52
　第四节　生产收益与资源配置成本的权衡 …………………………… 56
　第五节　算　例 ………………………………………………………… 58
　第六节　银行系统集中化资源配置实证分析 ………………………… 63

1

本章小结 …… 68

第四章 考虑节约成本和优化产出的 DEA 内部资源配置 …… 69
第一节 问题提出 …… 69
第二节 相关文献回顾 …… 70
第三节 基于 DEA 的资源配置方法 …… 72
第四节 实例说明 …… 77
本章小结 …… 83

第五章 考虑非期望产出的串联系统资源配置 …… 84
第一节 考虑非期望产出的串联系统效率评价 …… 84
第二节 基于逆 DEA 的串联系统的资源配置 …… 86
第三节 考虑非期望产出的上市商业银行的资源配置应用研究 …… 90
本章小结 …… 98

第六章 考虑同质子系统的并联系统资源配置 …… 99
第一节 考虑同质子系统的并联系统的效率评价 …… 99
第二节 基于逆 DEA 的并联系统的资源配置 …… 101
第三节 考虑同质子系统的连锁酒店的资源配置应用研究 …… 103
本章小结 …… 116

第七章 考虑共享资源的混合系统资源配置 …… 117
第一节 考虑共享资源的混合系统的效率评价 …… 117
第二节 基于效率最优化的混合系统的资源配置 …… 121
第三节 考虑共享资源的国际酒店的资源配置应用研究 …… 124
本章小结 …… 137

第八章 交互网络系统资源配置 …… 138
第一节 引言 …… 138
第二节 交互式并联系统结构 …… 140

第三节　交互式并联系统资源配置方法 …………………………… 143
  第四节　实例分析 …………………………………………………… 149
  本章小结 ……………………………………………………………… 159

第九章　考虑两阶段网络系统内部竞合关系的固定成本分摊 …………… 160
  第一节　固定成本分摊基础 ………………………………………… 160
  第二节　子阶段合作情形下的两阶段网络系统固定成本分摊方法 …… 163
  第三节　子阶段竞争情形下的两阶段网络系统固定成本分摊方法 …… 173
  本章小结 ……………………………………………………………… 177

第十章　考虑两阶段网络系统外部竞合关系的固定成本分摊 …………… 178
  第一节　考虑固定成本的两阶段网络系统效率评价 ……………… 178
  第二节　基于合作博弈的两阶段网络系统固定成本分摊模型 …… 181
  第三节　基于非合作博弈的两阶段网络系统固定成本分摊模型 …… 192
  本章小结 ……………………………………………………………… 200

第十一章　结论与展望 …………………………………………………… 201
  第一节　结　论 ……………………………………………………… 201
  第二节　展　望 ……………………………………………………… 203

参考文献 ………………………………………………………………………… 206
后　记 …………………………………………………………………………… 226

第一章

绪　论

　　经济的快速发展不仅提高了企业效益，还改善了人民生活，但同时也造成了资源稀缺。如何在资源有限的情况下，既不降低企业效益，又能提高资源利用率是国家和企业共同关心的问题。那么企业的效益应该怎样衡量？又如何提高资源的利用率？对于这些问题的回答不仅有助于企业用最少的资源，生产出最适用的商品和劳务，获取最佳的效益，而且可以减缓资源耗费的速度，迎合国家可持续发展趋势。

第一节　研究背景及意义

一、研究背景

　　改革开放以来，我国经济社会发展走过了40多年的光辉历程，取得了举世瞩目的历史性成就，经济发展跃上新台阶，基础产业跨越式发展，人民生活不断完善。然而，经济的高速发展伴随着对部分资源的需求增加，过度开采资源对地球造成了危害，如全国煤矿采煤沉陷、损毁土地面积已达100公顷，同时这一数字还在以每年7万公顷的速度飙升，这不仅造成矿产资源的极度稀缺还影响当地居民正常生活；水资源过度开发问题也很突出，不少地方水资源开发已经远远超出水资源承载能力，由此引发了一系列生态与环境问题。

　　根据已探明的资源储量与人均可利用量来看，中国石油储量占世界1.8%，天然气占0.7%，铜不足5%，铝土矿不足2%。2000年，中国石油、天然气与煤的人均可采储量分别为世界平均值的11.1%，4.3%，55.4%。与中国人口占世界总人口的21%相比，主要资源总储量与人均可采储量明显偏少。由此可见，中国经济的高速增长在资源方面的约束，主要是资源稀缺。资源的稀缺性决定了有限的资源必须通过合理的分配方案进入到社会的各个领域，才能实现资源的最佳利用。《中国落实2030年可持续发展议程国别方案提纲》中也指出，要提高资源利用效率，在保持经济中高速增长的同时，持续改善环境质量，努力使经济增长与环境退化脱钩。

那么如何最大限度地提高资源利用率呢？这就涉及现代经济社会中一个非常关键的研究问题——资源配置问题。国家通过对自然资源进行合理配置，可以解决供需平衡，提高经济效率。例如，我国天然气资源北多南少，西多东少，通过"西气东输"这一跨区域调配过程，可以解决自然资源分布不均问题。企业通过对资源的合理配置，可以利用有限的资源创造出更多更好的产品和服务，为实现商品的供求平衡提供重要的支撑。例如，每年的"双十一"成了电商平台促销的黄金节点，在屡屡创下单日销售纪录的同时，电商平台背后的资源配置优化方案是促成"双十一"期间电商平台高效稳定运行的重要因素。商家在"双十一"之前准备哪些产品能够恰当地满足消费者需求，准备多少数量才不至于积压货物，需要多少人力资源能够刚好完成激增的工作量，都是电商平台需要考量的资源配置问题。合理的资源配置方案，能够稳固现有的效率水平，同时也可进一步实现决策者更高的效率期望。

资本也属于资源，包括使用期限较长、单位价值较高、并在使用过程中保持原来的物质形态的固定资产，如厂房、设备、公共网络平台。在互联网高速发展时期，很多公司由于业务关系往来，共同建立了网络平台，不仅节约成本而且还能促进企业间合作，从而提高企业收益。如太平洋寿险公司为提高柜台运营效率开发了智能机器人"灵犀二号"，该款智能机器人由总公司投资进行研发，各分公司可以享受其带来的利益，但同时所有分公司需共同承担总公司因研发这款智能机器人而产生的投资费用。类似的，银行分行享受总行投资研发的交易系统，代理商享受制造商的广告资源等，当他们在使用共同平台获取收益的同时，他们也应该共同分摊建立公共平台的费用支出。由于这些技术资源和广告资源都是无形的，无法直接进行资源配置，因此对上述特殊资源的配置只能通过对其投入成本进行分摊来实现。此种成本在一定期限内不会随产品产量增加而变化，因此对该成本分摊又称为"固定成本分摊"。在分摊过程中，各决策单元（Decision Making Unit，DMU）之间存在博弈关系，如果分摊方法使其中任何一个决策单元不满，都可能导致投资或合作的失败。如何结合企业的实际情况设计公平合理的成本分摊机制对于解决企业间合作、企业内部资源分配等现实问题至关重要。

二、研究意义

随着我国经济的高速发展，对某些资源的需求逐渐增加，过度开采资源不仅对地球造成了危害，还使我国原有的资源存储量更加稀少。资源的稀缺性决定了有限的资源必须通过合理的分配方案进入社会的各个领域中去，以实现资源的最佳利用。企业作为经济活动的微观主体，为实现商品的供求平衡，通常需要保证生产资源在不同商品之间、同类商品不同品种之间以及同种商品不同生产者之间合理利用。国家作为领导主体，需要对自然资源进行合理配置，实现节能减排，提高环境效率。基于以上现实背景，本书从效率视角针对系统内部的不同结构特征制订对应的资源配置计划，具有以下几方面理论意义和现实意义。

首先，本书从效率视角出发，以单阶段系统和网络系统为研究对象，提出了不同情形下的资源配置方法和固定成本分摊方法，确保在不降低效率的同时，提高资源的利用率。

其次，本书针对四种不同结构的网络系统，提出了不同形式的资源配置理论模型，具有一定的理论创新。在关注内部结构的同时，还考虑了非期望产出问题、决策单元非同质问题、资源共享问题以及效率的不变与可变问题等。将不同问题整合考虑，对于理论研究的探索与拓展都具有一定意义。

再次，考虑到决策单元之间的竞争合作关系，提出不同情形下的公平成本分摊方案。在现实案例中，很多企业的生产过程较为复杂，可以看成两个阶段，这些具有网络结构的决策单元通常会通过竞争合作的方式来降低自身的成本，这种竞争合作不仅存在于两阶段决策单元之间，也存在于决策单元内部的子阶段之间。当决策单元之间共同消耗一种成本，并且决策单元内部、外部之间存在竞争合作关系时，应如何将这种固定成本合理公平地分摊给每一个决策单元和子阶段，既是管理者关心的问题也是学者关心的问题。

最后，从现实意义来看，本书将所提出的模型应用在现实场景中，用以解决实际的资源配置问题和固定成本分摊问题。通过将理论研究应用于银行、连锁酒店的资源配置问题，以及保险公司、商业银行的固定成本分摊问题，针对各个案例的实际情况，为决策者提供资源配置建议和固定成本分摊建议。

第二节　资源配置相关概念及研究进展

一般认为"资源"指的是一国或一定地区内拥有的物力、财力、人力等各种物质要素的总称，分为自然资源和社会资源两大类。前者如水、阳光、土地、空气、草原、动物、森林、矿藏等；后者包括人力资源、信息资源以及经过劳动创造的各种物质财富。彼得·蒙德尔等人的《经济学解说》一书则将"资源"定义为"生产过程中所使用的投入"。本书将资源概括为三大类：劳动、资本、自然资源。

劳动，在经济学中的含义比较广泛，指的是有劳动能力和劳动经验的人在生产过程中有目的地支出劳动力的活动，是人类运动的一种特殊形式。劳动可以是人类在生产活动中所付出的体力和脑力，可以是一切具有经济意义的活动，也可以是人们从事生产的努力或活动等。

资本，在经济学意义上是指用于生产的基本生产要素，即厂商用于生产的资金、厂房、机器装备、运输工具、材料等一切人类创造的供生产和经营利用的物品。对某一厂商来说，资本是他的总资本或总资产，因而不仅包括资本品等有形的资产，也包括商标权、专利权、商誉等无形资产。

自然资源，是指凡是自然物质经过人类的发现，被输入生产过程，或直接进入消耗过程，变成有用途的，或能给人以舒适感，从而产生经济价值以提高人类当前和未来福利的物质与能量。自然资源包括陆地、海洋、矿藏、森林、风力、水力，等等。它既可以为生产活动提供场所，也可以为产品生产提供原材料和动力来源，是不可替代的经济资源。

资源配置问题是经济管理中的常见问题。资源配置就是对有限的、相对稀缺的资源进行合理配置，以便用最少的资源，生产出最适用的商品和劳务，获取最佳的效益。通过资源合理的配置，企业可以利用有限的资源创造出更多更好的产品和服务；为实现商品的供求平衡，保证生产资源在不同商品之间、同类商品不同品种之间以及同种商品不同生产者之间合理利用提供了重要的支撑。

资源配置计划的制订是管理运筹领域中十分重要的研究内容。Mandell（1991）制订了双标准数学规划问题，以便在不同的公共服务提供地点之间分配服务资源。Oral 等（1991）使用了基于数据包络分析（data envelopment analysis，DEA）的研究方案对业绩进行评价，并据此分发研究资金。Taylor 等（1993）考虑了分配计划对效率评分的影响，并使用了加性 DEA 模型来实施资源分配。Cook 和 Kress（1999）首次探究固定成本分摊（一种特殊资源）问题，探讨了资源配置的效率不变性和输入帕累托最优性。该作者认为分配机制应反映当前的绩效表现，任何改变效率分数的手段都是不公平的。Beasley（2003）提出了固定成本分摊的另一个视角，即用一套"共同权重"来最大限度地提高分配后的总体效率得分。共同权重的基本逻辑是，传统 DEA 方法使用极值点将一个决策单元与样本集的其余部分进行比较（Jeang 和 Liang，2012），选择最有利于某一个被评估决策单元的权重，而共同权重则从所有待评价决策单元的角度出发，寻找对所有决策单元来说较公平的权重。Cook 和 Zhu（2005）进一步扩展了 Cook 和 Kress（1999）的产出导向方法，并提出了多投入和多产出情况下的可执行方法。不过，Lin（2011a）认为，如果考虑到一些额外的限制因素，Cook 和 Zhu（2005）的方法将是不可行的。Amirteimoori 和 Shafiei（2006）以及 Amirteimoori 和 Emrouznejad（2011）研究了配额削减情况下所有决策单元之间的资源配置问题，并要求效率得分保持不变。Pachkova（2009）通过"价格矩阵"将资源转移成本引入资源分配。该作者为所有决策单元权衡了允许的最大重新分配成本和尽可能高的总效率。Fang 和 Zhang（2008）通过最大限度地提高总效率得分和独立效率得分来分配资源。Milioni 等（2011）提出了一个用于资源分配的椭球边界模型。Li 等（2013）证明，所有决策单元在分配后都可以使用一组共同权重达到有效，他们定义了一个令人满意的程度概念，以获得最终的分配方案。Wu 等（2013）通过一场讨价还价的博弈，使决策单元根据其生态效率和当前的排放水平争夺一套共同权重。Du 等（2014）将每一个被评价决策单元视为与其他决策单元进行谈判的竞争对手，从而利用博弈交叉效率概念开发了一种迭代方法来分配输入资源。An等（2017）评估了大数据环境中决策单元的效率，并基于DEA方法，以最小成本为目标构建优化模型，得到每个决策单元的二氧化碳排放许可量。Zhu等（2017）评估了2005年至2012年中国大陆26个省区的自然资源利用效率，同时开发了一种基于DEA的方法来分配26个省区减少的自然资源总量。Xiong等（2018）提出了一种基于DEA的双向交互式并行系统的资源分配方法，并将该方法应用在合作场景中的中国金融业和建筑业的投入产出表中。该方法不仅考虑单个决策单元的资源分配，而且考虑所有决策单元的资源分配。Zhang等（2018）提出额外输入资源的分配模型，致力于最大化决策单元集的全局技术效率和规模效率，同时保持每个决策单元的增长潜力。Shao等（2018）将资源输入分为三组：固定输入、分配到同一区域中的分支的区域输入和分配给所有分支的额外公共资源，以最大化整个组织的毛利润为目标，分配了分支网络系统资源。An等（2019）将合作博弈论与网络DEA相结合，探索三阶段系统中的支付分配问题。计算系统在资源共享之前和之后的最佳利润（协作前后的最优利润），然后应用Shapley值来分配系统增加的利润，得到三阶段系统中的阶段之间的博弈是超加性的。Wu等（2019）从生产稳定性的角度来制订资源配置计划。Zhang等（2019）基于零和增益以及固定和增益假设，利用两阶段DEA模型来获得环境资源分配结果。他们将所有投入分为可自由支配和不可自由支配投入，并基于环境效率得分构建两个模型来分配资源，获得了基于各种假设的环境效率得分和资源分配计划。Ripoll. Zarraga和Lozano（2020）使用集中式DEA方法优化组织中西班牙机场所有不同部门的资源使用情况。首先采用非集中式非定向slack-based inefficiency（SBI）模型来识别效率低下的机场，再将相应的集中式DEA模型应用于效率低下的单元，以通过减少投入的总消耗（允许资源重新分配）和增加总产出来最大限度地提高潜在的改进（松弛）。Jiang等（2019）使用DEA来开发模型，以帮助多元化的公司更准确地计算公司及其业务部门级别的生产率，然后在业务部门之间重新分配资源以实现更好的公司整体绩效。丁晶晶等（2013）从效率与公平角度出发，研究了并联系统的资源分配与目标设定方面的相关问题。

除了上述资源配置以外，共享资源的配置也是比较常见的。Chen等（2006）开发了一个非线性DEA模型，以测量在两阶段系统中考虑三种共享投入情况下的互联网技术对银行绩效的影响。Chen 等（2006）指出，在现实生活中，一些投入是不能分开的，否则会导致效率评估结果不准确。他们开发了一套 DEA 模型来测量具有不可分割的共享投入的两级系统的效率。Zha 和 Liang（2010）提出了一个乘法形式的合作效率模型，用于测量串联结构生产过程的绩效。Kao（2012）讨论了并联系统中相同资源的分配。Rogge 和 De Jaeger（2012）提出了一个共享投入 DEA 模型，以分别估计市政和每个组成部分的成本效率。在他们的研究中，废弃物的成本由六个平行的部分共同承担。Amitimimori（2013）将共享资源分配给两个相互依存的阶段。Huang 等（2014）提出了一种基于包络形式改进的两阶段 DEA 方法，以评价中国台湾地区国际观光旅馆的效率和效用。该旅馆的结构是一种混合结构，第一阶段是单阶段的生产过程，而第二阶段包含多个并联子系统。Wu 等（2016）指出一种共享情形：即第一阶段的非期望中间产品可以被第二阶段使用或处理，同时一些新资源从第二阶段反馈到第一阶段。在此情况下，共享资源作为不便于分割的投入被两个阶段使用。An 等（2019）对三阶段串联系统进行了资源配置的研究。Zhu 等（2019）讨论了两阶段串联系统的固定成本分配问题，开发了一套 DEA 模型，通过将固定成本作为一组决策单元中两个阶段共享的附加投入因子来衡量性能。根据实际目标提出了三种程序，以获得公平的成本分配计划。Wang 等（2019）讨论了一个通用的两阶段网络生产结构的固定成本分配问题，基于介绍满意度和公平度的概念提出了一种在集中权限控制下获得最优分配计划的方法。Bian 等（2015）提出了一个通用的 DEA 模型来测量了具有投入和产出的一般并联系统的效率。在一般的并联系统中，每个子系统具有一组共同的、专用的和共享的投入或产出。Wu 等（2016）把交通系统看作是一个资源共享的平行系统，提出了一种适用于中国交通系统绩效评价的 DEA 模型。

考虑到经济的高速增长受资源短缺的约束，一些学者从不同视角研究资源配置问题，并取得了较丰富的成果。从研究对象来看，包括企业资源和环境资源的配置问题；从系统结构来看，网络结构越来越受到学者关注。

第三节　固定成本分摊相关概念及研究进展

会计学和经济学中对固定成本的定义为：在一定范围内与产品的产量和流转量无关的支出，比如，固定资产折旧、保险费、办公费等（于长军，2013）。李映照和崔毅（2002）认为，在变动成本下，固定成本又可以分为约束性固定成本和酌量性固定成本。约束性固定成本即在现有的经营能力约束下的固定成本，是维持企业正常生产经营必不可少的成本，如机器、厂房的折旧。约束性固定成本是企业一旦投入运营就产生的，由于约束性生产成本较大，在会计学中一般按周期进行分摊，比如，在当前的成本计算法下，约束性固定成本一般被当成长期资产来分配，按周期分摊到产品中去。酌量性固定成本是当前阶段未发生的，是企业管理者在某一会计年度开始前，根据自身经营状况、资金运转等情况而确定的计划期内的预算总额。与约束性固定成本相比，酌量性固定成本不具有约束性，如广告宣传费、职工培训费及研究开发费（李桂范等，2001）。这类成本的发生不是固定的，它的多少取决于企业不同生产阶段间的需要，更取决于管理高层的决策。

因此，从经济用途和管理会计的角度来看，成本的分类如下图1-1所示。

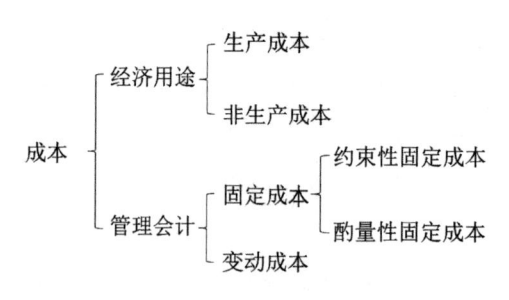

图1-1　成本的分类

由于固定成本在一定范围内与产品的产量和流转量变化无关，比如，企业固定资产的折旧、保险费、办公费等（于长军，2013），所以固定成本是在一定的时间内或一定的业务范围内才是"固定"的。固定成本的特点既有

"不变"也有"变",(1)"不变"指固定成本总额不变,是说一定时间内,固定成本的总额不随产品数量的增加而增加。(2)"变"的是单位固定成本。单位固定成本＝总固定成本/产品数量,由上一个特点知,在一定时间内固定成本额不变,但是在这段时间内产品数量是增加的,导致单个产品分摊的固定成本额减少,这也称为"反比例变动性"(王海琴,2017)。这两个特点也反映了固定成本的规模效应,即规模越大所带来的经济效益越高。在现实生活中,当需要进行固定资产投资时,企业之间通常会选择合作的方式进行投资,从而降低企业投资的风险。

从研究对象来看,目前基于 DEA 的固定成本分摊的研究主要有单阶段 DMU 的固定成本分摊和两阶段 DMU 的固定成本分摊。单阶段 DMU 只关注系统的初始投入和最终产出,目前所研究的单阶段 DMU 的固定成本分摊方法主要基于两个原则:效率不变原则和效率最大化原则。效率不变原则指的是在成本分摊前后各 DMU 的相对效率保持不变。Cook 和 Kress(1999)第一次用 DEA 方法研究了成本分摊问题,他们提出了基于效率不变原则和帕累托最小化原则的线性规划方法。Jahanshahloo(2004)等认为 Cook 和 Kress(1999)的方法计算过程有点复杂,于是提出了一种更为简单的不用求解线性规划问题的方法,同样实现了分配的公平性。Cook 和 Zhu(2005)则指出 Cook 和 Kress(1999)的方法不能直接确定成本分摊方案而只能检验分摊方案是否公平,于是将 Cook 和 Kress(1999)的结果拓展到了其他导向的 DEA 模型。但是,当加入一些特殊约束时 Cook 和 Zhu(2005)的方法没有可行解,Lin(2011a)在其基础上进行了改进并根据分摊计划设定目标。随后,在不违背效率不变原则的基础上,Lin(2011b)又提出将相对效率和投入产出规模相结合的成本分摊方法。Mostafaee(2013)提出了另一种分摊方法,可以保证效率和规模收益类别在分摊前后都不变。效率最大化原则指的是成本分摊后,DMU 的整体效率或平均效率比原来的效率高。这一原则是由 Beasley(2003)提出来的,他通过最大化所有 DMU 的平均效率得到一组唯一的成本分摊方案,但是需要求解非线性规划模型。Amirteimoori 和 Kordrostami(2005)指出 Beasley(2003)的方法在某些情况下不存在可行解,于是提出了另一种基于 DEA 的方法,可以在固定成本分摊的同时为下一时期提供合理的产出目标。但是 Amirteimoori 和 Kordrostami(2005),Beasley(2003)方法的评价并不准确，最近，Jahanshahloo 等（2017）指出 Beasley（2003）的方法总是存在可行解。Amirteimoori 和 Tabar（2010）通过最大化或最小化总差距来确定成本分摊方案并展示了如何设置输出目标。考虑到固定成本对每一个 DMU 的影响，Li 等（2013）提出了一种基于满意度的成本分摊方法。Si 等（2013）探究了比例分摊法和基于 DEA 的分摊方法之间的关系，并基于这些理论基础提出了新的分摊方法，并且证明了可以用一组共同权重使所有 DMUs 达到有效。Du 等（2014）提出了一种基于交叉效率的迭代方法来分摊固定成本和资源。Khodabakhshi 和 Aryavash（2014）提出了一种基于不同原则的分摊方法：分摊必须与固定成本或和收益成正比的要素成正比；与固定成本或和收益成反比的要素成反比；与固定成本或收益没有影响的要素也必须对分配无影响。在固定成本分摊问题中，除了把固定成本当成一种额外的投入外，Li 等（2009），Lin 和 Chen（2016）认为在有些情况下与已有的投入属于同一种，所以提出将固定成本当作原有投入的补充。以上文献都假设 DMU 分摊后的效率比分摊前高，但是在现实中所有 DMU 都达到同一技术水平是不可能的，Ding 等（2018）考虑到这一技术异质性因素而提出了新的成本分摊方法。

两阶段 DMU 的固定成本分摊考虑了系统内部结构，是指所有可能的串联结构系统，如基本的两阶段系统，一般的两阶段系统，以及其他有多个额外投入和产出的复杂结构系统。在现实中，银行的业务一般可以分成存款和贷款两个阶段，所有分行在享受使用公共设施带来的利益同时也需要承担一定的成本。目前，只有少数的文献研究了两阶段网络系统的成本分摊问题。Yu 等（2016）认为传统的固定成本分摊方法只考虑到自评问题，没有考虑到别人对自己的评价，因此提出将交叉效率概念和两阶段 DEA 方法结合起来解决成本分摊问题。Ding 等（2019）从整体最优角度出发，引入满意度和公平度概念提出了解决一般两阶段网络系统（带有额外投入和产出）的固定成本分摊问题的方法。Zhu 等（2019）将固定成本作为两阶段系统中的额外共享投入来衡量绩效，并提出了基于不同目标的成本分摊方法。Li 等（2019）在考虑内部结构和成本时用 DEA 方法来评估相对效率，通过最小化基于效率的分摊方案与基于规模大小的成本分摊方案之间的差距来获得最终的分摊方案，他们的方案可以使所有 DMUs 和子阶段在共同权重的基础上达到有效。Chu 等（2020）考虑到 DMU 的两个子阶段之间的竞争关系，将所有 DMUs 的两个子阶段看成两个联盟，并和"领导者—跟随者"模型结合，提出基于满意度的博弈模型，最终得到唯一的成本分摊方案。

第四节 本书结构及创新点

本书以单阶段系统和网络系统为研究对象，利用数据包络分析方法和博弈论基础知识，针对单阶段系统资源配置管理、网络系统资源配置管理和固定成本分摊管理问题展开研究。本书结构如下：

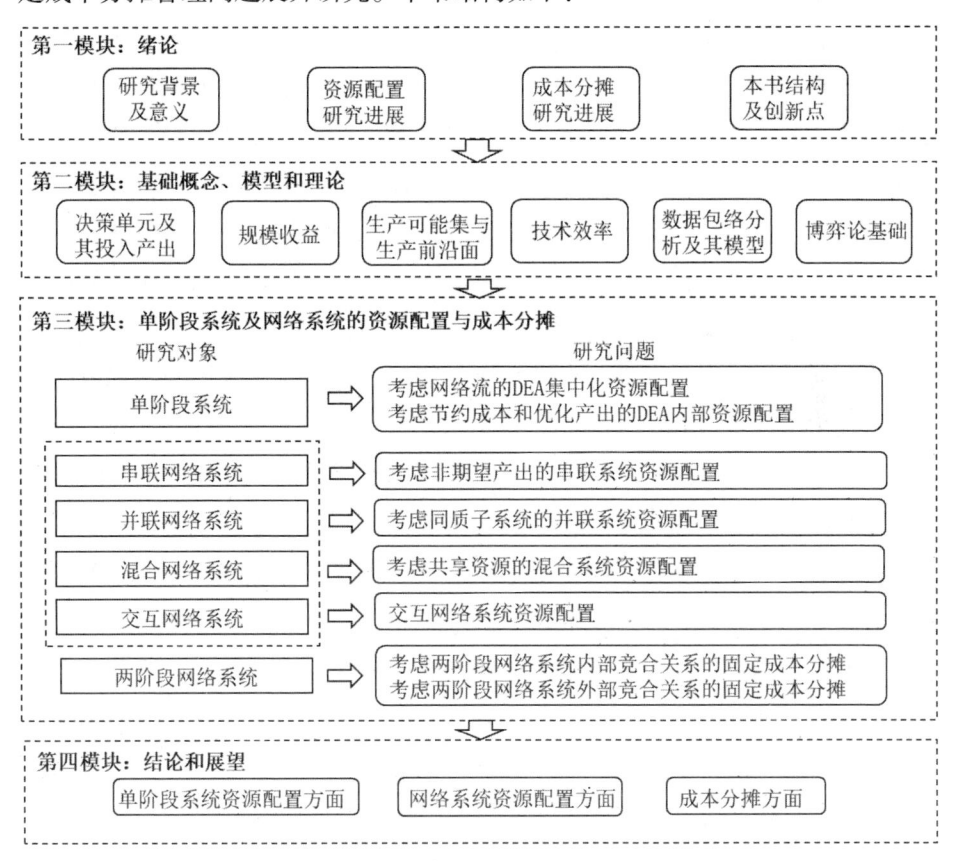

第一模块：绪论
- 研究背景及意义
- 资源配置研究进展
- 成本分摊研究进展
- 本书结构及创新点

第二模块：基础概念、模型和理论
- 决策单元及其投入产出
- 规模收益
- 生产可能集与生产前沿面
- 技术效率
- 数据包络分析及其模型
- 博弈论基础

第三模块：单阶段系统及网络系统的资源配置与成本分摊

研究对象 / 研究问题
- 单阶段系统 ⇒ 考虑网络流的DEA集中化资源配置；考虑节约成本和优化产出的DEA内部资源配置
- 串联网络系统 ⇒ 考虑非期望产出的串联系统资源配置
- 并联网络系统 ⇒ 考虑同质子系统的并联系统资源配置
- 混合网络系统 ⇒ 考虑共享资源的混合系统资源配置
- 交互网络系统 ⇒ 交互网络系统资源配置
- 两阶段网络系统 ⇒ 考虑两阶段网络系统内部竞合关系的固定成本分摊；考虑两阶段网络系统外部竞合关系的固定成本分摊

第四模块：结论和展望
- 单阶段系统资源配置方面
- 网络系统资源配置方面
- 成本分摊方面

图1-2 本书结构

本书立足于效率视角下的资源配置管理与成本分摊管理，在研究思路和

11

研究方法上具有以下 8 点创新之处：

（1）系统地研究了组织内部资源的配置。提出了三个整合模型用于合理分配资源，讨论了在对组织内部的资源进行合理配置时，如何实现在资源（投入）有限的情况下产出最大化或者在产出目标设定的情况下资源消耗最小化。

（2）首次利用网络流相关理论研究集中化资源配置问题。现有研究大都侧重于对资源配置量的分配，鲜有研究考虑资源配置过程中资源配置流的流向。本书将网络中的节点视为决策单元，在所有决策单元之间研究资源配置流。相对于以往研究，本书不仅给出了资源配置的最优方案，而且具体刻画出资源是如何在各个决策单元之间进行分配的。

（3）提出考虑非期望产出的串联系统资源配置模型。本书创新性地提出了两阶段串联系统的逆 DEA 方法，在保证串联系统整体效率保持不变的情况下，制订合理的资源配置计划，用以满足所提出的产出目标。在研究中还考虑了系统所产生的非期望产出，因此在制订资源计划时，不仅要保证能够完成更高的期望产出目标，同时还要尽可能地降低非期望产出的产生。最后将这一方法应用在中国上市银行的资源配置计划制订研究中。

（4）提出并联结构系统的资源配置模型。本书针对并联结构系统的内部特征，提出了基于逆 DEA 的资源配置方法。将系统内部进行细化，针对内部的每一个子系统都进行效率评价。在保证每一个子系统效率保持不变的前提下，提高产出目标，使用本书提出的方法制订资源计划。这种方法不但保证了子系统的效率保持不变，同时也保证了系统的整体效率保持不变。最后将该方法应用于连锁酒店资源配置的研究中。

（5）提出考虑共享资源的混合结构系统的资源配置模型。在同时考虑非同质问题和共享资源特征的前提下，提出了相应的 DEA 模型为混合系统制订资源配置计划。混合系统的内部往往较为复杂，本书将系统的内部抽象成串并联的混合结构。先将系统分为两个阶段，接着进一步将其中一个阶段的内部抽象成包含多个非同质子系统的并联结构。针对上述系统结构，提出效率评价与资源配置方法，评价了各个阶段的绩效表现，并将共享资源配置到并联的非同质子系统中。最后将本方法应用到国际酒店的效率评价与资源配置的研究中。

（6）以双向交互式并联系统为研究对象，分别建立了决策单元子阶段合作和竞争情形下的资源配置模型，以实现单个决策单元内部的资源配置；建立了集中决策下的资源配置模型，可以实现总资源在所有决策单元的子阶段间的配置。

（7）将单阶段决策单元中基于效率不变原则的固定成本分摊模型拓展到两阶段网络结构中，并同时考虑到子阶段之间的合作与竞争关系。当两个子阶段合作时，基于决策单元整体效率不变原则分摊成本；当两个子阶段竞争时，以某个子阶段为领导者，构建基于子阶段效率不变的"领导者—跟随者"分摊模型。

（8）同时考虑到两阶段网络决策单元之间的合作与竞争关系。之前的基于 DEA 的成本分摊研究多是考虑到单阶段决策单元间的博弈关系，本书考虑到两阶段网络决策单元之间的竞争合作关系。在合作关系下将联盟博弈中的核仁解作为分摊方案，在非合作情形下通过不断优化平均收益得到最终的成本分摊方案，使分摊后决策单元的效率有所提升。

第二章

基础概念、模型和理论

合理的资源配置可提高资源使用率，从而增加企业或组织收益，因此，资源配置成为企业或组织亟须解决的重要问题之一。多数组织通过一系列财务指标和组织内部各部门之间的协调完成资源配置，这样的方法虽然简单但没有严格的理论支撑。数据包络分析方法与上述方法相比具有较好的优势，它可以根据生产可能集的实际特征估计可能的分配方案的效果从而提供合理的资源配置方案。通过数据包络分析方法，我们可以从多个维度对分配情况进行考虑，能有效避免因评价指标过少带来的评估偏差。同时，数据包络分析方法的引入，为这一领域注入了新的活力，扩展了该领域的研究范围（Lin，2011）。另外，由于决策单元之间往往存在合作与竞争的博弈关系，因此有较多研究者将博弈论与数据包络分析方法结合起来对决策单元效率评价、目标设定、资源配置、成本分摊等问题进行研究（Lozano 等，2019；Li 等，2020；Chu 等，2020）。同时，不仅企业或组织外部存在竞争合作关系，企业内部也存在竞争合作关系。若考虑企业内部的竞争与合作关系，打开"黑箱"，可以更公平地展现企业之间的效率评价，从而为决策者提供更具有借鉴意义的决策方案。本书中固定成本分摊部分的研究将结合数据包络分析方法与博弈论相关知识来展开。

因此，本章主要介绍数据包络分析相关概念及基础模型，以及资源配置和固定成本分摊过程中用到的博弈论（game theory）基础知识。

第一节 决策单元及其投入产出

决策单元（decision making unit，DMU）是指需要被评价的研究对象，是将投入转化成产出的实体，例如，学校、医院、银行、公司等。其中，投入可以是人力、设备、资本场地等；产出则是产品、公司业绩、教学成果等一切可以衡量结果或成效的指标。

在传统的 DEA 相关研究中，常常要求被评价的一组决策单元是同质的，即每一个决策单元所处的生产环境、投入和产出指标都是一致的。随着 DEA 方法的进一步拓展，目前也有一些 DEA 方法适用于非同质决策单元的研究。本书中提到的决策单元都是同质的。

根据以上对决策单元的定义，每个同质决策单元都具有相同的投入和产出指标，且利用投入因素生产或制造出一定的产品（即产出）。一般来讲，投入和产出指标的选取依赖于决策单元的特性，对于制造企业而言，投入可以是员工、原材料、设备，产出即各种形式的产品。对于交通运输行业来讲，投入是人力、财力、运输工具等，产出则是客运量和货运量，同时还会产生二氧化碳、粉尘等环境污染物。企业或实体一般都希望用尽量少的投入生成尽量多的产出，但当产出中包含不合格产品、污染物等非期望产出时，则希望越少越好，投入中也有例外。根据这一特性，可以将投入（产出）分为期望投入（期望产出）和非期望投入（非期望产出），例如，钢铁企业在生产钢材时，伴随着产生了很多二氧化硫、灰尘等污染物，因此可以把钢铁类产品看作期望产出，而二氧化硫、灰尘等污染物为非期望产出，越少越好；对垃圾处理厂而言，人力、设备为期望投入，回收的废物为非期望投入，越大越好。不同类型的投入产出，其可处置性有所不同。以下主要介绍投入产出的弱可处置性和强可处置性。

假设用 x 和 y 分别表示决策单元的投入和产出，P 表示决策单元的产出集，则，

（1）投入的弱可处置性：如果所有的投入以相同的比例增加，产出不会降低，即 $\forall x \in R_+^N, \lambda \geq 1$，有 $P(x) \subseteq P(\lambda x)$。

（2）投入的强可处置性：如果投入增加（或非减），则新产出集包括原产出集，即 $\forall x, x' \in R_+^N, x' \geq x$，有 $P(x) \subseteq P(x')$。

（3）产出的弱可处置性：对于所有现有产出 $y \in P(x)$，按照比例 $0 \leq \beta \leq 1$ 减少后仍能保持产出可行，即 $\forall y \in R_+^N, y \in P(x)$，当 $0 \leq \beta \leq 1$ 时，$\beta y \in P(x)$。

(4) 产出的强可处置性：对于所有现有产出 $y \in P(x)$，按照任意方向进行减少（减少部分或全部产出），减少后的产出仍然是可行的。即 $\forall y \in R_+^N$，$y \in P(x)$，当 $0 \leq y' \leq y$ 时，$y' \in P(x)$。

产出可分为期望产出和非期望产出，其中，期望产出又称好产出，是生产过程中企业希望越多越好的产出，比如，利润、产品数量、产品质量等；非期望产出又称坏产出，是企业希望越少越好的产出，比如，不合格产品；二氧化碳、二氧化硫、废水、固体废物的排放等。非期望产出是一种特殊的产出，DEA方法中非期望产出的处理方式可分为直接方法和间接方法。直接方法可细分为三类：第一类是基于 Färe 等人（2004）的研究，将产出的强可处置性替换为弱可处置性；第二类是基于松弛量或 Russell 测度的评估模型；第三类是基于方向距离函数（directional distance function，DDF）。间接方法可以细分为两类：第一类是把非期望产出作为投入处理，这种方法仅需要确定哪些因素是越少越好，哪些因素是越多越好即可，但不足之处在于它并不能反映真实的生产过程；第二类是对非期望产出进行数据转换，如非线性单调递减转换法和线性单调递减转换法。关于非期望产出处理方式的研究可参考 Seiford 和 Zhu（2002），Halkos 和 Petrou（2019）等。

第二节 规模收益

规模收益（returns to scale，RTS）也称规模报酬，是指企业内部生产规模发生变化，即所有投入按相同的比例增加时，对产出的影响。考虑生产函数 $y = f(X) = f(x_1, x_2, \cdots, x_m)$，这种影响可根据投入增大 $k(k>0)$ 倍后产出的变化分为以下几种类型（魏权龄，2004）：

(1) 如果投入按一定比例同时增加，产出也会同比例的增加，即，若 $f(kX) = kf(X)$，则规模收益不变（constant returns to scale，CRS）；若 $f(kX) \neq kf(X)$，则规模收益可变（variable returns to scale，VRS）。

(2) 如果投入按一定比例同时增加，产出按大于这一比例增加，即，若 $f(kX) > kf(X)$，则规模收益递增（increasèng returns to scale，IRS）。

(3) 如果投入按一定比例同时增加，产出按小于这一比例增加，即，若 $f(kX) < kf(X)$，则规模收益递减（decreasing returns to scale, DRS）。

(4) 如果投入按一定比例同时增加，而产出按不大于这一比例增加，即若 $f(kX) \leq kf(X)$，则规模收益非增（non-increasing returns to scale, NIRS）。

(5) 如果投入按一定比例同时增加，而产出按不小于这一比例增加，即若 $f(kX) \geq kf(X)$，则规模收益非减（non-decreasing returns to scale, NDRS）。

上述生产技术的规模收益情况如图 2-1 所示。

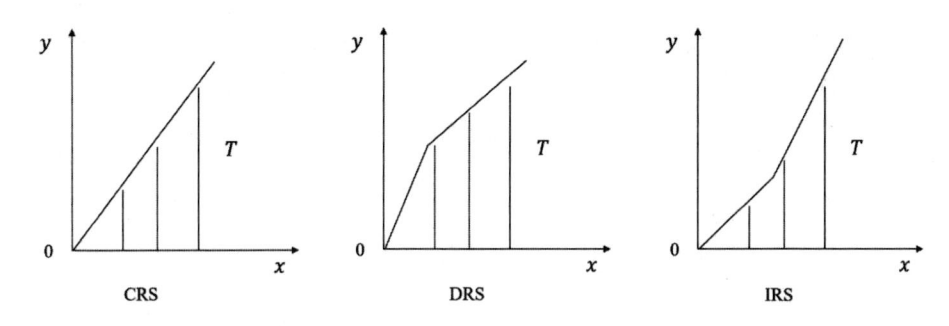

图 2-1 生产技术的规模收益

第三节 生产可能集与生产前沿面

一、生产可能集

假设有 n 个待评价的同质 DMU，其中 $DMU_j(j=1,\cdots,n)$ 的投入产出指标分别为 $X_j = (x_{1j},\cdots,x_{ij},\cdots,x_{mj})^T$ 和 $Y_j = (y_{1j},\cdots,y_{rj},\cdots,y_{sj})^T$。$X_j \geq 0, Y_j \geq 0$，$j=1,\cdots,n$ 表示 DMU_j 的投入值和产出值不小于零，且至少有一个指标大于零。生产可能集（production possibility set, PPS）表示 n 个 DMU 所构成的生产活动集合，可表示为：$T = \{(X,Y) | 投入 X 可以生产 Y\}$。

生产可能集的构成满足以下公理。

公理 2-1（平凡性公理）：对于投入 $X_j = (x_{1j}, \cdots, x_{ij}, \cdots, x_{mj})^T$，产出 $Y_j = (y_{1j}, \cdots, y_{rj}, \cdots, y_{sj})^T$ 的基本活动 (X_j, Y_j)，理所当然是一种生产方式。

公理 2-2（凸性公理）：对于任意 $(X, Y) \in T$ 和 $(\hat{X}, \hat{Y}) \in T$，以及任意 $\alpha \in [0,1]$，均有 $\alpha(X, Y) + (1-\alpha)(\hat{X}, \hat{Y}) = (\alpha X + (1-\alpha)\hat{X}, \alpha Y + (1-\alpha)\hat{Y}) \in T$。

公理 2-3（无效性公理，经济学中也称为自由处置性公理）：若 $(X, Y) \in T$，当 $\hat{X} \geq X$，$\hat{Y} \leq Y$ 时，有 $(\hat{X}, \hat{Y}) \in T$。

公理 2-4-a（锥性公理）：对任意 $(X, Y) \in T$ 和任意 $\alpha \geq 0$，有 $\alpha(X, Y) = (\alpha X, \alpha Y) \in T$。

公理 2-4-b（压缩性公理）：对任意 $(X, Y) \in T$ 和任意 $\alpha \in (0, 1]$，有 $\alpha(X, Y) = (\alpha X, \alpha Y) \in T$。

公理 2-4-c（扩张性公理）：对任意 $(X, Y) \in T$ 和任意 $\alpha \in [1, +\infty)$，有 $\alpha(X, Y) = (\alpha X, \alpha Y) \in T$。

公理 2-5（最小性公理）：满足公理 2-1 至 2-3，或者 2-1、2-2、2-3 及公理 2-4-a，2-4-b，2-4-c 任何一个的所有集合的交集。

以上 5 个公理具体含义如下：公理 2-3 表明较多的投入可能生产出较少的产出；公理 2-4-a 表明以原投入的多倍作为新的投入，可以生产出原产量的同倍的产出；公理 2-4-b 表明可以缩小同比例投入和产出生产规模进行生产；公理 2-4-c 表明可以扩大同比例投入和产出生产规模进行生产；公理 2-5 用于确定不同类型的生产，并保证生产可能集的唯一确定。更多内容可参阅魏权龄（2004）。

我们定义满足公理 2-1，2-2，2-3，2-4-a，2-5 的生产可能集为规模收益不变的生产可能集；满足公理 2-1，2-2，2-3，2-5 的生产可能集为规模收益可变的生产可能集；满足公理 2-1，2-2，2-3，2-4-b，2-5 的生产可能集为规模收益非增的生产可能集；满足公理 2-1，2-2，2-3，2-4-c，2-5 的生产可能集为规模收益非减的生产可能集。数学表达式如下：

(1) 规模收益不变的生产可能集如下:

$$T_{CRS} = \{(X,Y) \mid X \geq \sum_{j=1}^{n} \lambda_j X_j,$$

$$Y \leq \sum_{j=1}^{n} \lambda_j Y_j,$$

$$\lambda_j \geq 0; j = 1,\cdots,n\} \tag{2-1}$$

(2) 规模收益可变的生产可能集如下:

$$T_{VRS} = \{(X,Y) \mid X \geq \sum_{j=1}^{n} \lambda_j X_j,$$

$$Y \leq \sum_{j=1}^{n} \lambda_j Y_j,$$

$$\sum_{j=1}^{n} \lambda_j = 1,$$

$$\lambda_j \geq 0; j = 1,\cdots,n\} \tag{2-2}$$

(3) 规模收益非增的生产可能集如下:

$$T_{NIRS} = \{(X,Y) \mid X \geq \sum_{j=1}^{n} \lambda_j X_j,$$

$$Y \leq \sum_{j=1}^{n} \lambda_j Y_j,$$

$$\sum_{j=1}^{n} \lambda_j \leq 1,$$

$$\lambda_j \geq 0; j = 1,\cdots,n\} \tag{2-3}$$

(4) 规模收益非减的生产可能集如下:

$$T_{NDRS} = \{(X,Y) \mid X \geq \sum_{j=1}^{n} \lambda_j X_j,$$

$$Y \leq \sum_{j=1}^{n} \lambda_j Y_j,$$

$$\sum_{j=1}^{n} \lambda_j \geq 1,$$

$$\lambda_j \geq 0; j = 1,\cdots,n\} \tag{2-4}$$

例如,对于一种投入,两种产出的规模收益不变的生产可能集可以形象地表示为图2-2,其中斜线区域为DMU A、DMU B、DMU C、DMU D构成的生产可能集。

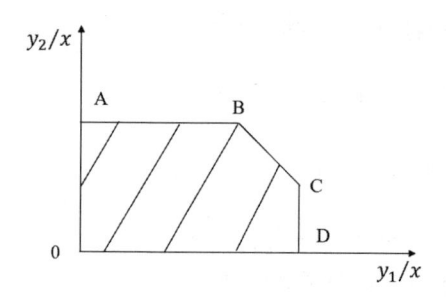

图 2-2　生产可能集

二、生产前沿面

经济学生产理论中生产函数描述的是生产技术关系，就是在特定生产技术条件下各种生产要素投入的配合可能生产的最大产出，而生产函数所描述的生产可能性边界称为生产前沿面。一般生产函数确定是通过直接使用实际的投入和产出数据进行生产函数拟合得出的，因此得到的生产函数反映的是一定投入要素组合与平均产出量之间的关系，这有悖于生产函数的理论定义。为此，有效生产前沿面的生产函数被提出。便于区别，我们将前者称为平均生产函数，后者称为前沿生产函数或边界生产函数（孙魏，2000）。

生产前沿面的前沿生产函数确定方法包括参数方法和非参数方法两种，参数方法沿袭了传统的生产函数估计思想，首先根据需要确定或构造一种具体的生产函数形式，然后通过适当的方法估计位于生产前沿面上的函数参数，从而确定前沿生产函数。参数方法代表有：随机前沿分析。非参数方法则无须预先估计生产前沿面的具体函数形式，而是通过观测大量实际生产数据并基于一定的有效性标准找出生产前沿包络面上的相对有效点。非参数方法代表有：数据包络分析。由于非参数方法摒弃了参数方法研究中函数形式预先假定、参数估计的有效性和合理性检验等多方面问题，DEA 常用于对生产前沿面进行估计。

设 $\hat{\omega} \geq 0$，$\hat{\mu} \geq 0$，$L = \{(X,Y) \mid \hat{\omega}^T X - \hat{\mu}^T Y = 0\}$，满足 $T \subset \{(X,Y) \mid \hat{\omega}^T X - \hat{\mu}^T Y \geq 0\}$ 且 $L \cap T \neq \Phi$，则 L 称为生产可能集 T 的弱有效面，$L \cap T$ 为生产可能集 T 的弱生产前沿面。若 $\hat{\omega} > 0, \hat{\mu} > 0$，则 L 称为生产可能集 T 的有效面，$L \cap T$ 为生产可能集 T 的生产前沿面。DEA 方法中，判断一个

决策单元是否有效,本质上是判断该决策单元是否落在生产可能集的生产前沿面上(魏权龄,2004),因此我们将生产前沿面上的决策单元称为有效决策单元,该生产前沿面称为 DEA 有效前沿面;生产前沿面以内的决策单元称为非有效或无效决策单元。图 2-2 中线段 ABCD 组成部分则为该四个决策单元构成的有效前沿面,且决策单元 A、B、C、D 均为有效决策单元。有效前沿面内的决策单元,即无效决策单元可通过绩效改进,投影至有效前沿面上。

第四节 技术效率

技术效率的概念最早是由 Farrell(1957)提出来的。技术效率反映的是一个生产单元的生产过程达到该行业技术水平的程度(成刚,2014),可理解为在给定各种投入要素的条件下实现最大产出的能力,或者以最小投入实现给定的产出的能力。基于此,技术效率可从投入与产出两个角度进行测量。

在只有一个投入和一个产出的情形下,决策单元的技术效率可直接由产出/投入的比值进行测量,表示平均一单位投入可得到的产出量。但在多个投入多个产出的情形下,该方法不再适用。此时,我们需要将投入和产出进行加权求和,然后计算其比值。在生产函数未知的条件下,如何确定投入产出的权重成了计算决策单元效率的关键。

著名运筹学家 Charnes、Cooper 和 Rhodes 三位学者于 1978 年在《Measuring the efficiency of decision making units》一文中首次提出了数据包络分析方法,并构建了基于规模收益不变的 DEA 模型(后称为 CCR 模型)(Charnes 等,1978)。该方法以"相对效率"概念为基础,是一种根据多个投入和多个产出,对相同类型的单位(部门)进行相对有效性或效益评价的一种新的系统分析方法,也是一种评价一组多投入多产出同质决策单元效率的非参数规划方法。DEA 作为一种数据驱动的效率评价方法,在生产函数未知的情况下,可根据投入产出指标历史数据,对一组相同类型的具有多投入多产出的决策单元进行技术效率的评价。同时,根据线性规划的对偶理论,DEA 方法能够得到多投入多产出决策单元的有效生产前沿面,然后根据决策单元距离有效前沿面的程度来衡量其技术效率。

DEA 方法属于运筹学、管理学和数理经济学等学科的交叉领域，无论是在理论推广方面还是实际应用方面都备受关注。在理论推广方面是指研究者基于 Charnes 等提出的 CCR 模型（Charnes 等，1978）进行的方法上的扩展，比如，由 Banker 等提出的考虑规模收益可变的 BCC 模型（Banker 等，1984），由 Wei 等提出的逆 DEA 模型（Wei 等，2000）等。在实际应用方面，已经广泛应用于诸多行业与部门，例如，高校（Lee 和 Worthington，2016）、医院（Mitropoulos 等，2015）、银行（Fukuyama 等，2020）、酒店（Lado-Sestayo 和 Fernández-Castro，2019）等。DEA 方法之所以得到如此广泛的应用和推广，是因为和其他方法相比，DEA 方法在处理多输入多输出效率评价问题方面具有如下优势：

（1）不用提前确定生产函数形式，因此适用于一些复杂的经济问题；

（2）决策单元的相对效率不受数据量纲的影响；

（3）投入产出指标的权重是通过规划模型计算得到，可以很好地避免主观性问题。

DEA 方法不仅可以用线性规划来判断决策单元对应的点是否位于有效生产前沿面上，从而判断其是否属于有效状态，而且可以得到很多有价值的管理信息。比如，通过横向的比较，可以测算出决策单元的效率表现情况，找出标杆以指导未来的发展方向；通过纵向研究可以得出生产力水平，技术进步情况等；研究资源的配置情况，以及如何有效地分配资源；研究决策单元的规模收益；研究固定成本分摊问题等，这些都为决策者制订相应的方案提供了有用的信息。

第五节 数据包络分析及其模型

本节将介绍 DEA 基础模型，包括对单阶段决策单元进行评价的 DEA 基础模型以及对网络结构决策单元进行评价的网络 DEA 模型。

一、不同规模收益的 DEA 基础模型

DEA 方法中，最具代表性的基础模型包括 CCR 模型、BCC 模型、FG 模

型、ST 模型。

（一）CCR 模型

CCR 模型最先是由 Charnes、Cooper 和 Rhodes 三人在《Measuring the efficiency of decision making units》一文中提出的，CCR 模型的命名就是来源于这三位学者姓氏的首字母。该模型假设规模收益不变（CRS），主要分为投入导向 CCR 模型和产出导向 CCR 模型。假设有 n 个 DMUs，每一个 DMU 有 m 种投入，s 种产出，即 $X_j = (x_{1j}, \cdots, x_{ij}, \cdots, x_{mj})^T$，$Y_j = (y_{1j}, \cdots, y_{rj}, \cdots, y_{sj})^T$。$X_j \geq 0, Y_j \geq 0, j = 1, \cdots, n$ 且至少有一个指标大于零。用向量 $(\delta_1, \cdots, \delta_i, \cdots \delta_m)$ 和 $(\mu_1, \cdots, \mu_r, \cdots \mu_s)$ 分别表示投入产出指标的权重，则 DMU_j 的效率值 θ_j 可表示为产出加权和/投入加权和，即 $\theta_j = \dfrac{\sum_{r=1}^{s} \mu_r y_{rj}}{\sum_{i=1}^{m} \delta_i x_{ij}}, \forall j = 1, \cdots, n$。在实际生产中，人们往往希望以较少的投入得到较多的产出，即 DEA 模型中 x 越小越好，y 越大越好，因此 DEA 方法得到的结果含义为：在产出既定的情况下，投入缩减的最大程度（投入导向）；或者，在投入既定的情况下，增大产出的最大程度（产出导向）。

投入导向 CCR 模型（PI - CCR）如下：

$$\max \quad \dfrac{\sum_{r=1}^{s} \mu_r y_{r0}}{\sum_{i=1}^{m} \delta_i x_{i0}} \tag{2-5}$$

$$\text{s. t.} \quad \dfrac{\sum_{r=1}^{s} \mu_r y_{rj}}{\sum_{i=1}^{m} \delta_i x_{ij}} \leq 1, j = 1, \cdots, n$$

$\mu_i, \delta_r \geq 0, i = 1, \cdots, m; r = 1, \cdots, s$

其中，下标 0 表示被评价决策单元，即 DMU_0。模型（2-5）是非线性规划模型，其含义为：在所有 DMU 效率值小于等于 1 的约束下最大化 DMU_0 的效率值。通过 Charnes - Cooper 转换（Charnes 和 Cooper，1962），也称为 C^2 转换，模型（2-5）可等价转换为线性模型。具体做法为：令 $t = \dfrac{1}{\sum_{i=1}^{m} \delta_i x_{i0}}$，则模型（2-5）的目标函数变为 $\max t \sum_{r=1}^{s} \mu_r y_{r0} = \sum_{r=1}^{s} t \mu_r y_{r0}$。同时，约束

$\dfrac{\sum_{r=1}^{s}\mu_{r}y_{rj}}{\sum_{i=1}^{m}\delta_{i}x_{ij}} \leq 1, j=1,\cdots,n$ 等价于 $\sum_{r=1}^{s}\mu_{r}y_{rj} - \sum_{i=1}^{m}\delta_{i}x_{ij} \leq 0, j=1,\cdots,n$。令 $u_{r}=t\mu_{r}, r=1,\cdots,s, v_{i}=t\delta_{i}, i=1,\cdots,m$，则模型（2-5）等价转换模型如下：

$$\max \sum_{r=1}^{s} u_{r} y_{r0} \qquad (2-6)$$

$$\text{s. t.} \quad \sum_{r=1}^{s} u_{r} y_{rj} - \sum_{i=1}^{m} v_{i} x_{ij} \leq 0, j=1,\cdots,n$$

$$\sum_{i=1}^{m} v_{i} x_{i0} = 1$$

$$v_{i}, u_{r} \geq 0, i=1,\cdots,m; r=1,\cdots,s$$

根据对偶理论，模型（2-6）的对偶模型（DI-CCR）如下：

$$\min \theta_{0} \qquad (2-7)$$

$$\text{s. t.} \quad \sum_{j=1}^{n} \lambda_{j} x_{ij} \leq \theta_{0} x_{i0}, i=1,\cdots,m$$

$$\sum_{j=1}^{n} \lambda_{j} y_{rj} \geq y_{r0}, r=1,\cdots,s$$

$$\lambda_{j} \geq 0, j=1,\cdots,n$$

其中，θ_{0} 表示 DMU_{0} 的效率值，$\lambda_{j}, j=1,\cdots,n$ 表示 DMU 的线性组合系数（也称强度系数）。

模型（2-5）和模型（2-6）称为乘数模型，模型（2-7）称为包络模型，两者是等价的，因此目标函数值是相等的。根据投入导向的分析，上述模型表示在所有 DMU 效率值小于等于 1 的约束下，DMU_{0} 用尽可能少的投入得到既定的产出，因此，目标函数值应该小于等于 1。

定义 2-1：当最优解模型（2-6）和模型（2-7）最优值等于 1 时，DMU_{0} 为 DEA 有效（CCR）；小于 1 时，DMU_{0} 为 DEA 非有效或无效（CCR）。

类似的，产出导向 CCR 模型（PO-CCR）如下：

$$\min \sum_{i=1}^{m} v_{i} x_{i0} \qquad (2-8)$$

$$\text{s. t.} \quad \sum_{r=1}^{s} u_{r} y_{rj} - \sum_{i=1}^{m} v_{i} x_{ij} \leq 0, j=1,\cdots,n$$

$$\sum_{r=1}^{s} u_{r} y_{r0} = 1$$

$v_i, u_r \geq 0, i = 1, \cdots, m; r = 1, \cdots, s$

其对偶模型（DO‐CCR）如下：

$$\max \theta_0 \tag{2-9}$$
$$\text{s.t.} \sum_{j=1}^{n} \lambda_j x_{ij} \leq x_{i0}, i = 1, \cdots, m$$
$$\sum_{j=1}^{n} \lambda_j y_{rj} \geq \theta_0 y_{r0}, r = 1, \cdots, s$$
$$\lambda_j \geq 0, j = 1, \cdots, n$$

根据产出导向的分析，模型（2-8）和模型（2-9）表示在所有 DMU 效率值小于等于 1 的约束下，DMU_0 使用既定投入得到尽可能多的产出，因此，目标函数值应该大于等于 1。

定义 2-2：当模型（2-8）和模型（2-9）最优值等于 1 时，DMU_0 为 DEA 有效（CCR）；大于 1 时，DMU_0 为 DEA 非有效或无效（CCR）。

为了更好地得到 DMU_0 的有效性，解决计算上的问题，非阿基米德无穷小数被引入 DEA 模型中。以投入导向包络模型为例，

$$\min \theta_0 - \varepsilon \left(\sum_{r=1}^{s} s_r^+ + \sum_{i=1}^{m} s_i^- \right) \tag{2-10}$$
$$\text{s.t.} \sum_{j=1}^{n} \lambda_j x_{ij} + s_i^- = \theta_0 x_{i0}, i = 1, \cdots, m$$
$$\sum_{j=1}^{n} \lambda_j y_{rj} - s_r^+ = y_{r0}, r = 1, \cdots, s$$
$$\lambda_j, s_r^+, s_i^- \geq 0, j = 1, \cdots, n$$

其中，ε 表示非阿基米德无穷小数，是一个大于 0 的很小的正数；s_r^+ 和 s_i^- 分别表示第 r 个产出指标和第 i 个投入指标的松弛改进变量；θ_0 表示 DMU_0 的效率值。

DEA 有效包括 DEA 强有效和 DEA 弱有效，因此，如果 DMU_0 为弱有效，则它也为 DEA 有效。我们可以通过如下定义进一步判断 DMU_0 的强有效性和弱有效性。令 $\theta_0^*, \lambda_j^*, s_r^{+*}, s_i^{-*}$ 表示模型（2-10）的最优解，有，

定义 2-3：若模型（2-10）最优值 $\theta_0^* = 1$，则 DMU_0 为 DEA 有效（CCR）；若 $\theta_0^* = 1$，且 $s_r^{+*} = s_i^{-*} = 0, \forall i, r$，则 DMU_0 为 DEA 强有效（CCR）；若 $\theta_0^* = 1$，且存在 $s_r^{+*} \neq 0$ 或 $s_i^{-*} \neq 0$，则 DMU_0 为 DEA 弱有效

(CCR); 否则，DMU₀ 为 DEA 非有效或无效（CCR）。

另外，以上 CCR 模型是基于规模收益不变进行的，其计算出的效率值不仅包含了技术效率还包含了规模效率，因此称之为综合技术效率（technical efficiency，TE）。

（二）基于规模收益可变的 BCC 模型

前面提到的 CCR 模型假设生产的规模收益不变，即所有 DMU 的生产规模都达到最优，然而在实际生产过程中，并不是所有生产单位都能达到生产规模最优。基于此，Banker，Charnes 和 Cooper 三人于 1984 年提出了基于规模收益可变（variable returns to scale，VRS）的 BCC 模型（Banker 等，1984）。

投入导向的 BCC 模型（PI - BCC）如下：

$$\max \sum_{r=1}^{s} u_r y_{r0} - \beta \quad (2-11)$$

$$\text{s.t.} \quad \sum_{r=1}^{s} u_r y_{rj} - \sum_{i=1}^{m} v_i x_{ij} - \beta \leq 0, j = 1,\cdots,n$$

$$\sum_{i=1}^{m} v_i x_{i0} = 1$$

$$v_i, u_r \geq 0, i = 1,\cdots,m; r = 1,\cdots,s$$

$$\beta \text{ free}$$

其对偶模型（DI - BCC）如下：

$$\min \theta_0 \quad (2-12)$$

$$\text{s.t.} \quad \sum_{j=1}^{n} \lambda_j x_{ij} \leq \theta_0 x_{i0}, i = 1,\cdots,m$$

$$\sum_{j=1}^{n} \lambda_j y_{rj} \geq y_{r0}, r = 1,\cdots,s$$

$$\sum_{j=1}^{n} \lambda_j = 1$$

$$\lambda_j \geq 0, j = 1,\cdots,n$$

比较可以发现，模型（2-11）比模型（2-6）多了一个自由变量 β；模型（2-12）只在模型（2-7）的基础上增加了一个约束条件 $\sum_{j=1}^{n} \lambda_j = 1$，使得被评价 DMU（即 DMU₀）在有效前沿面上投影点的生产规模与被评价 DMU 的生产规模处于同一水平。

类似的，产出导向 BCC 模型（PO-BCC）如下：

$$\min \sum_{i=1}^{m} v_i x_{i0} - \beta \tag{2-13}$$

$$\text{s. t.} \quad \sum_{r=1}^{s} u_r y_{rj} - \sum_{i=1}^{m} v_i x_{ij} - \beta \leq 0, \ j = 1, \cdots, n$$

$$\sum_{r=1}^{s} u_r y_{r0} = 1$$

$$v_i, u_r \geq 0, \ i = 1, \cdots, m; r = 1, \cdots, s$$

β 为自由变量

其对偶模型（DO-BCC）如下：

$$\max \ \theta_0 \tag{2-14}$$

$$\text{s. t.} \quad \sum_{j=1}^{n} \lambda_j x_{ij} \leq x_{i0}, \ i = 1, \cdots, m$$

$$\sum_{j=1}^{n} \lambda_j y_{rj} \geq \theta_0 y_{r0}, \ r = 1, \cdots, s$$

$$\sum_{j=1}^{n} \lambda_j = 1$$

$$\lambda_j \geq 0, \ j = 1, \cdots, n$$

BCC 模型中，DMU_0 效率值的判断与 CCR 模型类似，如下。

定义 2-4：对于投入导向来说，模型（2-11）或模型（2-12）最优值等于 1 时，DMU_0 为 DEA 有效（BCC），小于 1 时，DMU_0 为 DEA 无效（BCC）；对于产出导向来说，模型（2-13）或模型（2-14）最优值等于 1 时，DMU_0 为 DEA 有效（BCC），大于 1 时，DMU_0 为 DEA 无效（BCC）。

需要注意的是，CRS 情形下可以证明投入导向和产出导向效率值是相等的，但在 VRS 情形下，投入导向和产出导向的效率值不一定相等（成刚，2014）。

VRS 情形下，带有非阿基米德无穷小数的模型的含义与模型（2-10）类似，在其基础上添加 $\sum_{j=1}^{n} \lambda_j = 1$ 约束即可，同样以投入导向为例，如下：

$$\min \ \theta_0 - \varepsilon \left(\sum_{r=1}^{s} s_r^+ + \sum_{i=1}^{m} s_i^- \right) \tag{2-15}$$

$$\text{s. t.} \quad \sum_{j=1}^{n} \lambda_j x_{ij} + s_i^- = \theta_0 x_{i0}, \ i = 1, \cdots, m$$

$$\sum_{j=1}^{n} \lambda_j y_{rj} - s_r^+ = y_{r0}, \ r = 1, \cdots, s$$

$$\sum_{j=1}^{n} \lambda_j = 1$$

$$\lambda_j, s_r^+, s_i^- \geq 0, \ j = 1, \cdots, n$$

定义 2 – 5：若模型（2 – 15）最优值 $\theta_0^* = 1$，则 DMU_0 为 DEA 有效（BCC）；若 $\theta_0^* = 1$，且 $s_r^{+*} = s_i^{-*} = 0, \forall i, r$，则 DMU_0 为 DEA 强有效（BCC）；$\theta_0^* = 1$，且存在 $s_r^{+*} \neq 0$ 或 $s_i^{-*} \neq 0$，则 DMU_0 为 DEA 弱有效（BCC）；否则，DMU_0 为 DEA 非有效或无效（BCC）。

BBC 模型假设规模收益是可变的，其计算的效率值是纯技术效率（pure technical efficiency, PTE）。通过 CCR 模型和 BCC 模型，我们可以得到综合技术效率（TE）和纯技术效率（PTE），于是可以计算出规模效率（scale efficiency, SE），从而对决策单元生产规模的效率情况进行分析。其数学表达式为：SE = TE/PTE。

（三）基于其他规模收益的 DEA 模型

下面我们以投入导向为例，给出部分其他规模收益的 DEA 模型。

基于规模收益非增的 FG 模型（PI – FG）（Färe 和 Grosskopf, 1985）如下：

$$\max \sum_{r=1}^{s} u_r y_{r0} - \beta \qquad (2-16)$$

$$\text{s. t.} \ \sum_{r=1}^{s} u_r y_{rj} - \sum_{i=1}^{m} v_i x_{ij} - \beta \leq 0, \ j = 1, \cdots, n$$

$$\sum_{i=1}^{m} v_i x_{i0} = 1$$

$$v_i, u_r \geq 0, \ i = 1, \cdots, m; r = 1, \cdots, s$$

$$\beta \geq 0$$

其对偶模型（DI – FG）如下：

$$\min \ \theta_0 \qquad (2-17)$$

$$\text{s. t.} \ \sum_{j=1}^{n} \lambda_j x_{ij} \leq \theta_0 x_{i0}, \ i = 1, \cdots, m$$

$$\sum_{j=1}^{n} \lambda_j y_{rj} \geq y_{r0}, \ r = 1, \cdots, s$$

$$\sum_{j=1}^{n} \lambda_j \leqslant 1$$

$$\lambda_j \geqslant 0, j = 1, \cdots, n$$

基于规模收益非减的 ST 模型（PI - ST）（Seiford 和 Thrall, 1990）如下：

$$\max \quad \sum_{r=1}^{s} u_r y_{r0} - \beta \tag{2-18}$$

$$\text{s. t.} \quad \sum_{r=1}^{s} u_r y_{rj} - \sum_{i=1}^{m} v_i x_{ij} - \beta \leqslant 0, j = 1, \cdots, n$$

$$\sum_{i=1}^{m} v_i x_{i0} = 1$$

$$v_i, u_r \geqslant 0, i = 1, \cdots, m; r = 1, \cdots, s$$

$$\beta \leqslant 0$$

其对偶模型（DI - ST）如下：

$$\min \quad \theta_0 \tag{2-19}$$

$$\text{s. t.} \quad \sum_{j=1}^{n} \lambda_j x_{ij} \leqslant \theta_0 x_{i0}, i = 1, \cdots, m$$

$$\sum_{j=1}^{n} \lambda_j y_{rj} \geqslant y_{r0}, r = 1, \cdots, s$$

$$\sum_{j=1}^{n} \lambda_j \geqslant 1,$$

$$\lambda_j \geqslant 0, j = 1, \cdots, n$$

CCR、BCC、FG、ST 四个经典模型分别基于规模收益不变、规模收益可变、规模收益非增和规模收益非减四种情形。该四种情形下生产可能集在第三节中有详细介绍，它们可以记为一个数学表达式，如下：

$$T = \{(X, Y) \mid X \geqslant \sum_{j=1}^{n} \lambda_j X_j, \tag{2-20}$$

$$Y \leqslant \sum_{j=1}^{n} \lambda_j Y_j,$$

$$\sigma_1 \left[\sum_{j=1}^{n} \lambda_j + \sigma_2 (-1)^{\sigma_3} \lambda_{n+1} \right] = \sigma_1,$$

$$\lambda_j \geqslant 0; j = 1, \cdots, n\}$$

由此，可得一般的投入导向综合 DEA 包络模型：

$$\min \quad \theta_0 \tag{2-21}$$

s.t. $\sum_{j=1}^{n} \lambda_j x_{ij} \leq \theta_0 x_{i0}, i = 1, \cdots, m$

$\sum_{j=1}^{n} \lambda_j y_{rj} \geq y_{r0}, r = 1, \cdots, s$

$\sigma_1 [\sum_{j=1}^{n} \lambda_j + \sigma_2 (-1)^{\sigma_3} \lambda_{n+1}] = \sigma_1$

$\lambda_j \geq 0, j = 1, \cdots, n, n+1$

和投入导向综合DEA乘数模型：

$$\max \sum_{r=1}^{s} u_r y_{r0} - \sigma_1 \beta \quad (2-22)$$

s.t. $\sum_{r=1}^{s} u_r y_{rj} - \sum_{i=1}^{m} v_i x_{ij} - \sigma_1 \beta \leq 0, j = 1, \cdots, n$

$\sum_{i=1}^{m} v_i x_{i0} = 1,$

$v_i, u_r \geq 0, i = 1, 2, \cdots, m; r = 1, \cdots, s$

$\sigma_1 \sigma_2 (-1)^{\sigma_3} \beta \geq 0$

当 $\sigma_1 = 0$ 时，$T = T_{CRS}$，综合DEA模型对应投入导向CCR模型；当 $\sigma_1 = 1$ 且 $\sigma_2 = 0$ 时，$T = T_{VRS}$，综合DEA模型对应投入导向BCC模型；当 $\sigma_1 = 1$，$\sigma_2 = 1$ 且 $\sigma_3 = 0$ 时，$T = T_{NIRS}$，综合DEA模型对应投入导向FG模型；当 $\sigma_1 = 1$，$\sigma_2 = 1$ 且 $\sigma_3 = 1$ 时，$T = T_{NDRS}$，综合DEA模型对应投入导向ST模型。

定义2-5：若模型（2-21）或模型（2-22）的最优值等于1，则 DMU_0 为DEA有效；否则，DMU_0 为DEA非有效或无效。

若要进一步判断 DMU_0 是否为DEA强有效，则需进一步判断其投入产出松弛改进量是否为0。具体模型与模型（2-10）、模型（2-15）类似。

二、网络DEA模型

本节上一部分介绍的DEA基础模型将决策单元视为"黑箱"，忽略其内部结构，只考虑初始的投入和最终的产出。现实生活中，被评价的对象，比如，发电厂、医院、金融证券机构、广播公司等（Tone和Tsutsui，2009），往往是由两个或多个子单元组成的，并且这些子单元之间具有串联或并联关系。在评价决策单元效率值时，若忽略其内部子单元之间的联系，可能会高估决策单元的效率值，得到不准确的评价结果（Castelli 等，2004；Kao 和 Hwang，2010），导致无法找到决策单元无效的根源。因此，Färe 和 Grosskopf（2000）提出了网络 DEA 的概念，构建了网络 DEA 模型。此后，很多学者在此基础上，针对不同类型的网络结构系统提出了不同的网络 DEA 模型，其中串联 DEA 模型和并联 DEA 模型是两种基本的网络 DEA 模型，其他混合结构（Zhou 等，2018）、交互结构（An 等，2017）、多层次结构（Kao，2015，2020）等网络结构系统的效率评价可视为这两种基本模型上的扩展。

（一）串联 DEA 模型

在串联结构系统内部，往往有两个或多个具有链式关系的子单元（或子系统、子阶段），上一个子单元的产出流入下一个子单元，下一个子单元将其用作投入，得到产出。本书中，我们将这种来自上一个子单元且被下一个子单元当作投入的产品称为中间产品，对于上一个子单元来说，它是中间产出，同时对于下一个子单元来说，它是中间投入；有时候为了区分，我们也将中间产品以外的其他投入和产出称为额外投入产出或外部投入产出。现实中，一个子单元的中间产出可能不是被紧挨着的下一个子单元利用，而是流向其他子单元，但本节主要以简单的两阶段串联系统为例，对规模收益不变情形下的串联 DEA 模型进行介绍，其余规模收益情形，或具有多个子单元的，或子单元均具有额外投入产出的串联结构系统评价问题可参考 Despotis 等（2016）和 Kao（2014）。

假设一个两阶段串联系统（即 DMU）由子单元 1 和子单元 2 构成，子单元 1 使用投入 $X_j = (x_{1j}, \cdots, x_{ij}, \cdots, x_{mj})^T$ 生成中间产出 $Z_j = (z_{1j}, \cdots, z_{dj}, \cdots, z_{Dj})^T$；子单元 2 利用中间投入 $Z_j = (z_{1j}, \cdots, z_{dj}, \cdots, z_{Dj})^T$ 生成产出 $Y_j = (y_{1j}, \cdots, y_{rj}, \cdots, y_{sj})^T$。其中，下标 j 表示第 j 个 DMU。所有投入产出指标均大于等于 0，且至少有一个不为 0。该 DMU 内部结构图（图 2-3）如下所示。

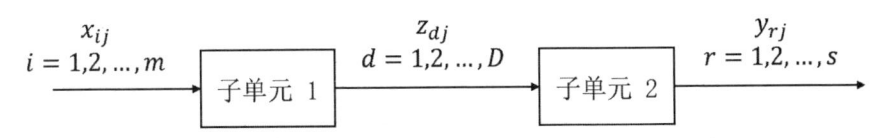

$$\begin{array}{c} x_{ij} \\ i=1,2,\ldots,m \end{array} \longrightarrow \boxed{子单元\ 1} \xrightarrow[d=1,2,\ldots,D]{z_{dj}} \boxed{子单元\ 2} \xrightarrow[r=1,2,\ldots,s]{y_{rj}}$$

图 2-3 两阶段串联系统内部结构

令向量 $V = (v_1, \cdots, v_i, \cdots v_m)$，$W = (w_1, \cdots, w_d, \cdots w_D)$ 和 $U = (u_1, \cdots, u_r, \cdots u_s)$ 分别表示投入、中间产品、产出之间的权重系数，则子单元 1 和子单元 2 的效率值分别为：

$$\theta_j^1 = \frac{\sum_{d=1}^{D} w_d z_{dj}}{\sum_{i=1}^{m} v_i x_{ij}} \quad \forall j = 1, \cdots, n \tag{2-23}$$

$$\theta_j^2 = \frac{\sum_{r=1}^{s} u_r y_{rj}}{\sum_{d=1}^{D} w_d z_{dj}} \quad \forall j = 1, \cdots, n \tag{2-24}$$

DMU 的总效率为：

$$\theta_j = \frac{\sum_{r=1}^{s} u_r y_{rj}}{\sum_{i=1}^{m} v_i x_{ij}} \quad \forall j = 1, \cdots, n \tag{2-25}$$

根据上述 3 个表达式，不难看出，DMU 总效率等于两个子单元效率值的乘积，即 $\theta_j = \theta_j^1 \times \theta_j^2$，$\forall j = 1, 2, \cdots, n$。基于此，合作情形（也称集中情形）下，用于评价简单两阶段串联系统的串联 DEA 模型如下：

$$\max \quad \theta_0 = \theta_0^1 \times \theta_0^2 = \frac{\sum_{r=1}^{s} u_r y_{r0}}{\sum_{i=1}^{m} v_i x_{i0}} \tag{2-26}$$

$$\text{s.t.} \quad \frac{\sum_{d=1}^{D} w_d z_{dj}}{\sum_{i=1}^{m} v_i x_{ij}} \leqslant 1, \quad j = 1, \cdots, n$$

$$\frac{\sum_{r=1}^{s} u_r y_{rj}}{\sum_{d=1}^{D} w_d z_{dj}} \leqslant 1, \quad j = 1, 2, \cdots, n$$

$$v_i, w_d, u_r \geqslant 0 \, \forall r, d, i$$

该模型的含义是：在两个子单元效率值都小于等于 1 的约束下，最大化 DMU_0 的总效率。模型（2-26）以及本节将提到的其他模型虽为非线性模型，但类似于上一节介绍的 DEA 基础模型，通过 C^2 转换，将其等价转换为线性模型。

令 v_i^*, w_d^*, u_r^* 为模型（2-26）的最优解，则 DMU$_0$ 的总效率值及其两个子单元的效率值分别为：$\theta_0^{1*} = \dfrac{\sum_{d=1}^{D} w_d^* z_{d0}}{\sum_{i=1}^{m} v_i^* x_{i0}}$，$\theta_0^{2*} = \dfrac{\sum_{r=1}^{s} u_r^* y_{r0}}{\sum_{d=1}^{D} w_d^* z_{d0}}$，$\theta_0^* = \dfrac{\sum_{r=1}^{s} u_r^* y_{r0}}{\sum_{i=1}^{m} v_i^* x_{i0}}$。但是，由于模型（2-26）的最优解不唯一，上述思路计算出的子单元效率值可能也是不唯一的。我们采用如下步骤来检验子单元效率值的唯一性（Liang 等，2008）：先计算出 DMU 的总效率值，然后在保证该总效率值不变的前提下计算子单元 1 或子单元 2 的效率值，最后再利用总效率和子单元效率之间的关系得到另一个子单元的效率值。比如：

$$\max \quad \theta_0^1 = \dfrac{\sum_{d=1}^{D} w_d z_{d0}}{\sum_{i=1}^{m} v_i x_{i0}} \tag{2-27}$$

$$\text{s. t.} \quad \dfrac{\sum_{d=1}^{D} w_d z_{dj}}{\sum_{i=1}^{m} v_i x_{ij}} \leq 1, \quad j = 1, \cdots, n$$

$$\dfrac{\sum_{r=1}^{s} u_r y_{rj}}{\sum_{d=1}^{D} w_d z_{dj}} \leq 1, \quad j = 1, \cdots, n$$

$$\dfrac{\sum_{r=1}^{s} u_r y_{r0}}{\sum_{i=1}^{m} v_i x_{i0}} = \theta_0^*$$

$$v_i, w_d, u_r \geq 0, \quad \forall r, d, i$$

模型（2-27）的含义为：在所有子单元效率值小于等于 1，并且在 DMU$_0$ 总效率值等于最优值 θ_0^* 的约束下，最大化 DMU$_0$ 中子单元 1 的效率值。我们将模型（2-27）计算得到的效率值记为 θ_0^{1+}，于是子单元 2 的效率值为 $\theta_0^{2-} = \dfrac{\theta_0^*}{\theta_0^{1+}}$。

同样的，我们可以得到 θ_0^{2+} 和 θ_0^{1-} 的值。当 $\theta_0^{1+} = \theta_0^{1-}$ 或 $\theta_0^{2+} = \theta_0^{2-}$ 时，子单元的效率值及 DMU 的总效率值都是唯一的。

在模型（2-26）中，两个子单元的目标是一致的，都是最大化 DMU 总效率值，因此可将两个子单元之间视为一种合作关系。但在现实中，不同子单元的运作模式可能不同，所以目标也难统一，因此它们各自都希望自己的效率最优，而不是优先考虑 DMU 总效率。我们将这种关系称为非合作关系。现实中，如果能事先知道子单元的优先次序或重要性排序，则可将较重要的子单元视为领导者（leader），另一个视为追随者（follower）。因此，这种非合作关系也是一种"领导者—追随者"的关系（leader - follower relationship）。这种情形下，评价简单两阶段串联系统效率的思路为：首先最大化领导者的效率，然后在保证领导者效率值不变的约束下最大化追随者的效率。假设子单元 1 为领导者，评价过程如下：

第一步：最大化子单元 1 的效率值

$$\max \quad \theta_0^1 = \frac{\sum_{d=1}^{D} w_d z_{d0}}{\sum_{i=1}^{m} v_i x_{i0}} \tag{2-28}$$

$$\text{s.t.} \quad \frac{\sum_{d=1}^{D} w_d z_{dj}}{\sum_{i=1}^{m} v_i x_{ij}} \leq 1, \quad j = 1, \cdots, n$$

$$v_i, w_d \geq 0, \forall i, d$$

令 v_i^*, w_d^* 为模型（2-28）的最优解，则子单元 1 的效率值为 $\theta_0^{1*} = \frac{\sum_{d=1}^{D} w_d^* z_{d0}}{\sum_{i=1}^{m} v_i^* x_{i0}}$。

第二步：计算子单元 2 的效率值

$$\max \quad \theta_0^2 = \frac{\sum_{r=1}^{s} u_r y_{r0}}{\sum_{d=1}^{D} w_d z_{d0}} \tag{2-29}$$

$$\text{s. t.} \quad \frac{\sum_{d=1}^{D} w_d z_{dj}}{\sum_{i=1}^{m} v_i x_{ij}} \leq 1, j = 1, \cdots, n$$

$$\frac{\sum_{r=1}^{s} u_r y_{rj}}{\sum_{d=1}^{D} w_d z_{dj}} \leq 1, j = 1, \cdots, n$$

$$\frac{\sum_{d=1}^{D} w_d z_{d0}}{\sum_{i=1}^{m} v_i x_{i0}} = \theta_0^{1*}$$

$$v_i, w_d, u_r \geq 0, \forall r, d, i$$

令 v_i^*, w_d^*, u_r^* 为模型（2-29）的最优解，则子单元2的效率值为 $\theta_0^{2*} = \frac{\sum_{r=1}^{s} u_r^* y_{r0}}{\sum_{d=1}^{D} w_d^* z_{d0}}$。

第三步：计算 DMU 总效率

$$\theta_0^* = \theta_0^{1*} \times \theta_0^{2*} \qquad (2-30)$$

以上两种思路都基于 DMU 总效率等于两个子单元效率值乘积。除此之外，Cook 等（2010）在研究中指出，DMU 总效率也可看作子单元效率的加权和，即 $\theta_j = w_{1j} \theta_j^1 + w_{2j} \theta_j^2$。其中权重值等于两个子单元各自的投入在整个 DMU 总投入中所占的比重，即，$w_{1j} = \frac{\sum_{i=1}^{m} v_i x_{ij}}{\sum_{i=1}^{m} v_i x_{ij} + \sum_{d=1}^{D} w_d z_{dj}}$，$w_{2j} = \frac{\sum_{d=1}^{D} w_d z_{dj}}{\sum_{i=1}^{m} v_i x_{ij} + \sum_{d=1}^{D} w_d z_{dj}}$，$\forall j = 1, \cdots, n$，表示的含义是两个子单元分别在整个 DMU 中的重要性。于是，可证明 $\theta_j = \frac{\sum_{r=1}^{s} u_r y_{rj}}{\sum_{i=1}^{m} v_i x_{ij}}$。基于此，加性的串联 DEA 模型如下：

$$\max \quad \theta_0 = w_{10}\theta_0^1 + w_{20}\theta_0^2 \qquad (2-31)$$

$$\text{s.t.} \quad \frac{\sum_{d=1}^{D} w_d z_{dj}}{\sum_{i=1}^{m} v_i x_{ij}} \leq 1, \ j=1,\cdots,n$$

$$\frac{\sum_{r=1}^{s} u_r y_{rj}}{\sum_{d=1}^{D} w_d z_{dj}} \leq 1, \ j=1,\cdots,n$$

$$v_i, w_d, u_r \geq 0, \ \forall r, d, i$$

通过计算模型（2-31），可得到 DMU_0 的总效率值，同时也可根据最优解得到子单元1和子单元2的效率值。但是，该模型同样存在最优解不唯一的问题，因此，可以类似地采用上述方法进行子单元效率值唯一性的判断。

模型（2-26）至模型（2-31）均为乘数形式的 DEA 模型，且都为非线性模型，但同样可通过 C^2 转换将其等价转换为线性模型。下面简单介绍规模收益不变情形下串联 DEA 包络模型。

$$\min \quad \theta_0 \qquad (2-32)$$

$$\text{s.t.} \quad \sum_{j=1}^{n} \lambda_j^1 x_{ij} \leq \theta_0 x_{i0}, \ i=1,\cdots,m$$

$$\sum_{j=1}^{n} \lambda_j^1 z_{dj} \geq \tilde{z}_{d0}, \ d=1,\cdots,D$$

$$\sum_{j=1}^{n} \lambda_j^2 y_{rj} \geq y_{r0}, \ r=1,\cdots,s$$

$$\sum_{j=1}^{n} \lambda_j^2 z_{dj} \leq \tilde{z}_{d0}, \ d=1,\cdots,D$$

$$\lambda_j^1, \lambda_j^2 \geq 0, \ j=1,\cdots,n$$

其中，λ_j^1, λ_j^2 分别为子单元1和子单元2对应的线性组合系数（也称强度系数）。$\tilde{z}_{d0}, \forall d=1,\cdots,D$ 代表实现 DMU_0 总效率最优时的中间产品量。该模型中子单元1和子单元2都是规模收益不变的，因此 DMU 也是规模收益不变的。若要对规模收益可变情形下效率值进行评价，则在模型（2-32）的基础上加上约束条件 $\sum_{j=1}^{n} \lambda_j^1 = 1$ 和 $\sum_{j=1}^{n} \lambda_j^2 = 1$ 即可。另外，对于中间产品的处理，有可自由决定（free-link）和不可自由决定（fixed-link）两种形式，具体可参考 Tone 和 Tsutsui（2009）。关于串联 DEA 乘数模型和串联 DEA 包络模型的区别，Chen 等（2010）指出两阶段 DMU 总效率可以通过串联 DEA 乘数模型或串联 DEA 包络模型获得，但是系统中各子单元的效率值只能利用乘数模型获得，同时前沿面投影只能利用包络模型获得。

（二）并联 DEA 模型

相比于串联结构系统，并联结构系统内部各子单元虽独立运行但共同决定着系统整体绩效（或效率），也就是说，并联结构系统内部各子单元之间不是链式关系，而是并行关系。比如，拥有不同学院的高校，以及具有多个工厂的公司等。针对并联结构系统的效率评价，Kao（2009）基于从评价 DMU 及其子单元无效程度的角度提出了并联 DEA 模型。

首先，就本节第一部分中介绍的模型（2-6）来说，它是从评价 DMU 效率值（即有效程度）的角度出发。如果我们换一种角度，用 $1-\theta_j$ 来表示 DMU_j 的无效程度，则最大化 DMU_0 效率值的目标就等价于最小化 DMU_0 的无效程度。于是，若将并联结构系统看作一个"黑箱"，其评价模型如下：

$$\min \quad s_0 \tag{2-33}$$

$$\text{s.t.} \quad \sum_{r=1}^{s} u_r y_{rj} - \sum_{i=1}^{m} v_i x_{ij} \leq 0, \quad j=1,\cdots,n$$

$$\sum_{r=1}^{s} u_r y_{r0} - \sum_{i=1}^{m} v_i x_{i0} + s_0 = 0$$

$$\sum_{i=1}^{m} v_i x_{i0} = 1$$

$$v_i, u_r \geq 0, \quad i=1,\cdots,m; r=1,\cdots,s.$$

其中，s_0 表示 DMU_0 的无效程度，或称之为松弛量。松弛量越小说明 DMU_0 越有效，因此模型（2-33）中目标函数为最小化松弛量。当 $s_0=0$ 时，DMU_0 为有效。

在并联结构系统 DMU_j 内部，假设有 L 个子单元（或子系统，或子阶段），用 $l=1,2,\cdots,L$ 来表示子单元的序号。每个子单元都拥有投入 x_{ij}^l（$i=1,\cdots,m$）和产出 y_{rj}^l（$r=1,\cdots,s$）。此处只考虑子单元为同质的情况，如图 2-4 所示。

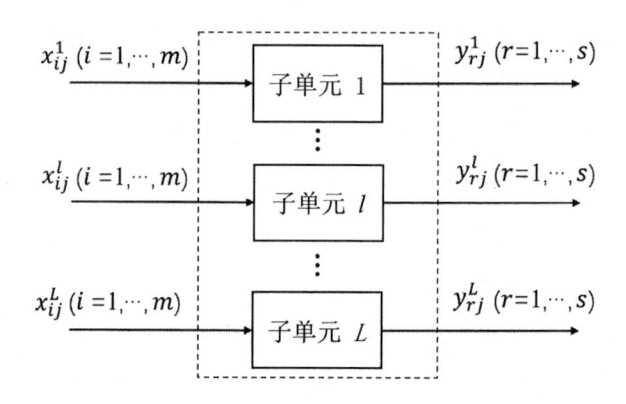

图 2-4 并联 DMU 内部结构

决策单元 DMU$_j$ 的投入产出分别为 $x_{ij} = \sum_{l=1}^{L} x_{ij}^l$, $i = 1, \cdots, m$ 和 $y_{rj} = \sum_{l=1}^{L} y_{rj}^l$, $r = 1, \cdots, s$, 即系统投入等于子单元投入之和,系统产出等于子单元产出之和。于是,

$$\sum_{r=1}^{s} u_r y_{r0} - \sum_{i=1}^{m} v_i x_{i0} + s_0 = \sum_{r=1}^{s} u_r \sum_{l=1}^{L} y_{r0}^l - \sum_{i=1}^{m} v_i \sum_{l=1}^{L} x_{i0}^l + s_0$$

$$= \sum_{l=1}^{L} \left(\sum_{r=1}^{s} u_r y_{r0}^l - \sum_{i=1}^{m} v_i x_{i0}^l \right) + s_0 = 0 \quad (2-34)$$

假设决策单元的无效程度,即松弛改进量等于其子单元松弛改进量之和,即 $s_j = \sum_{l=1}^{L} s_j^l$, 则表达式 (2-34) 等价于 $\sum_{l=1}^{L} \left(\sum_{r=1}^{s} u_r y_{r0}^l - \sum_{i=1}^{m} v_i x_{i0}^l + s_0^l \right) = 0$。于是,

$$\sum_{r=1}^{s} u_r y_{r0}^l - \sum_{i=1}^{m} v_i x_{i0}^l + s_0^l = 0 \quad (2-35)$$

基于此,评价并联结构系统效率的 DEA 模型为:

$$\min \sum_{l=1}^{L} s_0^l \quad (2-36)$$

$$\text{s.t.} \sum_{r=1}^{s} u_r y_{rj}^l - \sum_{i=1}^{m} v_i x_{ij}^l \leq 0, j = 1, \cdots, n; j \neq 0; l = 1, \cdots, L$$

$$\sum_{r=1}^{s} u_r y_{r0}^l - \sum_{i=1}^{m} v_i x_{i0}^l + s_0^l = 0, l = 1, \cdots, L$$

$$\sum_{i=1}^{m} v_i x_{i0} = 1$$

$v_i, u_r \geq 0, i = 1, \cdots, m; r = 1, \cdots, s$

计算模型（2-36），可以得到 DMU$_0$ 及其所有子单元的松弛改进量。设模型（2-36）的最优解为 s_0^{l*}, v_i^*, u_r^*，那么 DMU$_0$ 的总效率值可表示为 $1 - \sum_{l=1}^{L} s_0^{l*}$。从模型（2-36）中第二个约束可以看出 $\frac{\sum_{r=1}^{s} u_r y_{r0}^l}{\sum_{i=1}^{m} v_i x_{i0}^l} = 1 - \frac{s_0^l}{\sum_{i=1}^{m} v_i x_{i0}^l}$。于是，DMU$_0$ 的第 l 个子单元的效率值可表示为 $1 - \frac{s_0^{l*}}{\sum_{i=1}^{m} v_i^* x_{i0}^l}$。

以上方法是基于松弛改进量的角度对并联结构系统进行效率评价。此外，我们也可以从效率值的角度，类似串联 DEA 模型的思路，来构建并联 DEA 模型。我们将在第六章进行详细介绍。

第六节　博弈论基础

博弈论（game theory），既是现代数学的一个新分支，也是运筹学的一个重要学科。博弈论将不同实体之间的相互作用用数学表达式进行刻画，考虑到不同实体之间的行为，可对实体间竞争合作关系进行研究，并探讨考虑各实体收益的优化策略，已被广泛应用于生物学、政治学、军事战略、管理学等诸多领域。根据个体间在博弈过程中的行为目的可将博弈分为合作博弈和非合作博弈，二者的区别在于主要当事人能否达成一个具有约束力的协议（binding agreement）。并且，在合作博弈中，当事人通常追求集体利益最大化；在非合作博弈中，当事人往往追求个人利益最大化。基于合作博弈和非合作博弈的特征，本书中将分别对决策单元合作与非合作情形下的资源配置与固定成本分摊问题进行研究。因此，为便于读者理解后面章节的内容，本节对相关博弈论基础知识，包括合作博弈和非合作博弈，进行简单介绍。

一、合作博弈论

合作博弈的基本假设是大联盟可以形成，本书中用到的合作博弈都是效用可转移博弈（transferable utility game，TUGame）。合作博弈中，参与合作的实体称为"参与人"，一个或多个参与人形成的合作团体称为"联盟"，合作形成后，评价联盟的指标为"收益"，可以是增加的收益也可以是节省的成本。合作博弈通常用二元组（$N;v$）来表示，其中 $N = \{1,2,\cdots,p,\cdots,n\}$ 表示参与人集合；$P(N)$ 表示 N 上所有联盟组成的集合；$G(N)$ 表示 N 上所有经典合作博弈；v 表示合作博弈的特征函数。参与人形成的联盟用 S 或 T 来表示，N 表示大联盟，特征函数 v 则是从 $2^N = \{S \mid S \subseteq N\}$ 到实数集 R 的映射，即 $v:2^N \to R$ 且 $v\{\varnothing\} = 0$。$v\{(S)\}$ 表示联盟 S 的特征函数值，通常表示收益型合作博弈的特征函数值。如果要表示成本型合作博弈的特征函数，通常用 c 代替 v。本书中，为了简化书写，也用 $v(S)$ 来代替 $v\{(S)\}$。关于合作博弈的性质，有如下定义。

定义 2-6（超可加性）：合作博弈（$N;v$）是超可加的（super-additive game），如果对 $\forall S, T \in 2^N, S \cap T = \varnothing$，有 $v(S) + v(T) \leq v(S \cup T)$。

超可加性的含义是任意两个交集为空的两个联盟，其收益之和小于等于这两个联盟中所有参与人形成的新的联盟的收益。

定义 2-7（单调性）：合作博弈（$N;v$）是单调的（monotone game），如果对 $\forall S \subseteq T \in 2^N$，有 $v(S) \leq v(T)$。

单调性的含义是联盟中参与人越多，联盟的收益越大。

定义 2-8（凸性）：合作博弈（$N;v$）是一个凸博弈（convex game），如果对 $\forall S, T \in 2^N$，有 $v(S) + v(T) \leq v(S \cup T) + v(S \cap T)$。

一个合作博弈是凸博弈，表明该合作是规模报酬递增的，即参与人对联盟的边际贡献随着联盟中参与人数的增多而增大。

在给出下一个性质的定义前，我们先介绍平衡集合的概念。由 N 上的非空子集组成的集合 B 是一个平衡的集合，如果对于 $\forall S \in B$，总存在 0-1 变量 τ_S，使得 $\sum_{S \in B} \tau_S = 1_N$。其中 τ_S 称为集合 B 中元素 S 的权重，若与 S 中元素相对应，则为1；否则为0。

定义2-9（平衡性）：合作博弈（$N;v$）是一个平衡博弈（balanced game），如果对任意的平衡集合 B 和权重 τ_S，有 $\sum_{S \in B} \tau_S v(S) \leq v(N)$。

合作博弈论中既包括对收益的分配也包括对成本的分摊（董保民等，2008）。通常将特征函数为收益的合作博弈称为收益型合作博弈，将特征函数为成本的合作博弈称为成本型合作博弈。以收益型合作博弈为例，设 $\pi = (\pi_1, \cdots, \pi_n)$ 为收益分配向量，π_p 表示第 p 个参与人分得的收益，$I(v)$ 为所有收益分配向量的集合。

基于这些符号，博弈（N, v）的核（或核心，core）的数学表达式如下：

$$C(N,v) = \{\pi \in R^n \mid \sum_{i \in N} \pi_i = v(N), \sum_{i \in S} \pi_i \geq v(S), \forall S \subseteq N\} \quad (2-37)$$

从上述表达式可以看出，核的目的是使得参与人或小联盟不愿意脱离大联盟单独行动，因为单独行动的收益不会比参与大联盟时获得的收益大。据此，我们可以说核提供的收益分配解是稳定的（stable）。此外，根据核的数学表达式可推导出如下一些性质。

有效性：若 $\sum_{p \in N} \pi_p = v(N)$ 合作收益分配 $\pi = (\pi_1, \cdots, \pi_n)$ 是有效的（efficient）。

收益分配解的有效性表示大联盟的所有收益都要分配给参与人，不能有剩余。

个人理性：若 $\pi_p \geq v(p)$ 合作博弈的收益分配 $\pi = (\pi_1, \cdots, \pi_n)$ 是符合个人理性的（individual rationality）。

收益分配解的个人理性表示每个参与人从大联盟中分得的收益都不能小于自己独立时（即不参与合作时）的收益。

集体理性：如果对 $\forall S \subseteq N$，有 $\sum_{p \in S} \pi_p \geq v(S)$。合作博弈的收益分配 $\pi = (\pi_1, \cdots, \pi_n)$ 是符合集体理性的（coalitional rationality）。

收益分配解的集体理性表示任意部分参与人形成的小联盟中参与人从大联盟中分得的收益之和不能小于它们单独形成一个联盟时的收益。

定义2-10（缩减博弈）：博弈（N,v）对应于 $S \subseteq N$ 和解 π 的缩减博弈为

$$v_{S,\pi}(T) = \begin{cases} 0, & \text{如果 } T = \varnothing \\ v(N) - \pi(N \setminus S), & \text{如果 } T = S \\ \max_{Q \subseteq N \setminus S}[v(T \cup Q) - \pi(Q)], & \text{其他}. \end{cases} \quad (2-38)$$

于是，设 σ 为 $G(N)$ 上的解，$v \in G(N)$，且任意 $S \in P(N) \setminus \varnothing$，有如下性质。

缩减博弈性：σ 具有缩减博弈性，如果对 $\forall \pi \in \sigma$，有 $(S, v_{S,\pi}) \in G(N)$ 和 $\pi^S \in \sigma(S, v_{S,\pi})$。

逆缩减博弈性：设 $n \geq 2$，π 是符合有效性和个人理性的解，那么，σ 具有逆缩减博弈性，如果 $(S, v_{S,\pi}) \in G(N)$，$\pi^S \in \sigma(S, v_{S,\pi})$ 时 $\pi \in \sigma(N, v)$，其中 π^S 满足 $\pi^S \in \mathbb{R}^S$，且 $\pi_i^S = \pi_i$，$\forall i \in S$。

定理 2 - 1（核，core）：核（或核心）是 $G(N)$ 上同时满足有效性、个人理性、缩减博弈性、逆缩减博弈性的唯一解。

根据 B - S 定理（Bondareva，1963），平衡的博弈一定存在稳定的收益分配解，即核非空。然而，对于非平衡的博弈，核可能不存在或存在但不是唯一的，于是，1953 年 Shaplcy 从公理化角度定义了合作博弈的一个符合唯一性的解，称为 Shapley 值。其数学表达式如下：

$$SV_p = \sum_{S \subseteq N \setminus p} \frac{|S|!(n-|S|-1)!}{n!}\{v(S \cup \{p\}) - v(S)\} \quad (2-39)$$

其中，$v(S \cup \{p\}) - v(S)$ 表示参与人 p 加入联盟 S 后给该联盟带来的边际收益，$|S|$ 表示联盟 S 中参与人人数。夏普利值的含义是参与人 p 加入所有联盟 $S \subseteq N$ 产生的边际收益的平均值，体现的是功利主义原则，具有如下性质。

虚拟参与人：博弈 (N,v) 的参与人 i 为虚拟参与人，如果对 $\forall S \subset N \setminus \{i\}$，都有 $v(S \cup \{i\}) = v(S)$。

虚拟性：解 π 符合虚拟性，如果对博弈 (N,v) 的参与人 i，$\pi_i = 0$。

匿名性：设 f 为博弈的解函数，则解函数符合匿名性，博弈 (N,v) 的参与人集合 N 上 $1, 2, \cdots, n$ 的任意排列 ρ 及任意参与人 i，有 $f_{\rho(i)}(\rho N, \rho v) = f(N, v)$。

可加性：设 f 为博弈的解函数，如果对任意博弈 (N,v) 和 (N,u)，有

$f(v+u) = f(v) + f(u)$，则解函数符合可加性。

定理 2-2（夏普利值，Shapley value）：Shapley 值是同时符合唯一性、有效性、虚拟性、匿名性、可加性的唯一解。

合作博弈中另一种收益分配解是核仁。它的目标是使得对收益分配方案最不满意的联盟其不满意程度最小。记 $e(S, \pi) = v(S) - \sum_{l \in S} \pi_l$ 为联盟 S 对收益分配 $\pi = (\pi_1, \cdots, \pi_n)$ 的不满意程度，称为过度（excess）。其值越小表明联盟 S 对收益分配 π 的不满意程度越小。核仁的目的是最小化字典式最大过度。我们用 $\vartheta(\pi) := (e(S_1, \pi), e(S_2, \pi), \cdots e(S_{2^n}, \pi))$ 表示所有联盟对收益分配 $\pi = (\pi_1, \cdots, \pi_n)$ 的不满意程度的降序排序结果；同理，$\vartheta(\pi') := (e(S_1, \pi'), e(S_2, \pi'), \cdots e(S_{2^n}, \pi'))$ 表示所有联盟对收益分配 $\pi' = (\pi'_1, \cdots, \pi'_n)$ 的不满意程度的降序排序结果。于是，$\vartheta(\pi) < \vartheta(\pi')$ 表示 $\vartheta(\pi)$ 字典式小于 $\vartheta(\pi')$，即 $\vartheta_1(\pi) \leq \vartheta_1(\pi')$，或者，$\vartheta_k(\pi) \leq \vartheta_k(\pi'), k > 1$ 且 $\vartheta_h(\pi) = \vartheta_h(\pi'), h = 1, 2, \cdots, k-1$。$\vartheta(\pi) \leq \vartheta(\pi')$ 表示 $\vartheta(\pi) < \vartheta(\pi')$ 或 $\vartheta(\pi) = \vartheta(\pi')$。

基于以上介绍，核仁的数学表达式如下：

$$\mathcal{N}(N, v) = \{\pi \in I(v) : \vartheta(\pi) \leq \vartheta(\pi'), \forall \pi' \in I(v)\} \quad (2-40)$$

与体现功利主义的 Shapley 值不一样，核仁体现的是平均主义的思想，符合以下一些性质。

零独立性：对于 $G(N)$ 集合中任意的合作博弈 (N, v) 和 (N, w)，以及任意的向量 $\beta = (\beta_1, \beta_2, \cdots, \beta_n)$，若 $\forall S, w(S) = v(S) + \sum_{p \in S} \beta_p$，则 $\pi(N, v) = \pi(N, w) + \beta$。

该性质的含义是说将参与人的效用水平的零点都向下平移 β_p 个单位，那么就可以从合作博弈 (N, v) 得到合作博弈 (N, w)。零独立性表示合作博弈 (N, v) 和 (N, w) 的解是相同的。

定理 2-3（核仁，nucleolus）：核仁是同时满足唯一性、匿名性、零独立性、缩减博弈性的唯一解。

另外，核仁是核的几何中心，因此核仁总是存在的。

二、非合作博弈论

博弈的另一种方式，是指一种参与者不可能达成具有约束力的协议的博弈，称为非合作博弈。合作博弈考察的是参与人怎么形成联盟，联盟形成后的收益如何分配问题，而非合作博弈关心的是策略，主要研究参与人在博弈中如何做出决策。本书中仅涉及非合作博弈中斯塔克尔伯格（Stackelberg）寡头竞争模型的思想，下面将进行简单介绍，更多非合作博弈知识可参考张维迎（2004）。

假设有两个具有竞争关系的企业，分别为企业1和企业2，它们的战略都是选择自己的最优产量来实现利润最大化，支付是利润（两个企业产量的函数）。如果两个企业在市场上地位是平等的，它们同时进行决策，那么企业1在进行决策时不知道企业2会做出什么样的决策，同时企业2在进行决策时也不知道企业1会做出什么样的决策。该情形可以用库诺特（Cournot）寡头竞争模型进行描述，但不属于本书范围，因此不做详细介绍。不同的是，如果两个企业在市场上的地位是不平等的，即，它们进行决策的时候具有优先次序，比如，企业1先进行决策，企业2再进行决策时可以观测到企业1做出的决策，所以企业2可以根据企业1的决策来做出自己的决策；但是由于企业1首先做出决策，所以它没法观测企业2的决策或即使观测到也没法改变自己的决策。也可以反过来，企业2先进行决策，然后企业1再根据企业2做出的决策来进行自己的决策。针对这种地位不平等的情形，德国经济学家斯塔克尔伯格提出了新的模型进行刻画，称为斯塔克尔伯格（Stackelberg）寡头竞争模型。

在斯塔克尔伯格的寡头竞争模型中，将寡头厂商的角色定位为"领导者"与"追随者"的分析范式。他们在进行决策时具有优先次序，即领导者企业决定一个产量，然后追随者企业可以观察到这个产量，并根据领导者企业的产量对自己的产量进行决策。领导者企业在决定自己产量时，知道追随者企业会如何行动，因此领导者企业可以知道追随者企业的反应函数。也就是说，领导者企业会预期到自己做出的决策，即决定的产量，对追随者企业的影响。于是，考虑到这种影响的情况下，领导者企业所决定的产量将是一个以追随者企业的反应函数为约束的利润最大化产量。

第三章

考虑网络流的 DEA 集中化资源配置

资源配置是管理科学和运筹学领域二三十年来一个经典的研究问题。DEA 方法不仅被广泛应用于生产率分析和绩效评估领域（Dyckhoff 和 Allen，2001；Moreno 和 Lozano，2018；Ang 等，2019；Georgantzinos 和 Giannikos，2019；Ruiz 等，2020；Segovia - Gonzalez 等，2020），而且也为资源配置提供了新的方法支撑（Fang，2013；Wu 等，2016）。DEA 资源配置研究可追溯到 Golany（1988）的开创性工作，该论文首次基于 DEA 讨论考虑偏好信息时如何设定绩效目标的问题。资源配置可以看作一个考虑多个因素的目标设定问题。Athanasopoulos（1998）首次将 DEA 用于解决资源配置问题。Korhonen 和 Syrjänen（2004）提出了 DEA 资源配置的经典研究范式，在效率分析的基础上讨论了如何用 DEA 解决资源配置问题。相关拓展研究可参见 Lozano 和 Villa（2004），Fang（2015）。近年来 DEA 资源配置理论和应用研究已有很多，如基于网络结构的资源分配（Ang 等，2020；Li 等，2019），具有竞争或合作关系的固定成本分配（Li 等，2020；Zhu 等，2017），以及基于成本（收益）效率的资源配置（Ray，2016；Fang 和 Li，2015）。DEA 资源配置的应用包括碳排放配额分配（Zhou 等，2018；Ma 等，2018）、区域公路运输系统（Wu 等，2018）、高等教育机构（Wang，2019）和公共医疗部门（Yang，2017b）等。

网络流问题是一个经典运筹学优化问题。Ahuja 等（1988）全面回顾了网络流的一些经典研究问题和算法。Ahuja（2017）系统总结了网络流的理论、算法和应用。有关网络流的理论包括网络模型的构建，例如，最短路径和最大流问题。网络流算法指出了相关理论模型如何求解。例如，Dijkstra 算法用于求解最短路径问题（Dijkstra，1959；Johnson，1973），超额缩放算法用于求解最大流问题（Ahuja 等，1992）。Dehghani 和 Sherali（2016）提出了一种基于网络的关键基础设施系统的资源分配方法，该方法基于网络流效率和移动性来评估性能。此外，网络流有多种应用，具体可参照 Ajaeiya 等（2018）

和 Pimentel 等（2018）。

本章提出一种基于 DEA 的网络流资源配置方法。现有的基于 DEA 的资源配置研究很少考虑资源分配过程中的网络流。Athanasopoulos（1998）在生产过程中将投入和产出分别视为网络流入和网络流出，以模拟多单元和多层次系统中基于目标的资源分配过程。网络 DEA 也可以视为网络结构的网络流入和流出问题（Lewis 和 Sexton，2004；Färe 等，2007）。Lozano 和 Adenso Diaz（2018）运用 DEA 方法确定供应链中的最优产品流，然而该研究并没有考虑生产过程中节点间的资源分配流。现实中，不同实体或企业之间的资源配置形成网络，资源分配流在不同节点之间循环。然而，除 Pachkova（2009）、Yang（2017a）和 Shao 等（2018）考虑了 DMU 的资源再分配约束之外，现有 DEA 资源分配研究很少考虑一般网络框架下不同 DMU 之间的资源分配流。

与 Pachkova（2009）相比，本章着重考虑集中化情形下的资源配置网络流问题。本章构建了一个基于 DEA 的广义资源配置框架。在本章中，我们假设各单位间的资源分配是有向的，且单位资源的分配成本已知。资源数量的限制也被考虑在内，即由于资金（资本）有限，单个单位的资源配额将会受到一定限制。各个单元之间的资源分配流可以看作是一个具体的网络流问题，其中所有的决策单元被视为网络节点，而资源分配流被视为网络弧。除了优化求解所有单元之间的资源分配配额外，本章还确定了当考虑到每个决策单元的资源流时，原有的资源分配计划应如何实施，才能为管理者确定最经济的资源配置方案。

资源配置流和资源配置成本直接影响最终的资源配置结果。对于任何一个组织来说，通过较高的资源配置成本来提高产出是不可取的，因此管理者可能会关心资源分配收益和资源配置成本之间的权衡。本章首次提出资源配置收益（resource allocation gains，RAG）函数，用于刻画资源分配收益和资源配置成本之间的关系。

第一节 基于 DEA 的广义资源配置框架

在本章中，考虑 n 个同质的 DMU，每个 DMU 消耗 m 种投入生产 s 种产出。所有的 DMU 都由一个管理者集中监视和控制。对于 $DMU_k(k=1,2,\cdots,n)$，其投入和产出向量表示为 (x_k,y_k)，其中 $x_k = (x_k^1,x_k^2,\cdots,x_k^m) > 0$ 和 $y_k = (y_k^1,y_k^2,\cdots,y_k^s) > 0$。

在本章中，我们将集中化情形下的资源配置视为一个决策问题，其中管理决策者（decision maker，DM）的目标是通过分配额外资源或重新分配现有资源来实现生产最大化。考虑到产出的多维性，DEA 资源配置问题可以构建为多目标线性规划（multiple objective linear programming，MOLP）模型。

为了不失一般性，本章将生产过程中的投入设定为实际分配的资源，而资源配置的目标是产出最大化。在 DEA 中，投入和产出的历史数据被用来估计生产可能集，本章假设 PPS 在资源分配中保持不变。广义资源配置框架由四部分组成：产品（产出）优化集（P），生产可能集（T），生产转化集（H）和约束集（I）。

基于 DEA 的广义资源配置框架可以表述如下：

$$\max \quad P \tag{3-1}$$

$$\text{s. t.} \quad (x + \Delta x, y + \Delta y) \in T$$

$$(x + \Delta x, y + \Delta y) \in H$$

$$(\Delta x, \Delta y) \in I,$$

其中向量 $(x + \Delta x, y + \Delta y)$ 表示资源分配后的投入产出组合。

一、产品（产出）优化集（P）

在集中化环境中，资源配置的目标是通过不同单元之间的资源分配来实现产出的最大化。如果不存在关于产出的偏好信息，P 可表示为：

$$\max \left\{ (-1)^{\alpha_1} \sum_{k=1}^{n} \Delta y_k^1, (-1)^{\alpha_2} \sum_{k=1}^{n} \Delta y_k^2, \cdots, (-1)^{\alpha_s} \sum_{k=1}^{n} \Delta y_k^s \right\} \tag{3-2}$$

其中 $\alpha_r (r = 1,2,\cdots,s)$ 是一个二进制变量，其取值表明该产出是期望产出还是非期望产出。如果 $\alpha_r = 0$，则产出 r 是期望产出；$\alpha_r = 1$ 则表示产出 r 是非期望产出。非期望产出可以是制造业的碳排放、固体废弃物或废水、服务业的顾客不满意度等。鉴于现有不少研究在生产过程中考虑到非期望产出对环境的影响（Yang 等，2018；Chen 和 Jia，2017），本节在公式（3-2）中

考虑了 α_r。

目标函数为 P 的规划是一个具有多个最优解的多目标数学规划（multiple objective mathematical programming，MOMP）。解决 MOMP 的方法通常可分为三类：先验方法、交互方法和后验方法，这取决于管理决策者的决策阶段（Mavrotas，2009）。先验方法是目前应用最广泛的一种方法，它表明管理决策者在优化之前已经表现出他/她对具有多个偏好权重的多个目标的偏好。先验方法通常可以转化为一个单目标数学规划。假设 $w_r(r=1,2,\cdots,s)$ 是管理决策者对产出 r 的偏好，则 P 可表示为：

$$\max \sum_{r=1}^{s} \sum_{k=1}^{n} (-1)^{\alpha_r} w_r \Delta y_k^r \tag{3-3}$$

决策单元通过为产出分配不同的权重，使总输出最大化。本章只考虑期望产出，并采用先验方法寻找最佳的资源分配方案。

二、生产可能集（T）

生产可能集（T）在经济学中最早被提出用于估计 DMU 的生产能力。

在 DEA 中，T 表示为现有数据构成的凸集。它被用来评价一组同质 DMU 在生产过程中的相对表现。T 也是 DEA 资源配置研究的重要组成部分。Banker 等（1984）介绍了 T 在不同规模收益（return to scale，RTS）假设下，即规模收益不变（CRS）、规模收益可变（variable returns to scale，VRS）、规模收益递增（increasing returns to scale，IRS）和规模收益递减（decreasing returns to scale，DRS）的表述，具体如下：

$$T(h) = \{(x,y) \in R_+^{m+s} \mid \exists \lambda_k \in R_0: x \geq \sum_{k=1}^{n} \lambda_k x_k, y \leq \sum_{k=1}^{n} \lambda_k y_k, \lambda \in \Lambda^n(h)\},$$

其中 $\Lambda^n(CRS) = R_0^n$，$\Lambda^n(VRS) = \{\lambda \in R_0^n \mid \sum_{k=1}^{n} \lambda_k = 1\}$，$\Lambda^n(DRS) = \{\lambda \in R_0^n \mid \sum_{k=1}^{n} \lambda_k \leq 1\}$，$\Lambda^n(IRS) = \{\lambda \in R_0^n \mid \sum_{k=1}^{n} \lambda_k \geq 1\}$。

在不同的应用场景下，有关生产可能集的扩展研究已有很多（Chen 等，2017；An 等，2020a；An 等，2020b）。鉴于有关生产可能集的相关综述超出了本章的研究范围，因此，我们只讨论了以上几个例子。

三、生产转化集（H）

生产转化集的概念由 Korhonen 和 Syrjänen（2004）首次提出。该集合决定了所有 DMUs 在生产过程中产出的理论集合。一般来说，H 包括限制所有 DMUs 改变其投入产出组合的内生因素（如技能熟练程度、受教育程度和管理范式）和外生因素（如政策影响和环境规制）。该集合还包含了资源分配投入和产出可能发生变化的所有信息。

在大多数情况下，H 等同于 T，这意味着资源配置计划中所有 DMUs 均达到帕累托有效。然而由于内生或者外生因素的影响，H 通常是 T 的子集。假设 H_k 为 DMU $_k$ 的生产转化集。则 H 可以描述为：

$$H = (H_1, H_2, \cdots, H_k, \cdots, H_n) \tag{3-4}$$

本节提供如下两个关于 H 的示例（原则）。

（一）帕累托有效原则

DEA 有效可分为 DEA 强有效和 DEA 弱有效两类。从整体收益最大化的角度出发，管理决策者更偏好帕累托有效的资源配置计划。相应的 H_k 可表示为

$$H_k = \left\{ (x_k + \Delta x_k, y_k + \Delta y_k) \in R_+^{m+s} \mid \begin{array}{l} \sum_{e \in E} \lambda_{ek} x_e \leq x_k + \Delta x_k \\ \sum_{e \in E} \lambda_{ek} y_e \geq y_k + \Delta y_k \\ \sum_{e \in E} \lambda_{ek} = 1 \\ u y_e - v x_e + d_{ek} + d_{0k} = 0 \\ \lambda_{ek} \leq M b_{ek} \\ d_{ek} \leq M(1 - b_{ek}) \\ \lambda_{ek} \geq 0; u \geq 0; v \geq 0; b_{ek} \in \{0,1\}; \\ d_{ek} \geq 0; d_{0k} \ free; e \in E \end{array} \right\}$$

$$\tag{3-5}$$

其中集合 H_k 采用了规模收益可变假设，M 是一个很大的正数，E 表示所有绝对有效 DMU 的集合。E 的详细定义可参照 Charnes 等（1991）。

(二) 效率原则

基于效率原则的 DEA 方法被广泛应用于制订企业的资源配置计划。T 可视为一种特殊的 H，要求所有 DMUs 在资源配置后都为 DEA 有效。在一些情况下，资源配置要求效率保持不变或提高。该资源配置过程可以描述为：

$$H_k(\rho) = \left\{ (x_k + \Delta x_k, y_k + \Delta y_k) \in R_+^{m+s} \middle| \begin{array}{l} \sum_{j=1}^n \lambda_{jk} x_j \leqslant x_k + \Delta x_k \\ \sum_{j=1}^n \lambda_{jk} y_j \geqslant [1 + \varphi_k^* (1 - \rho)](y_k + \Delta y_k) \\ \sum_{j=1}^n \lambda_{jk} = 1 \\ \lambda_{jk} \geqslant 0 \end{array} \right\}$$

(3-6)

其中 φ_k^* 是以下模型的最优解：

$$\max \quad 1 + \varphi_k \tag{3-7}$$

$$s.t. \quad \sum_{j=1}^n \lambda_{jk} x_j \leqslant x_k,$$

$$\sum_{j=1}^n \lambda_{jk} y_j \geqslant (1 + \varphi_k) y_k,$$

$$\sum_{j=1}^n \lambda_{jk} = 1,$$

$$\lambda_{jk} \geqslant 0, j = 1, \cdots, n,$$

其中 φ_k 是衡量 DMU_k 产出无效性的参数。φ_k 越大意味着 DMU_k 的效率越低。如果 $\varphi_k^* = 0$，则 DMU_k 为 DEA 有效。

四、约束集 (I)

约束集 (I) 包含资源配置中有关资源约束的所有信息。本部分讨论 $(\Delta x, \Delta y)$ 上的资源约束信息。假设 $(\Delta x_k^i, \Delta y_k^r)$ 表示 DMU_k 在投入 i 和产出 r 上的变化量，则：

$$(\Delta x, \Delta y) = (\Delta x^1, \cdots, \Delta x^m, \Delta y^1, \cdots, \Delta y^s) \tag{3-8}$$

$$= \left(\sum_{k=1}^{n} \Delta x_k^1, \cdots, \sum_{k=1}^{n} \Delta x_k^m, \sum_{k=1}^{n} \Delta y_k^1, \cdots, \sum_{k=1}^{n} \Delta y_k^s \right)$$

I 通常可表示为

$$I = \left\{ (\Delta x, \Delta y) \in R^{m+s} \mid \begin{array}{l} \sum_{k=1}^{n} \Delta x_k^i = \Delta x^i \, \forall i \\ (x_k + \Delta x_k, y_k + \Delta y_k) \in H_k(\rho) \, \forall k \end{array} \right\} \quad (3-9)$$

其中，Δx^i 表示所有 DMUs 投入 i 的变化之和。$\Delta x^i > 0$ 表示资源增加，$\Delta x^i = 0$ 表示资源保持不变，而 $\Delta x^i < 0$ 意味着资源减少。公式（3-9）不对产出变化进行约束。然而在某些特殊情况下，产出变化约束也需考虑在内。例如，钻石公司往往限制钻石的产量，以使市场价格保持在预期的波动水平。因此一个广义约束集可以描述为：

$$I = \left\{ (\Delta x, \Delta y) \in R^{m+s} \mid \begin{array}{l} -x_k^i \leq \beta_k^i x_k^i \leq \Delta x_k^i \leq \gamma_k^i x_k^i, \, \forall k \, \forall i \\ -y_k^r \leq \delta_k^r y_k^r \leq \Delta y_k^r \leq \mu_k^r y_k^r, \, \forall k \, \forall r \\ (x_k + \Delta x_k, y_k + \Delta y_k) \in H_k(\rho), \, \forall k \\ \sum_{k=1}^{n} \Delta x_k^i = \Delta x^i \, \forall i \end{array} \right\} \quad (3-10)$$

其中 β_k^i 和 γ_k^i 表示 DMU$_k$ 投入 i 的减少比率和增加比率；而 δ_k^r 和 μ_k^r 代表 DMU$_k$ 产出 r 的减少比率和增加比率。

在以往的研究中，为了求解 DMU 之间的最优资源配置方案，采用了各种准则。公平常常被认为是资源配置一个很重要的准则，比如说，城市和农村边远地区教育资源的公平分配问题。本节将资源配置中的公平准则视为 I 的扩展。基尼系数是衡量资源配置公平性的最广泛运用的一个指标（Mandel, 1991），表示如下：

$$Gini_i = \frac{\sum_k \sum_{j>k} |q_j^i(x_k^i + \Delta x_k^i) - q_k^i(x_j^i + \Delta x_j^i)|}{\sum_k (x_k^i + \Delta x_k^i)} \quad (3-11)$$

其中

$$q_j^i = \frac{x_j^i}{\sum_{j=1}^{n} x_j^i} (j = 1, \cdots, n) \quad (3-12)$$

随后，考虑基尼系数的 I 可以表示为：

$$I = \left\{ (\Delta x, \Delta y) \in R^{m+s} \mid \begin{array}{c} 0 \leqslant Gini_i \leqslant Gini_i^u \ \forall i \\ (x_k + \Delta x_k, y_k + \Delta y_k) \in H_k(\rho) \ \forall k \\ \sum_{k=1}^{n} \Delta x_k^i = \Delta x^i \ \forall i \end{array} \right\} \quad (3-13)$$

综上所述，本节讨论了基于 DEA 的广义资源配置框架，并列举了其四个组成部分：产品（产出）优化集，生产可能集，生产转化集和约束集。该框架可以用来解释集中化情形下资源分配的一系列现有研究。同时，本章所提出的基于 DEA 的网络流资源分配模型也可以看作是该框架的一个扩展。

第三节　资源配置模型

DEA 资源配置研究往往强调资源分配结果，而忽略资源配置中各个 DMU 之间的内部资源流动情况。在集中化情形下，DMUs 之间的资源配置并非无成本，管理决策者在制订集中化资源配置计划时应考虑资源配置成本。本节研究考虑网络结构的 DEA 的资源配置问题，在管理决策者优化最优资源配置方案时考虑内部资源流和资源配置成本。

本节首先回顾基本网络流模型，基于此确定 DEA 资源配置的相关网络结构。

一、网络流模型

网络流问题是运筹学中的一个经典优化问题。本节首先回顾网络最小成本问题。另 $G = (N, A)$ 表示有向网络，其中 N 是网络所有节点的集合，A 是包含所有弧信息的集合。c_{kj} 表示节点 k 到节点 j 的单位运输成本。l_{kj} 和 q_{kj} 表示节点 k 到节点 j 网络流的上界和下界。$b(k)$ 表示节点 k 的供给或需求。若 $b(k) > 0$，则节点 k 是供应节点；若 $b(k) < 0$，则节点 k 是需求节点；若 $b(k) = 0$，则节点 k 为转运节点。一个简单的网络示例如图 3-1 所示。

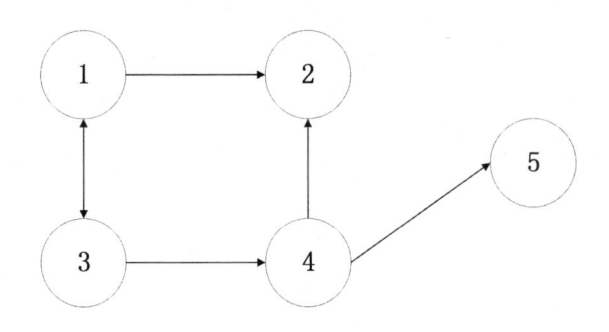

图 3-1 网络结构示例

网络最小成本问题可以建模为：

$$\min \sum_{(k,j) \in A} c_{kj} x_{kj} \quad (3-14)$$

$$s.t. \sum_{\{j:(k,j) \in A\}} x_{kj} - \sum_{\{j:(k,j) \in A\}} x_{jk} = b(k) \ \forall (k,j) \in A, \forall k \in N$$

$$l_{kj} \leq x_{kj} \leq q_{kj} \ \forall k \in N, \forall j \in N$$

其中向量 $x = (x_{kj})$ 表示网络流。模型（3-14）的目标函数是优化网络 G 的最小成本流。第一个约束表示节点 k 的总流出量减去总流入量应等于节点 k 的供给（或需求），即数量平衡约束。第二个约束确定了网络流上下限。

二、基于 DEA 的资源配置网络结构

资源配置意味着不同 DMUs 之间存在着资源流。资源流是既有大小也有方向的，其流动可以根据若干约束条件刻画。通过结合网络流理论，可以重新定义 DEA 资源配置问题。另 $G(i) = (N(i), A(i))$ 表示资源 i 的有向网络。在网络 $G(i)$ 中 DMU 被视为节点，其中 $(k,j) \in A(i)$ 意味着资源 i 从节点 k 流向节点 j。x_{kj}^i 表示资源 i 从节点 k 流向节点 j 的资源量。另外，c_{kj}^i 表示资源 i 从节点 k 流向节点 j 的单位成本。

网络结构中的节点由 DMU 组成，当管理决策者制订资源配置计划时，本节引入配送节点 0。本章将 $N(i)$ 重新定义为所有 DMU 和配送节点 0 的集合，即 $N(i) = \{1, 2, \cdots, n\} \cup \{0\}$。以资源 i 的网络为例，我们将网络结构分为以下三类。

（一）资源再分配网络

资源再分配（$\Delta x^i = 0$）表示资源仅在 DMUs 之间流动。资源再分配也需考

虑资源再分配成本。例如，在教育系统中，为了实现教育公平，教师从城市地区分配到偏远地区，这种分配是需要成本的。资源再分配问题的网络结构由图3-2中的虚线（1）表示。

（二）资源增量网络

资源增量（$\Delta x^i > 0$）意味着资源从配送节点流向生产节点，表示在所有DMUs之间分配额外的资源。在某些情况下，生产节点可以从内部获取额外资源。例如，医学院的学生毕业留在本医院工作。在这种情况下，医院可以从内部增加资源，生产和配送节点之间不产生资源配置成本。然而，在这些情况下，我们认为资源仍然是从配送节点流出，只是此时配送节点和生产节点之间的资源配置成本为零。图3-2中的实线（2）描述了资源增量问题的网络结构。

（三）资源减量网络

资源减量（$\Delta x^i < 0$）意味着资源从生产节点流向配送节点。这种现象在管理中普遍存在，如经济衰退时期的裁员和市场需求下降。在管理决策者制订资源配置计划时，资源配置成本一般是不可避免的。而裁员的公司可能需要支付昂贵的裁员费用。工人失业后寻找新的工作，可以看作是生产节点（企业）的资源流出和配送节点（社会或市场）的资源流入。裁员费用可视为资源配置成本。图3-2中的实线（3）描述了资源减少问题的网络结构。

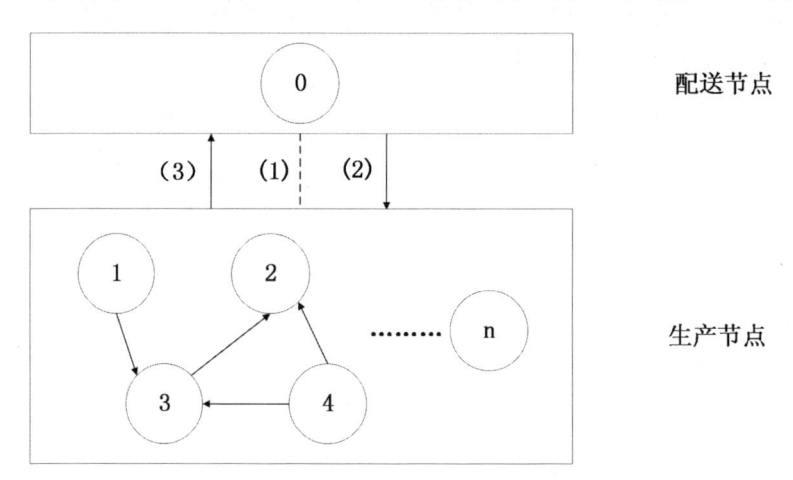

图3-2 资源分配的网络结构

三、基于 DEA 的网络流资源分配模型

集中化环境下管理决策者通过在所有 DMUs 之间分配资源来最大化总体产出。本节采用效率原则对资源配置进行理论建模。结合资源配置流的网络结构，最优的资源配置计划可由以下 MOMP 获得：

$$\max \quad (\sum_{k=1}^{n} \Delta y_k^1, \sum_{k=1}^{n} \Delta y_k^2, \cdots, \sum_{k=1}^{n} \Delta y_k^s, -\sum_{i=1}^{m} \sum_{(k,j) \in A(i)} c_{kj}^i x_{kj}^i) \quad (3-15)$$

s. t. $\sum_{j=1}^{n} \lambda_{jk} x_j^i \leq x_k^i + \Delta x_k^i \ \forall k \ \forall i \in I^{RA}$

$\sum_{j=1}^{n} \lambda_{jk} x_j^i \leq x_k^i \ \forall k \ \forall i \in I^{NRA}$

$\sum_{j=1}^{n} \lambda_{jk} y_j^r \geq [1 + \varphi_k^* (1-\rho)](y_k^r + \Delta y_k^r) \ \forall k \ \forall r$

$\sum_{j=1}^{n} \lambda_{jk} = 1 \ \forall k$

$\sum_{k=1}^{n} \Delta x_k^i \leq \Delta x^i \ \forall i \in I^{RA} \ \Delta x_k^i \ free, \forall k \ \forall i \in I^{RA};$

$\Delta y_k^r \geq 0, \forall k \forall r;$

$\sum_{\{j:(j,k) \in A(i)\}} x_{jk}^i - \sum_{\{j:(k,j) \in A(i)\}} x_{kj}^i = \Delta x_k^i \ \forall k \in N(i) \ \forall j \in N(i) \ \forall i \in I^{RA}$

$l_{kj}^i \leq x_{kj}^i \leq q_{kj}^i \ \forall (k,j) \in A(i) \ \forall k \in N(i) \ \forall j \in N(i) \ \forall i \in I^{RA}$

$\lambda_{jk} \geq 0 \ \forall k \ \forall j$

其中 I^{RA} 和 I^{NRA} 分别表示可重新配置和不可重新配置的资源集。φ_k^* 是模型 (3-7) 的最优解。上述 MOMP 旨在最大限度地提高所有产出，同时最小化资源配置成本。第一个约束至第四个约束表明资源配置计划满足效率原则。可再分配资源的增量反映于第五个约束，其中 $\Delta x^i > 0$ 是已知参数。第六个约束保证最优资源配置方案总产出至少保持在资源配置前的水平。第七个约束和第八个约束是网络流约束，其中前者是数量平衡约束，后者为资源配置流的上下界限约束。

第四节　生产收益与资源配置成本的权衡

上节已提出基于 DEA 的网络流资源分配模型，该模型描述了如何在生产收益最大化、资源配置成本最小化的情况下进行资源配置。然而从管理的角度来看，管理决策者通常关注生产收益和资源配置成本之间的权衡。如果提高生产收益只需花费少量资源配置成本，那么管理决策者将加快资源配置；当生产收益依赖于过高的资源配置成本时，管理决策者将重新考虑是否进行资源配置。

为研究资源配置中生产收益与资源配置成本之间的权衡关系，本节构建了包含生产收益、资源配置成本和效率增长指数（Efficiency Increase Index，EII）的 RAG 函数。EII 被认为是 RAG 函数中的一个变量。另 $\bar{c}$ 表示（总）资源配置成本，ρ 表示 EII。则 RAG 函数可表示为如下二元函数：

$$\text{RAG} = f(\bar{c}, \rho) = \max \sum_{r=1}^{s}\sum_{k=1}^{n} w_r \Delta y_k^r \tag{3-16}$$

$$\text{s.t.} \quad \sum_{j=1}^{n} \lambda_{jk} x_j^i \leq x_k^i + \Delta x_k^i \ \forall k \ \forall i \in I^{RA}$$

$$\sum_{j=1}^{n} \lambda_{jk} x_j^i \leq x_k^i \ \forall k \ \forall i \in I^{NRA}$$

$$\sum_{j=1}^{n} \lambda_{jk} y_j^r \geq [1 + \varphi_k^*(1-\rho)](y_k^r + \Delta y_k^r) \ \forall k \ \forall r$$

$$\sum_{j=1}^{n} \lambda_{jk} = 1 \ \forall k$$

$$\sum_{k=1}^{n} \Delta x_k^i \leq \Delta x^i \ \forall i \in I^{RA} \ \Delta x_k^i \text{ is free}, \forall k \ \forall i \in I^{RA};$$

$$\Delta y_k^r \geq 0, \forall k \ \forall r$$

$$\sum_{\{j:(j,k)\in A(i)\}} x_{jk}^i - \sum_{\{j:(k,j)\in A(i)\}} x_{kj}^i = \Delta x_k^i, \forall k \in N(i) \ \forall j \in N(i) \ \forall i \in I^{RA}$$

$$l_{kj}^i \leq x_{kj}^i \leq q_{kj}^i \ \forall (k,j) \in A(i), \forall k \in N(i), \forall j \in N(i) \ \forall i \in I^{RA}$$

$$\sum_{i \in I^{RA}} \sum_{(k,j) \in A(i)} c_{kj}^i x_{kj}^i \leq \bar{c}$$

$$\lambda_{jk} \geq 0 \,\forall k \,\forall j;$$

类似于模型（3-15），RAG 函数被表示为一个线性规划。本节通过先验方法将多目标函数转化为单目标函数，其中权重 w_r 由管理决策者事先确定，φ_k^* 是 DMU_k 由模型（3-7）所得到的效率无效性。

模型（3-16）表明 RAG 函数取决于两个变量：资源分配成本（$\bar{c}$）和 EII（ρ）。通过观察发现 RAG 函数 $f(\bar{c},\rho)$ 有以下两个性质。

定理 3-1：

(1) $f'_{\bar{c}}(\bar{c},\rho) = \dfrac{\partial f(\bar{c},\rho)}{\partial \bar{c}} \geq 0; f'_{\rho}(\bar{c},\rho) = \dfrac{\partial f(\bar{c},\rho)}{\partial \rho} \geq 0.$

(2) $\exists \bar{c}^{**} \geq 0, \forall \bar{c} \geq \bar{c}^{**}, f'_{\bar{c}}(\bar{c},\rho) = \dfrac{\partial f(\bar{c},\rho)}{\partial \bar{c}} = 0.$

证明：

(1) 首先证明 $f'_{\bar{c}}(\bar{c},\rho) = \dfrac{\partial f(\bar{c},\rho)}{\partial \bar{c}} \geq 0$，对于给定的 ρ 和 $\bar{c}$，假设 Δx_k^{i*}，$\Delta y_k^{r*}, \lambda_{jk}^*, x_{kj}^{i*}$ 是模型（3-16）的最优解。考虑资源配置成本 $\bar{c} + \Delta \bar{c}$，注意到此时 $f(\bar{c} + \Delta \bar{c},\rho)$ 比 $f(\bar{c},\rho)$ 有更大的可行域，易知 $\Delta x_k^{i*}, \Delta y_k^{r*}, \lambda_{jk}^*, x_{kj}^{i*}$ 是 $f(\bar{c} + \Delta \bar{c},\rho)$ 的一个可行解，于是有 $f(\bar{c} + \Delta \bar{c},\rho) \geq f(\bar{c},\rho)$，因此 $f'_{\bar{c}}(\bar{c},\rho) = \dfrac{\partial f(\bar{c},\rho)}{\partial \bar{c}} = \lim\limits_{\Delta \bar{c} \to 0} \dfrac{f(\bar{c} + \Delta \bar{c},\rho) - f(\bar{c},\rho)}{\Delta \bar{c}} \geq 0$ 恒成立。

其次证明 $f'_{\rho}(\bar{c},\rho) = \dfrac{\partial f(\bar{c},\rho)}{\partial \rho} \geq 0$，对于给定的 ρ 和 $\bar{c}$，依然假设 Δx_k^{i*}，$\Delta y_k^{r*}, \lambda_{jk}^*, x_{kj}^{i*}$ 是模型（3-16）的最优解。考虑其他 EII $\rho + \Delta \rho (0 \leq \rho + \Delta \rho \leq 1)$，同理可得 $f(\bar{c},\rho + \Delta \rho)$ 比 $f(\bar{c},\rho)$ 有更大的可行域，易知 $\Delta x_k^{i*}, \Delta y_k^{r*}, \lambda_{jk}^*$，$x_{kj}^{i*}$ 是 $f(\bar{c},\rho + \Delta \rho)$ 的一个可行解，于是有 $f(\bar{c},\rho + \Delta \rho) \geq f(\bar{c},\rho)$，因此 $f'_{\rho}(\bar{c},\rho) = \dfrac{\partial f(\bar{c},\rho)}{\partial \rho} = \lim\limits_{\Delta \rho \to 0} \dfrac{f(\bar{c},\rho + \Delta \rho) - f(\bar{c},\rho)}{\Delta \rho} \geq 0$ 恒成立。

(2) 考虑如下模型：

$$f(\infty,\rho) = \max \sum_{r=1}^{s} \sum_{k=1}^{n} w_r \Delta y_k^r \qquad (3-17)$$

$$\text{s.t.} \quad \sum_{j=1}^{n} \lambda_{jk} x_j^i \leq x_k^i + \Delta x_k^i \,\forall k \,\forall i \in I^{RA}$$

$$\sum_{j=1}^{n} \lambda_{jk} x_j^i \leq x_k^i \,\forall k\, \forall i \in I^{NRA}$$

$$\sum_{j=1}^{n} \lambda_{jk} y_j^r \geq [1 + \varphi_k^*(1-\rho)](y_k^r + \Delta y_k^r) \,\forall k\, \forall r$$

$$\sum_{j=1}^{n} \lambda_{jk} = 1 \,\forall k$$

$$\sum_{k=1}^{n} \Delta x_k^i \leq \Delta x^i \,\forall i \in I^{RA}\, \Delta x_k^i\, free,\, \forall k\, \forall i \in I^{RA};$$

$$\Delta y_k^r \geq 0 \,\forall k\, \forall r$$

$$\sum_{\{j:(j,k)\in A(i)\}} x_{jk}^i - \sum_{\{j:(k,j)\in A(i)\}} x_{kj}^i = \Delta x_k^i \,\forall k \in N(i),\, \forall j \in N(i),\, \forall i \in I^{RA}$$

$$l_{kj}^i \leq x_{kj}^i \leq q_{kj}^i \,\forall (k,j) \in A(i),\, \forall k \in N(i),\, \forall j \in N(i),\, \forall i \in I^{RA}$$

$$\lambda_{jk} \geq 0 \,\forall k\, \forall j;$$

另 $\Delta x_k^{i*}, \Delta y_k^{r*}, \lambda_{jk}^*, x_{kj}^{i*}$ 为模型（3-17）的最优解，模型（3-17）和模型（3-16）的区别在于模型（3-17）剔除了约束 $\sum_{i\in I^{RA}} \sum_{(k,j)\in A(i)} c_{kj}^i x_{kj}^i \leq \bar{c}$。因此易知 $f(\infty,\rho) = \max \sum_{r=1}^{s} \sum_{k=1}^{n} w_r \Delta y_k^{r*}$ 为资源配置成本的阈值。当 $\bar{c} \geq \bar{c}^{**} = \max \sum_{r=1}^{s} \sum_{k=1}^{n} w_r \Delta y_k^{r*}$，$f(\bar{c},\rho) = f(\bar{c}^{**},\rho)$ 恒成立，因此定理得证。

定理3-1指出RAG函数不会随着 $\bar{c}$ 和 ρ 的增大而减小，这意味着资源配置成本和EII越大，生产收益就越大。定理3-1还表明当资源配置成本持续增加时，生产收益不可能无限增加。当资源配置成本达到一个阈值时，资源配置成本的增加将不再能够提高生产收益。

第五节 算 例

本节讨论五个生产节点和一个配送节点之间的资源配置问题。假设每个DMU消耗两种投入（资源）并产生两种产出。为了验证所提出方法的适用性，所有数据都使用软件进行随机化处理。两种投入数据均满足均匀分布 $U(20,100)$，两种产出数据满足均匀分布 $U(200,500)$，单位资源配置成本

满足 $U(0.5,1.2)$，资源配置流的上界满足 $U(200,300)$。随机数据见表 3 - 1、表 3 - 2 和表 3 - 3。资源配置网络结构见图 3 - 3 和图 3 - 4。

表 3 - 1 投入和产出随机数据

DMU	x_k^1	x_k^2	y_k^1	y_k^2
1	76.74	33.00	485.06	438.55
2	80.37	29.51	210.33	256.06
3	42.08	59.86	331.62	346.92
4	74.37	96.77	314.46	333.67
5	72.40	47.23	429.65	393.89

表 3 - 2 单位资源配置成本随机数据

$c_{kj}^1 \mid c_{kj}^2$	0	1	2	3	4	5
0	M | M	0.59 | M	M | M	M | M	M | M	M | 0.61
1	M | M	M | M	0.89 | 0.92	0.82 | M	M | M	M | M
2	M | M	M | 0.68	M | M	M | M	0.50 | M	M | M
3	M | M	0.73 | M	M | M	M | M	0.61 | 0.95	M | 0.98
4	M | M	1.05 | 1.02	M | M	M | M	M | M	0.71 | M
5	M | M	M | M	0.86 | 0.81	M | 0.55	M | M	M | M

表 3 - 3 资源配置流上界随机数据

$u_{kj}^1 \mid u_{kj}^2$	0	1	2	3	4	5
0	0.00 | 0.00	245.79 | 0.00	0.00 | 0.00	0.00 | 0.00	0.00 | 0.00	0.00 | 392.37
1	0.00 | 0.00	0.00 | 0.00	382.66 | 200.92	230.47 | 0.00	0.00 | 0.00	0.00 | 0.00
2	0.00 | 0.00	0.00 | 354.98	0.00 | 0.00	0.00 | 0.00	365.16 | 0.00	0.00 | 0.00
3	0.00 | 0.00	307.66 | 0.00	0.00 | 0.00	0.00 | 0.00	399.22 | 363.46	0.00 | 373.73
4	0.00 | 0.00	215.63 | 216.88	0.00 | 0.00	0.00 | 0.00	0.00 | 0.00	288.53 | 0.00
5	0.00 | 0.00	0.00 | 0.00	221.33 | 279.95	0.00 | 251.97	0.00 | 0.00	0.00 | 0.00

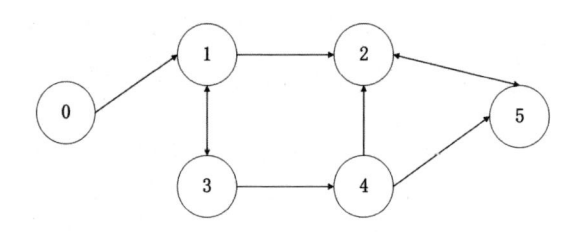

图 3-3 投入 1 的网络结构

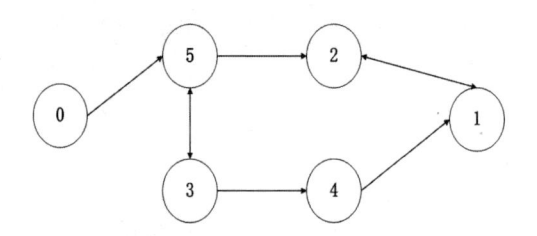

图 3-4 投入 2 的网络结构

表 3-2 中 M 表示不同网络弧的单位资源配置成本为无穷大。例如，$c_{10}^1 =$ M 表示资源 1 无法直接从节点 1 移动到节点 0。假定额外配置资源量为 $\Delta x^1 = \Delta x^2 = 40$，本章应用先验方法确定最优资源配置方案，并将模型（3-15）中的多目标函数转化为单目标函数，得到如下目标函数：

$$\max \sum_{r=1}^{s} \sum_{k=1}^{n} w_r \Delta y_k^r - \sum_{i=1}^{m} \sum_{(k,j) \in A(i)} c_{kj}^i x_{kj}^i \qquad (3-18)$$

其中我们令 $(w_1, w_2) = (1.29, 1.51)$，并假设 $\rho = 1$。最佳资源配置流如图 3-5 和图 3-6 所示。表 3-4 列出了资源分配过程中所有 DMUs 的产出增加量。

表 3-4 资源配置后产出的增加量

DMU	Δy_k^1	Δy_k^2
1	0.00	0.00
2	274.73	182.49
3	153.44	91.63
4	170.60	104.88
5	55.41	44.66
总计	654.18	423.66

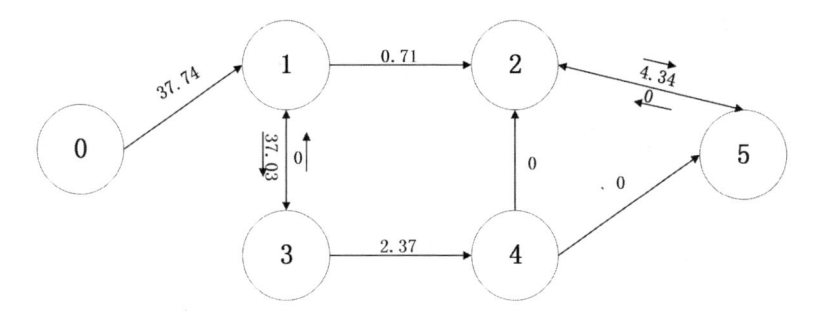

图 3-5 资源 1 的最优资源配置流

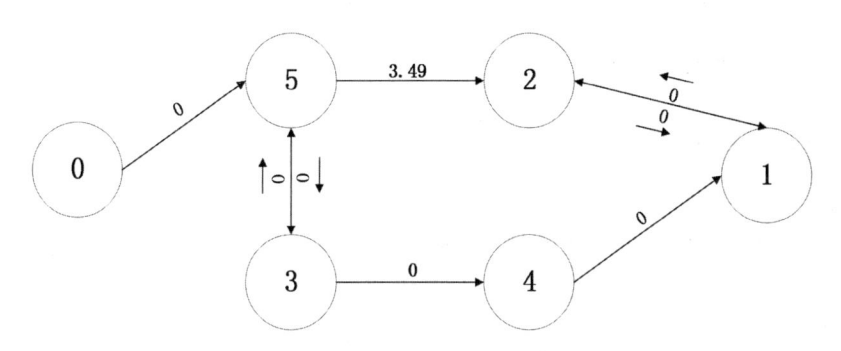

图 3-6 资源 2 的最优资源配置流

由图 3-5 可知只有 37.74 单位资源 1 流向生产节点，这表明资源 1 的额外分配量没有被五个生产节点完全消耗。此外，37.03 单位资源 1 从节点 1 流向节点 3，节点 1 向节点 2 流动 0.71 单位资源 1。同时，节点 2 流出 4.34 单位资源 1 给节点 5，2.37 单位资源 1 从节点 3 流向节点 4。而在其他网络弧中并不存在资源配置流（图 3-5）。对于资源 2，结果表明仅仅节点 5 流出 3.49 单位资源 2 给节点 2。表 3-4 显示，除节点 1 外其他 DMU 均通过资源配置提高了产出 1 和 2 的产量。

RAG 函数为讨论生产收益与资源配置成本之间的权衡问题提供了定量分析工具。为了形象表述定理 3-1 中给出的 RAG 函数的相关性质，本节给出定理 3-1 在此算例基础上的图像描述。具体参见图 3-7 和图 3-8。图 3-7 显示 RAG 函数 $f(\bar{c},1)$ 的生产收益并不会随着资源配置成本的增加而无限增加，当资源分配成本达到阈值时，生产收益保持不变。图 3-8 显示 RAG 函数 $f(50,\rho)$ 随着 EII 的增加而增加，这符合定理 3-1 中的相关性质。此外，

图3-8中的非零截距项也有一定管理含义，它意味着当有资源再分配的预算时，即使效率没有提高，由于资源的重新分配，生产收益也可以增加。

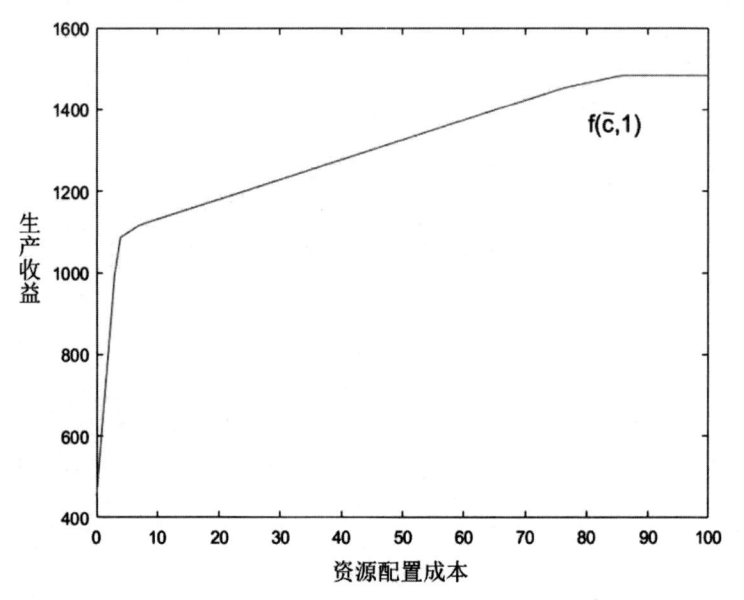

图 3-7 RAG 函数 $f(\bar{c},1)$

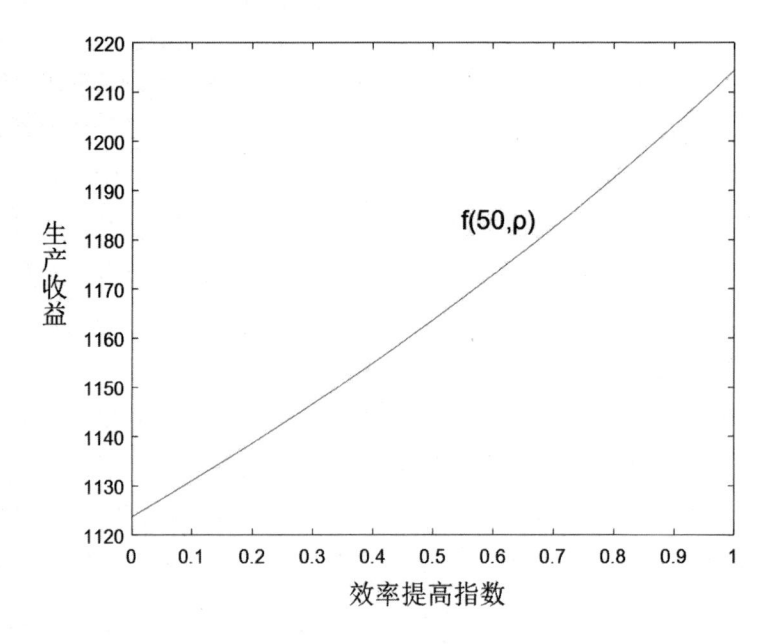

图 3-8 RAG 函数 $f(50,\rho)$

第六节 银行系统集中化资源配置实证分析

银行系统往往是集中化管理，即高层管理人员直接管理和控制银行分行。资源配置有助于高层管理者调整银行的资源结构，提高银行的运营效率。本节所提出的方法有助于银行系统实现最优资源配置和提高运营效率。表3-5提供27家银行分行的银行系统数据集（Kao 和 Hwang，2010；Amirteomori 和 Emrouznejad，2012）。

表3-5 银行系统资源集中化配置数据集

分行	IT 预算 X_1	固定资产 X_2	员工人数 X_3	存款 Y_1	利润 Y_2
1	0.150	0.713	13.300	14.478	0.232
2	0.170	1.071	16.900	19.502	0.340
3	0.235	1.224	24.000	20.952	0.363
4	0.211	0.363	15.600	13.902	0.211
5	0.133	0.409	18.485	15.206	0.237
6	0.497	5.846	56.420	81.186	1.103
7	0.600	0.918	56.420	81.186	1.103
8	0.071	1.235	12.000	11.441	0.199
9	1.500	18.120	89.510	124.072	1.858
10	0.120	1.821	19.800	17.425	0.274
11	0.120	1.915	19.800	17.425	0.274
12	0.050	0.874	13.100	14.342	0.177
13	0.370	6.918	12.500	32.491	0.648
14	0.440	4.432	41.900	47.653	0.639
15	0.431	4.504	41.100	52.630	0.741
16	0.110	1.241	14.400	17.493	0.243
17	0.053	0.450	7.600	9.512	0.067

续表

分行	IT预算 X_1	固定资产 X_2	员工人数 X_3	存款 Y_1	利润 Y_2
18	0.345	5.892	15.500	42.489	1.002
19	0.128	0.973	12.600	18.987	0.243
20	0.055	0.444	5.900	7.546	0.153
21	0.057	0.508	5.700	7.595	0.123
22	0.098	0.370	14.100	16.906	0.233
23	0.104	0.395	14.600	17.264	0.263
24	0.206	2.680	19.600	36.430	0.601
25	0.067	0.781	10.500	11.581	0.120
26	0.100	0.872	12.100	22.207	0.248
27	0.0106	1.757	12.700	20.670	0.253

注：为保证数据的精确性，此表格保留小数后三位。

银行系统的投入为IT预算（X_1），固定资产（X_2），以及员工人数（X_3）。其中IT预算和员工人数是可重新分配的资源，而固定资产不可重新分配。银行系统的产出是存款（Y_1）以及利润（Y_2）。本章考虑类似Pachkova（2009）中讨论的资源再分配问题，即 $\Delta x^1 = \Delta x^3 = 0$。为了简单起见，假设任意DMU之间的资源分配流均是可行的，并且单位资源配置成本在任意节点之间是一样的。另 $c_{kj}^1 = 0.01 \forall k, \forall j$，$c_{kj}^3 = 0.005 \forall k, \forall j$ 以及 $(w_1, w_2) = (1, 20)$。并假设所有分行在资源再分配后都达到有效状态。表3-6给出了银行系统资源再分配的结果。

表3-6 银行系统资源再分配结果分析

分行	IT预算 X_1	固定资产 X_2	员工人数 X_3	存款 Y_1	利润 Y_2
1	0.099	0.713	12.730	20.528	0.243
2	0.193	1.071	22.130	35.102	0.441
3	0.184	1.224	22.740	35.518	0.451

续表

分行	IT 预算 X_1	固定资产 X_2	员工人数 X_3	存款 Y_1	利润 Y_2
4	0.211	0.363	15.600	13.902	0.211
5	0.100	0.409	14.090	17.512	0.237
6	0.500	5.846	56.420	81.186	1.103
7	0.600	0.918	56.420	81.186	1.103
8	0.121	1.235	17.310	28.247	0.347
9	1.500	18.120	89.510	124.072	1.858
10	0.037	1.821	13.470	22.552	0.292
11	0.053	1.915	14.370	24.169	0.325
12	0.107	0.874	12.770	23.102	0.261
13	0.345	6.918	15.500	42.489	1.002
14	0.359	4.432	23.050	47.653	0.938
15	0.409	4.504	26.440	52.630	1.020
16	0.140	1.241	19.040	30.533	0.380
17	0.098	0.450	13.780	17.750	0.235
18	0.345	5.892	15.500	42.489	1.002
19	0.180	0.973	20.050	32.587	0.402
20	0.098	0.444	13.800	17.687	0.235
21	0.098	0.508	13.550	18.363	0.237
22	0.098	0.370	14.100	16.906	0.233
23	0.115	0.395	15.520	19.174	0.263
24	0.206	2.680	19.600	36.430	0.601
25	0.100	0.781	12.460	21.246	0.245
26	0.100	0.872	12.100	22.207	0.248
27	0.033	1.757	14.040	22.784	0.287

注：为保证数据的精确性，此表格保留小数后三位。

表3-6给出了银行资源集中化配置后的投入和产出。如分行1应花费0.099单位的IT预算,0.713单位的固定资产和雇佣12.730单位的员工人数来实现20.528单位的存款和0.243单位的利润。企业1的IT预算和员工人数减少,表明在资源再分配过程中其存在资源外流。表3-7进一步给出了银行系统资源再分配流。

表3-7 银行系统的投入转移、产出增长和资源再分配流

分行	IT预算 ΔX_1	员工人数 ΔX_3	存款 ΔY_1	利润 ΔY_2	资源再配置流 x^1_{kj}	x^3_{kj}
1	-0.050	-0.560	6.050	0.011	$x^1_{18} = 0.050$	$x^3_{12} = 0.560$
2	0.023	5.230	15.600	0.101		
3	-0.050	-1.250	14.560	0.089	$x^1_{32} = 0.023$ $x^1_{3\langle 12\rangle} = 0.027$	$x^3_{32} = 1.250$
4	0.000	0.000	0.000	0.000		
5	-0.033	-4.400	2.300	0.000	$x^1_{5(12)} = 0.030$ $x^1_{5(16)} = 0.003$	$x^3_{52} = 3.420$ $x^3_{58} = 0.980$
6	0.000	0.000	0.000	0.000		
7	0.000	0.000	0.000	0.000		
8	0.050	5.310	16.800	0.148		
9	0.000	0.000	0.000	0.000		
10	*0.082	-6.330	5.120	0.018	$x^1_{\langle 10\rangle\langle 16\rangle} = 0.027$ $x^1_{\langle 10\rangle\langle 17\rangle} = 0.045$ $x^1_{\langle 10\rangle\langle 19\rangle} = 0.010$	$x^3_{(10)8} = 4.330$ $x^3_{(10)(13)} = 2.000$
11	-0.066	-5.430	6.740	0.051	$x^1_{\langle 11\rangle\langle 19\rangle} = 0.042$ $x^1_{\langle 11\rangle\langle 20\rangle} = 0.024$	$x^3_{(11)(13)} = 1.000$ $x^3_{(11)(16)} = 4.430$
12	0.057	-0.320	8.760	0.084		$x^3_{(12)(16)} = 0.210$ $x^3_{(12)(17)} = 0.110$
13	-0.025	3.000	10.000	0.354	$x^1_{\langle 13\rangle\langle 20\rangle} = 0.019$ $x^1_{\langle 13\rangle\langle 21\rangle} = 0.006$	

续表

分行	IT 预算 ΔX_1	员工人数 ΔX_3	存款 ΔY_1	利润 ΔY_2	资源再配置流 x^1_{kj}	x^3_{kj}
14	-0.080	-18.840	0.000	0.300	$x^1_{(14)(21)} = 0.035$ $x^1_{(14)(23)} = 0.011$ $x^1_{(14)(25)} = 0.032$ $x^1_{(14)(27)} = 0.002$	$x^3_{(14)(17)} = 6.070$ $x^3_{(14)(19)} = 7.450$ $x^3_{(14)(20)} = 5.320$
15	-0.021	-14.650	0.000	0.279	$x^1_{(15)(27)} = 0.021$	$x^3_{(15)(20)} = 2.580$ $x^3_{(15)(21)} = 7.850$ $x^3_{(15)(23)} = 0.920$ $x^3_{(15)(25)} = 1.960$ $x^3_{(15)(27)} = 1.340$
16	0.030	4.640	13.040	0.137		
17	0.045	6.18	8.240	0.168		
18	0.000	0.000	0.000	0.000		
19	0.052	7.450	13.600	0.159		
20	0.043	7.900	10.140	0.082		
21	0.041	7.850	10.77	0.114		
22	0.000	0.000	0.000	0.000		
23	0.011	0.920	1.910	0.000		
24	0.000	0.000	0.000	0.000		
25	0.032	1.960	9.660	0.125		
26	0.000	0.000	0.000	0.000		
27	0.023	1.340	2.110	0.034		

注：为保证数据的精确性，此表格保留小数后三位。

分行 4、6、7、9、18、22、24 和 26 的投入和产出情况均没有变化。这一现象的原因在于上述分行在资源再分配之前就已经为 DEA 有效。考虑到资源配置是需要一定成本的，这些分行将不改变其投入和产出以节约资源配置成本。除上述分行外,余下所有分行均受益于资源再分配。无论资源流入还是流出,企业的产出都有所改善。例如,分行 25 被分配额外 0.032 单位的 IT 预算和 1.960 单位员工人数,而带来 9.660 单位的存款和 0.125 单位的利润。第 6 列和第 7 列具体刻画了所有节点之间的资源配置流。比如说,分行 14 在集中化资源再分配环境中流出了 0.080 单位的 IT 预算和 18.840 单位的员工人数。流出的 IT 预算分别以 0.035、0.011、0.032 和 0.002 的单位数量流向分行 21、23、25 和 27。在员工人数方面,分行 14 分别向分行 17、19、20 流出 6.070、7.450 和 5.320 单位员工人数。

本章小结

本章探讨了考虑网络流的 DEA 集中化资源配置问题。鉴于现有资源配置研究只关注 DMU 之间的资源分配量,很少关注资源在各个单元之间具体如何进行配置。本章在网络流的基础上在资源配置过程中优先考虑了资源配置流,并运用 DEA 和网络流相关理论来确定最优资源流。本章扩展了现有 DEA 资源配置研究,打开了资源配置方法的内部"黑箱",为制订资源配置计划提供了重要的决策工具。

第四章

考虑节约成本和优化产出的 DEA 内部资源配置

本章提出三个整合模型用于合理分配资源：第一个模型追求投入（资源）消耗的最小化，第二个模型追求在现有资源条件下产出的最大化，第三个模型则在预测下一期可利用资源的条件下追求产出最大化。由于投入产出的数目大多不止一个，因此资源配置问题大多是多目标线性规划问题。通过新形成的决策单元的投入（或产出）与原有单元的该投入（或产出）总和的比例进行去量纲化处理，然后加总形成新的优化目标，从而将多目标规划转化为单目标规划问题。本章提出的三个模型资源配置结果均为帕累托有效。为了验证方法的有效性，本章选用了 25 个超级市场的例子来进行相应说明和分析。

第一节 问题提出

资源配置是指分配有限资源到组织的不同组成部分以实现企业的总体目标。对于任何一个组织来说资源总是有限的，资源的合理配置对于组织发展就显得格外重要（Grant，1991；Sirmon 和 Hitt，2003；Chen 和 Hsu，2010）。正因为这点，资源配置问题现已成为管理科学中最热门和最经典的问题之一。近年来，DEA 被广泛运用到这个领域。DEA 使组织决策者可以根据现有数据形成生产前沿面，从而制订一个同时考虑资源和预期产出的生产计划（Korhonen 和 Syrjänen，2004）。

实际上，现在已有较多文献研究了这一问题，但是很少有研究保证资源配置结果为帕累托有效，这一点在下节将详细说明。本章的目的在于考虑总产出量的同时分配可获得的资源，目标包括最小化总资源（即总投入）消耗量和最大化总产出量。以控股子公司为例，控股子公司对自己的管理具有一定的决策权，总部的决策者制订决策时需要考虑到子公司的诉求。这点不同于集权下的子公司，该子公司需要完全执行"超级决策者"的决策。

本章主要研究规模收益可变条件下基于多目标线性规划和DEA的资源配置问题。本章将控股子公司作为相应的决策单元，此时的决策将同时考虑总公司和各子公司的情况。例如，上海汽车集团股份有限公司就存在很多这类的控股子公司，在总公司做重要决定时就需要考虑子公司的利益。基于此，本文假定决策者做决定时需要保证各决策单元（各子公司）的预期产出不小于分配之前的产出量，做这一简单假定原因在于它有利于资源分配方案在各子公司中顺利推行，同时这一般也是子公司的最低诉求。基于此，对应三种不同的情形提出了三个整合模型。一个整合模型在保持各自现有产出的情况下最小化总资源消耗；一个整合模型在现有资源以及至少保持决策单元现有产出的情形下最大化预期总产出；鉴于下一期的资源有可能多于或少于现有资源而不是等于现有资源，本章提出了基于预测资源量在大于现有资源情况下的资源配置模型。

以上每个整合模型都是从不同的角度分析资源配置问题。模型直接最小化预期的总投入和最大化预期的总产出，而不是最大化总投入减少量和总产出增加量，虽然这两种方法等价但前者可以直接给出决策单元分配后的目标。为了区分，定义分配前的决策单元（现有单元）为旧决策单元，分配后的决策单元为新决策单元。直接优化总投入和总产出的思想可以被运用到更广泛的领域，即使新决策单元的投入和产出与旧决策单元没有任何关联性。同时，假如资源配置有其他限制，可能只需要在现有规划中加入一些约束即可。比如，本章假设决策者的集权能力是有限的以及每个决策单元的产出不能减少，则相关模型仅仅需要增加约束保证每个新决策单元的产出等于或大于旧决策单元的产出。因此，这种优化方式具有很大的灵活性和广泛的适用性。

第二节 相关文献回顾

DEA是一种评价一组同质决策单元的非参数数学规划方法（Wei和Yan，

2010；Shi，2010；Li 和 Zhu，2005）。自从该方法的第一个模型——CCR 模型在 1978 年被 Charnes、Cooper 和 Rhodes 首次提出后，其在效率分析理论和应用两个层面都获得极大的发展（Smith，1990；Shi 等，2005；Li 和 Ma，2008；Shi，2009；Khakbaz 等，2010）。CCR 的生产可能集为 $P = \{(x,y)| x \geq X\lambda, y \leq Y\lambda, \lambda \geq 0\}$，其中 λ 是非负向量。如果需要修改生产可能集，只需对 λ 增加相应的约束即可，比如，BCC 模型中的 $\sum_{j=1}^{n} \lambda_j = 1$（Banker 等，1984），FG 模型中的 $\sum_{j=1}^{n} \lambda_j \leq 1$（Färe 和 Grosskopf，1985）以及 ST 模型中的 $\sum_{j=1}^{n} \lambda_j \geq 1$（Seiford 和 Thrall，1990）。

在运用 DEA 方法解决资源配置问题之前，假定所有的 DMUs 都属于同一个组织（这一组织给各 DMU 提供所需的资源），比如，银行分支机构、大学各学院、警察局、跨国公司的分公司等。决策者的目的在于合理分配资源以尽可能地满足组织总体目标，尤其是最小化总投入或最大化总产出。

目前，关于 DEA 解决资源配置问题有两大类研究范式。一类假设决策单元的效率在分配前后没有变化（Yan 等，2002；Korhonen 和 Syrjänen 2004；Songhori 等，2011；Hadi - Vencheh 等，2008）；另一类假设决策单元的效率可变（Beasley，2003；Korhonen 和 Syrjänen，2004；Lozano 和 Villa，2004）。需要指出的是，文献 Korhonen 和 Syrjänen（2004）同时考虑了这两种情形，所以两类中都包含该成果。本章假定决策单元的效率在资源分配后是可变的。

据可收集的相关文献可知，尽管基于效率不变的资源配置研究已有不少，但是大多数研究不能保证其资源配置结果为帕累托有效。Amireimoori 和 Tabar（2010）用 DEA 方法分配固定资源同时确定相应的产出目标，然而该研究的总产出是事前确定的。Beasley（2003）提出了一个资源配置模型用于最大化所有决策单元的总效率，然而该方法仍不能保证所获结果为帕累托有效。近年来，集中化资源配置概念被广泛应用。集中化资源配置的侧重点在于优化所有决策单元组合的资源消耗量而不是单独考虑各个决策单元。这一概念由 Lozano 和 Villa 首先提出。Lozano 和 Villa（2004）提出了两个模型用于解决集中化的资源配置问题。Mar - Molinero 等（2014）提出了上述模型的简化模型并进行了相应的实证分析。Asmild 等（2009）重新研究了 Lozano 和 Villa 提出的集中化资源配置模型，建议仅仅需要改进非有效决策单元。Lotfi 等（2010）进一步提出将加强的 Russell 模型用于集中化资源配置。上述研究都极大地促进了 DEA 在资源配置的发展和应用，同时为决策者分配资源提供了决策支持。然而大部分研究基于径向 DEA 模型，并且不能直接获得保持现有产出情况下的最小输入。实际上，现实生活资源配置并非完全集中化，即部分集权，中央决策者对资源配置有一定的但不是完全的资源配置权力。然而，到目前为止，很少有文献研究这种非完全集权的资源配置问题。

由于投入产出指标在大多数情况下多于 1 个，相应的资源配置模型常常是多目标问题，这类问题一般很难获得唯一的解。Golany（1988）首先提出了利用偏好信息设定决策单元的目标，建立了一个关于产出的多目标线性规划模型；接着，Golany 等（1993）提出了一个目标设定模型用于资源配置。另外，Korhonen 和 Syrjänen（2004）、Hadi-Vencheh 等（2008）基于多目标的思想和 DEA 提出了相应的资源配置模型。

最后，为确保资源配置结果为帕累托有效，本章结合多目标规划和 DEA 方法提出三个整合模型解决三种特殊的资源配置问题。

第三节 基于 DEA 的资源配置方法

一、节约成本型资源配置方案

成本节约是企业日常运作的重要议题之一。换句话说，在保持利润和产出不变的情况，节约资源对企业发展是相当必要的。当考虑控股子公司时，决策者在节约资源的时候需要保持产出不变。对于 DMU_0，本章提出了以下模型解决该问题。

$$\min \quad X'_0 \qquad (4-1)$$

$$\text{s. t.} \quad \sum_{j \in N} \lambda_j x_{ij} \leq x'_{i0}, \ i = 1, \cdots, m$$

$$\sum_{j \in N} \lambda_j y_{rj} \geq y'_{r0}, \ r = 1, \cdots, s$$

$$y'_{r0} \geq y_{r0}, \ r = 1, \cdots, s$$

$$\lambda_j \geq 0, j = 1, \cdots, n$$

其中 λ_j、x'_{i0} 和 y'_{r0} 是变量。决策者需要最大化总投入节约量 $\sum_{k \in N} X'_k$。然而，当投入指标多于 1 个时，上述问题就转化为一个多目标问题。相应的模型如下所示。

$$\min \sum_{k \in N} X'_k \qquad (4-2)$$

$$\begin{aligned} \text{s.t.} \quad & \sum_{j \in N} \lambda_{jk} x_{ij} \leq x'_{ik}, \\ & \sum_{j \in N} \lambda_{jk} y_{rj} \geq y'_{rk}, \\ & y'_{rk} \geq y_{rk}, \\ & \lambda_j \geq 0, \\ & i = 1, \cdots, m; r = 1, \cdots, s; j \in N; k \in N \end{aligned}$$

考虑到各投入指标量纲可能不一致，本章选用新决策单元的投入与所有旧决策单元的投入总和的比值之和作为目标函数。这种处理可以将上述多目标规划问题转化为单目标的线性规划问题。为了减少规划问题多解性以及直接获得帕累托有效解，将产出进行了相应的比例化求和处理后赋很小的权重放在目标函数中。相应的整合模型如下所示。

$$\min \sum_{i=1}^{m} \left(\sum_{k \in N} x'_{ik} \Big/ \sum_{j \in N} x_{ij} \right) - \varepsilon \sum_{r=1}^{s} \left(\sum_{k \in N} y'_{rj} \Big/ \sum_{j \in N} y_{rj} \right) \qquad (4-3)$$

$$\begin{aligned} \text{s.t.} \quad & \sum_{j \in N} \lambda_{jk} x_{ij} \leq x'_{ik}, \\ & \sum_{j \in N} \lambda_{jk} y_{rj} \geq y'_{rk}, \\ & y'_{rk} \geq y_{rk}, \\ & \lambda_j \geq 0, \\ & i = 1, \cdots, m; r = 1, \cdots, s; j \in N; k \in N \end{aligned}$$

其中 ε 是一个非常小的正数。

定理 4-1：通过模型（4-3）获得的新决策单元是有效单元。

证明：如果新决策单元 (X_k^*, Y_k^*) 不是有效单元，那么对于 DMU_k 的方程（4-4）至少有一个解。这意味着存在 (X'_k, Y'_k) 满足方程（4-4）。即 (X'_k, Y'_k) 中的 Y'_k 必定满足 $y'_{rk} \geq y_k^*$，同时满足模型（4-3）的其他约束。

因此，模型存在一个更好的解 $\left(\dfrac{X'}{Y'}\right)$，其中 $X' = (X_1^{'*}, \cdots, X_k^{'*}, \cdots, X_n^{'*})$，$Y' = (Y_1^{'*}, \cdots, Y_k^{'*}, \cdots, Y_n^{'*})$ 使得模型（4-3）的最优值变得更小。这与命题 $(X^*, Y^*)^T$ 是模型（4-3）的最优解相矛盾，所以新决策单元是有效单元。

$$\sum_{j \in N} \lambda_{jk} x_{ij} + s_i^- = x'_{ik} \qquad (4-4)$$

$$\sum_{j \in N} \lambda_{jk} y_{rj} - s_r^+ = y'_{rk}$$

$$\lambda_{jk} \geq 0,$$

$$s_i^-, s_r^+ \geq 0$$

$$i = 1, \cdots, m; r = 1, \cdots, s; j \in N$$

其中 $\lambda_{jk}, s_i^-, s_r^+$ 是变量。

定理 4-2：模型（4-3）的最优解是多目标规划问题模型（4-2）的帕累托有效解。

证明：如果 $(X^*, Y^*)^T$ 不是模型（4-2）的帕累托有效解，那么必存在一个解 $\left(\dfrac{X'}{Y'}\right)$ 满足 $\left(\dfrac{X'}{-Y'}\right) \leq \left(\dfrac{X^*}{-Y^*}\right)$。然而如果上式成立，模型（4-3）将会有一个更好的解使目标值变小。这与 $(X^*, Y^*)^T$ 是模型（4-3）的最优解相矛盾。因此，模型（4-3）的最优解是模型（4-2）的帕累托有效解。

二、优化产出的资源配置

对一些组织来说，决策者更希望考虑在现有资源的情况下调配资源增加产出。这里的决策者有一定的集权化能力将资源配置给决策单元（控股子公司）。同节约资源一样，这里同样要求新决策单元的产出不小于分配前的产出。

通过以下两步，可以解决上述情形的资源分配问题。首先对于 DMU_k，由下面模型实现产出的最大化。

$$\max \quad Y'_k \qquad (4-5)$$

$$\text{s.t.} \quad \sum_{j \in N} \lambda_j x_{ij} \leq x'_{ik},$$

$$\sum_{j \in N} \lambda_j y_{rj} \geq y'_{rk},$$

$$y'_{rk} \geq y_{rk},$$
$$\lambda_j \geq 0,$$
$$i = 1,\cdots,m; r = 1,\cdots,s; j \in N$$

接着，对于决策者来说需要优化所有决策单元的总产出 $\sum_{k \in N} Y'_k$。然而，当产出指标多于1个时，决策者的优化问题就变成了多目标问题。相应的模型如下：

$$\max \sum_{k \in N} Y'_k \tag{4-6}$$
$$\text{s.t.} \sum_{j \in N} \lambda_j x_{ij} \leq x'_{ik},$$
$$\sum_{j \in N} \lambda_j y_{rj} \geq y'_{rk},$$
$$y'_{rk} \geq y_{rk},$$
$$\sum_{k \in N} x'_{ik} \leq \sum_{j \in N} x_{ij},$$
$$\lambda_j \geq 0,$$
$$i = 1,\cdots,m; r = 1,\cdots,s; j \in N; k \in N$$

模型（4-6）是典型的多目标问题。类似上节提到的节约型资源配置模型，将各新决策单元的预期产出比例化然后求和作为规划目标，从而构建新的单目标规划问题，相应的整合模型见模型（4-7）。

$$\max \sum_{r=1}^{s} \left(\sum_{k \in N} y'_{rk} / \sum_{j \in N} y_{rj} \right) - \varepsilon \sum_{i=1}^{m} \left(\sum_{k \in N} x'_{ik} / \sum_{j \in N} x_{ij} \right) \tag{4-7}$$
$$\text{s.t.} \sum_{j \in N} \lambda_j x_{ij} \leq x'_{ik},$$
$$\sum_{j \in N} \lambda_j y_{rj} \geq y'_{rk},$$
$$y'_{rk} \geq y_{rk},$$
$$\sum_{k \in N} x'_{ik} \leq \sum_{j \in N} x_{ij},$$
$$\lambda_j \geq 0,$$
$$i = 1,\cdots,m; r = 1,\cdots,s; j \in N; k \in N$$

类似定理4-1和定理4-2，可以得到如下定理。

定理4-3：通过模型（4-7）获得的新决策单元是有效单元。

定理4-4：模型（4-7）的最优解是模型（4-6）的帕累托有效解。

三、拓展研究

以上的资源配置模型都是基于现有的资源（当时生产周期的资源）。本节将研究下一期的预期资源而不是当期的资源配置问题。假设以下情形：当下一期的预期资源多于现有资源时，决策者在保证新决策单元预期产出不小于旧决策单元情况下追求产出最大化。假设预期的资源量是 $x_i(i=1,\cdots,m)$，则相应的多目标规划问题如模型（4-8）所示。

$$\max \sum_{k \in N} Y'_k \quad (4-8)$$

$$\text{s.t.} \sum_{j \in N} \lambda_{jk} x_{ij} \leqslant x'_{ik},$$

$$\sum_{j \in N} \lambda_{jk} y_{rj} \geqslant y'_{rk},$$

$$y'_{rk} \geqslant y_{rk},$$

$$\sum_{j \in N} x'_{ij} \leqslant x_i,$$

$$\lambda_{jk} \geqslant 0,$$

$$i = 1,\cdots,m; r = 1,\cdots,s; j \in N$$

通过类似的比例化处理，模型（4-8）可以转化为下面的模型（4-9）。

$$\max \sum_{r=1}^{S} \left(\sum_{j \in N} y'_{rj} / \sum_{j \in N} y_{rj} \right) - \varepsilon \sum_{i=1}^{m} \left(\sum_{k \in N} x'_{ik} / \sum_{j \in N} x_{ij} \right) \quad (4-9)$$

$$\text{s.t.} \sum_{j \in N} \lambda_{jk} x_{ij} \leqslant x'_{ik},$$

$$\sum_{j \in N} \lambda_{jk} y_{rj} \geqslant y'_{rk},$$

$$y'_{rk} \geqslant y_{rk},$$

$$\sum_{j \in N} x'_{ij} \leqslant x_i,$$

$$\lambda_{jk} \geqslant 0,$$

$$i = 1,\cdots,m; r = 1,\cdots,s; j \in N$$

定理 4-5：通过模型（4-9）获得的新决策单元是有效单元。

定理 4-6：模型（4-9）的最优解是模型（4-8）的帕累托有效解。

第四节 实例说明

本节选用 Korhonen 和 Syrjänen（2004）使用的 25 家超级市场例子的样本论述提出的资源配置方法的合理性。样本包含两个投入两个产出。本节仅仅通过这个例子，说明上述模型的适用性，没有考虑具体的运作问题。原始数据见表 4-1。

表 4-1 25 家超级市场的原始数据

超级市场	时间（10^3 小时）	面积（10^3 平方米）	营业额（10^6 芬兰马克）	利润（10^6 芬兰马克）
1	79.10	4.99	115.30	1.71
2	60.10	3.30	75.20	1.81
3	126.70	8.12	225.50	10.39
4	153.90	6.70	185.60	10.42
5	65.70	4.74	84.50	2.36
6	76.80	4.08	103.30	4.35
7	50.20	2.53	78.80	0.16
8	44.80	2.47	59.30	1.30
9	48.10	2.32	65.70	1.49
10	89.70	4.91	163.20	6.26
11	56.90	2.24	70.70	2.80
12	112.60	5.42	142.60	2.75
13	106.90	6.28	127.80	2.70
14	54.90	3.14	62.40	1.42
15	48.80	4.43	55.20	1.38
16	59.20	3.98	95.90	0.74
17	74.50	5.32	121.60	3.06
18	94.60	3.69	107.00	2.98
19	47.00	3.00	65.40	0.62

续表

超级市场	时间（10^3小时）	面积（10^3平方米）	营业额（10^6芬兰马克）	利润（10^6芬兰马克）
20	54.60	3.87	71.00	0.01
21	90.10	3.31	81.20	5.12
22	952.00	4.25	128.30	3.89
23	80.10	3.79	135.00	4.73
24	68.70	2.99	98.90	1.86
25	62.30	3.10	66.70	7.41

上述数据来自芬兰的25家超级市场，他们属于同一个公司。每个超级市场有两个投入：时间和面积。"时间"代表着在一定生产过程中劳动力的工作量；"面积"是指总的楼面面积。同时各超级市场存在两个产出：营业额和利润。所有样本的劳动力总工作时间为 2758.30×10^3 小时；楼面总面积为 102.97×10^3 平方米；总营业额为 2586.10×10^6 芬兰马克；总利润为 81.72×10^6 芬兰马克。

上述三个整合模型，模型（4-3）、模型（4-7）和模型（4-9）被应用到这个例子中。第一个模型（4-3）对应情形一，用于在保持现有产出的情况下追求投入最小化；第二个模型（4-7）对应情形二，用于在现有资源以及保持现有各单元产出的情况下最大化总产出；第三个模型（4-9）对应情形三，用于在下一期预测资源情况下如何优化预期总产出。

通过模型（4-3）获得的结果如表4-2所示。

表4-2 情形一的结果

超级市场	时间（10^3小时）	面积（10^3平方米）	营业额（10^6芬兰马克）	利润（10^6芬兰马克）
1	68.41	3.24	115.30	3.77
2	44.62	2.11	75.20	2.40
3	133.14	7.18	225.50	10.39
4	119.46	6.33	185.60	10.42

续表

超级市场	时间 (10^3小时)	面积 (10^3平方米)	营业额 (10^6芬兰马克)	利润 (10^6芬兰马克)
5	50.14	2.37	84.50	2.77
6	58.83	3.20	103.30	4.35
7	46.75	2.21	78.80	2.48
8	35.18	1.66	59.30	1.86
9	38.98	1.84	65.70	2.06
10	89.70	4.91	163.20	6.26
11	39.32	2.15	70.70	2.80
12	84.61	4.00	142.60	4.74
13	75.83	3.59	127.80	4.20
14	37.02	1.75	62.40	1.95
15	32.75	1.55	55.20	1.76
16	56.90	2.69	95.90	3.08
17	72.15	3.41	121.60	3.99
18	63.49	3.00	107.00	3.53
19	38.80	1.84	65.40	1.99
20	42.13	1.99	71.00	2.20
21	55.23	2.89	81.20	5.12
22	76.12	3.60	128.30	4.31
23	80.10	3.79	135.00	4.73
24	58.68	2.78	98.90	3.17
25	62.30	3.10	66.70	7.41

从表4-2的结果很容易发现各新决策单元的投入都不比原始数据大，但却获得了更多的产出，利润从81.72个单位到了101.74个单位。原因来自两方面：一个是资源的合理再分配，另一个是新决策单元的效率表现更好。

通过模型（4-7）获得的结果如表4-3所示。

表4-3 情形二的结果

超级市场	时间 (10^3小时)	面积 (10^3平方米)	营业额 (10^6芬兰马克)	利润 (10^6芬兰马克)
1	117.93	4.60	115.30	9.68
2	85.64	2.90	75.20	5.89
3	204.34	8.88	225.50	18.43
4	172.99	7.36	185.60	15.39
5	92.79	3.28	84.50	6.73
6	104.44	3.88	103.30	7.68
7	85.94	2.91	78.80	5.63
8	73.57	2.23	59.30	4.40
9	78.22	2.49	65.70	4.97
10	161.90	6.85	163.20	15.10
11	79.46	2.55	70.70	4.80
12	142.21	5.85	142.60	12.62
13	134.34	5.47	127.80	12.26
14	75.79	2.35	62.40	4.67
15	70.78	2.06	55.20	4.06
16	99.80	3.65	95.90	7.30
17	129.92	5.25	121.60	11.84
18	113.92	4.41	107.00	9.55
19	76.97	2.42	65.40	4.69
20	80.17	2.59	71.00	4.96
21	88.17	3.02	81.20	5.92
22	132.77	5.38	128.30	11.84
23	135.57	5.51	135.00	11.83
24	106.02	3.99	98.90	8.48
25	88.37	3.10	66.70	7.41

从表 4-3 可以发现新决策单元的每个产出不小于原始数据中的产出。这是由于在情形二中考虑了控股子公司的利益，模型（4-7）中含有使各决策单元产出不会减少的约束。

当假设下一期的资源：时间是 2800×10^3 小时，面积是 150×10^3 平方米时，通过模型（4-9）获得的结果如表 4-4 所示。

表 4-4 情形三的结果

超级市场	时间 （10^3 小时）	面积 （10^3 平方米）	营业额 （10^6 芬兰马克）	利润 （10^6 芬兰马克）
1	121.11	6.39	129.66	14.41
2	86.30	4.69	92.40	10.27
3	237.60	12.15	254.38	28.26
4	179.35	9.26	192.02	21.33
5	91.92	4.95	98.41	10.93
6	107.51	5.71	115.11	12.79
7	88.97	4.81	95.25	10.58
8	77.24	4.33	82.70	9.19
9	80.76	4.45	86.46	9.61
10	171.68	8.89	183.81	20.42
11	81.05	4.43	86.77	9.64
12	148.60	7.74	159.10	17.67
13	132.90	6.97	142.28	15.81
14	78.89	4.38	84.46	9.38
15	74.88	4.26	80.17	8.91
16	102.77	5.48	110.03	12.22
17	125.85	6.62	134.73	14.97
18	111.01	5.88	118.85	13.20
19	80.84	4.46	86.55	9.62
20	83.63	4.57	89.54	9.95
21	82.23	4.46	88.04	9.78

续表

超级市场	时间 （10³小时）	面积 （10³平方米）	营业额 （10⁶芬兰马克）	利润 （10⁶芬兰马克）
22	133.01	6.97	142.40	15.82
23	141.35	7.38	151.34	16.81
24	104.92	5.59	112.33	12.48
25	75.62	4.21	80.96	8.99

由于获得了更多的可分配资源，从表4-4可以看出新决策单元的每个产出都比旧决策单元要多，同时也比模型（4-7）获得的产出要多。

为了研究三种情形下的资源配置效果，对表4-1至表4-4的数据进行加总得到数据如表4-5所示。

表4-5 不同情形下的总投入和总产出

	时间（10³ h）	面积（10³ m²）	营业额（10⁶ FIM）	利润（10⁶ FIM）
原始数据	2758.30	102.97	2586.10	81.72
模型（4-3）	1560.65	77.19	2586.10	101.74
模型（4-7）	2732.01	102.97	2586.10	216.12
模型（4-9）	2800.00	149.01	2997.75	333.03

从表4-5中可以发现前两种情形下的优化结果比原数据表现好。模型（4-3）在保持现有产出的情况下减少了资源的消耗，模型（4-7）在合理利用现有资源的情况下增加了总产出。模型（4-9）由于比模型（4-7）拥有更多的资源而获得更多的产出。

通过上述讨论，可以发现三种不同的模型具有不同的作用。模型（4-3）适合资源节约型组织，对他们来说最主要的任务是如何减少资源，尤其是稀缺资源的消耗；这个方案有利于能源的可持续利用，比如，森林砍伐作为森林环保署的投入时，森林环保署需要合理控制森林的砍伐。模型（4-7）适合利润追求较强的组织。对于这些组织来说，最主要的目的是利用现有的资源获得更多的产出。模型（4-9）的目的与模型（4-7）相同，不同之处一个是利用预期的下一期资源，另一个是利用现有的可配置资源。

本章小结

DEA方法已被广泛应用于解决资源配置问题。目前的文献大都是基于DEA形成的生产可能集特征。然而，很少有研究可以保证其结果为帕累托有效。本章中提出了一种综合DEA和多目标线性规划的方法来解决资源配置问题。文中的相关研究假设决策单元的效率在资源配置后是可变的，这也是资源配置研究的一个重要假设。本章的资源配置模型可以保证结果为帕累托有效，从宏观的角度给决策者提供了解决资源配置的合理方案。运用新决策单元投入产出的比例化将原有的多目标规划问题转化成了单目标问题，针对三种不同的资源配置情形提供了三种不同的资源分配模型。

第五章

考虑非期望产出的串联系统资源配置

本章针对串联系统的资源配置问题进行了研究,并在资源配置问题中考虑了非期望产出。基于增加产出且保证串联系统效率水平不变的前提,为串联系统提供资源配置方案。最后,将所提出的方法应用到中国上市商业银行的分析中,验证方法的合理性和有效性。

第一节 考虑非期望产出的串联系统效率评价

假设有 n 个考虑非期望产出的被评价串联系统,具体结构如图 5-1 所示。对于 $DMU_j(j=1,\cdots,n)$,第一阶段消耗 m 种投入 $x_{ij}(i=1,\cdots,m)$ 并生产 t 种中间产出 $z_{dj}(d=1,\cdots,t)$。系统的第二阶段将中间产出全部作为投入用于生产 s 种期望产出 $y_{rj}(r=1,\cdots,s)$,并同时产生了 h 种非期望产出 $u_{gj}(g=1,\cdots,h)$。

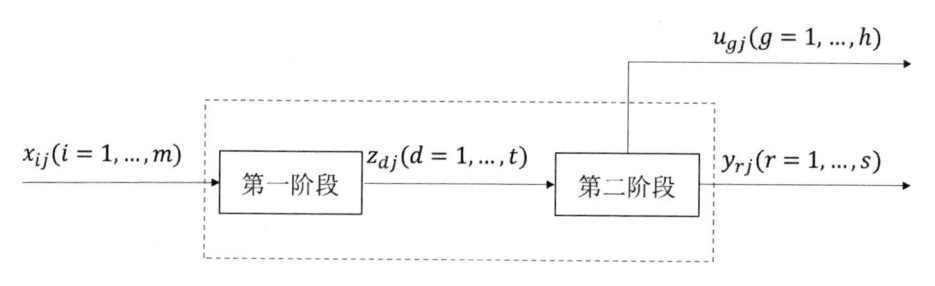

图 5-1 考虑非期望产出的串联系统

对于考虑非期望产出的串联系统效率评价问题,胡晓燕等(2013)提出一个基于 DEA 方法的评价模型,该模型将两个子阶段视为彼此独立又相互关联的个体,通过分别计算两个子阶段的效率值,进而将两个子阶段的加权平均值作为串联系统的整体效率。Chen 等（2010）从系统整体性的角度出发，在考虑系统内部结构的同时，提出了评价串联系统效率的模型。由于本章在考虑系统结构的同时也关注系统的整体性，因此采用 Chen 等（2010）的相关研究作为效率评价部分的理论基础。

当不考虑非期望产出时，图 5-1 所示的系统为一个基础串联系统。Chen 等（2010）提出了一个投入导向的效率评价模型，用于测量基础串联系统 DMU_k 的整体效率，如模型（5-1）所示。

$$\min \quad \theta_k \tag{5-1}$$

$$\text{s.t.} \quad \sum_{j=1}^{n} \lambda_j x_{ij} \leq \theta_k x_{ik}, \ i = 1, \cdots, m$$

$$\sum_{j=1}^{n} \lambda_j z_{dj} \geq \tilde{z}_{dk}, \ d = 1, \cdots, t$$

$$\sum_{j=1}^{n} \pi_j z_{dj} \leq \tilde{z}_{dk}, \ d = 1, \cdots, t$$

$$\sum_{j=1}^{n} \pi_j y_{rj} \geq y_{rk}, \ r = 1, \cdots, s$$

$$\lambda_j \geq 0, \pi_j \geq 0, \ j = 1, \cdots, n$$

$$\tilde{z}_{dk} \geq 0, \ d = 1, \cdots, t$$

其中 $\lambda_j (j=1,\cdots,n)$ 和 $\pi_j (j=1,\cdots,n)$ 分别表示第一阶段和第二阶段的线性组合系数，$\tilde{z}_{dk}(d=1,\cdots,t)$ 表示待确定的中间产品量，θ_k 表示系统的整体效率。

对于系统中的非期望产出，Liu 等（2015）对其可处置性做出了讨论与总结。非期望产出的处置性分为强可处置性和弱可处置性。强可处置性是指非期望产出的改变量不受期望产出的影响，可独立增加或减少。弱可处置性是指非期望产出与期望产出的增减是同步且存在一定比例的。在现实生产生活中，弱可处置性是较为常见的。举例而言，火力发电站燃烧煤炭会产生电力（期望产出）和废气废渣（非期望产出）。此时，废气废渣作为非期望产出具有弱可处置性。因为如果发电站希望减少废气废渣的产生，在技术水平保持不变的情况下，不得不降低电力的产生，且二者的减少比例要保持一致。结合普遍的现实情况而言，本文将非期望产出视为弱可处置的。

结合上述 Chen 等（2010）和 Liu 等（2015）的研究，我们通过增加关于非期望产出的严格约束，用以保证其弱可处置性，提出了考虑非期望产出的串联系统 DMU$_k$ 效率的模型（5-2）。

$$\min \quad \theta_k \qquad (5-2)$$

$$\text{s.t.} \quad \sum_{j=1}^{n} \lambda_j x_{ij} \leq \theta_k x_{ik}, \ i = 1, \cdots, m$$

$$\sum_{j=1}^{n} \lambda_j z_{dj} \geq \tilde{z}_{dk}, \ d = 1, \cdots, t$$

$$\sum_{j=1}^{n} \pi_j z_{dj} \leq \tilde{z}_{dk}, \ d = 1, \cdots, t$$

$$\sum_{j=1}^{n} \pi_j y_{rj} \geq y_{rk}, \ r = 1, \cdots, s$$

$$\sum_{j=1}^{n} \pi_j m_{gj} \geq u_{gk}, \ g = 1, \cdots, h$$

$$\lambda_j \geq 0, \pi_j \geq 0, \ j = 1, \cdots, n$$

$$\tilde{z}_{dk} \geq 0, \ d = 1, \cdots, t$$

其中，模型（5-2）的最优值 θ_k^* 表示考虑非期望产出的串联系统的整体效率。

定义 5-1：如果通过模型（5-2）测得串联系统 DMU$_k$ 的效率最优值 θ_k^* 为 1，那 DMU$_k$ 为（弱）整体有效。

第二节 基于逆 DEA 的串联系统的资源配置

对于考虑非期望产出的串联系统 DMU$_k$（如图 5-1 所示），如果其非期望产出从 u_{gk} 增加到 $\mu_{gk} = u_{gk} + \Delta u_{gk}(g=1,\cdots,h)$，期望产出从 y_{rk} 增加到 $\beta_{rk} = y_{rk} + \Delta y_{rk}(r=1,\cdots,s)$，且其整体效率 θ_k^* 最优值保持不变时，如何为系统配置初始投入资源 $\alpha_{ik}(i=1,\cdots,m)$ 并设定中间产出目标 $\gamma_{dk}(d=1,\cdots,t)$？本节提出两阶段逆 DEA 模型（5-3），用于解决上述考虑非期望产出的串联系统资源配置问题。

$$\min \quad (\alpha_{1k}, \cdots, \alpha_{mk}) \qquad (5-3)$$

$$\text{s.t.} \quad \sum_{j=1}^{n} \lambda_j x_{ij} \leq \theta_k^* \alpha_{ik}, \ i = 1, \cdots, m$$

$$\sum_{j=1}^{n} \lambda_j z_{dj} \geqslant \gamma_{dk}, \ d = 1, \cdots, t$$

$$\sum_{j=1}^{n} \pi_j z_{dj} \leqslant \gamma_{dk}, \ d = 1, \cdots, t$$

$$\sum_{j=1}^{n} \pi_j y_{rj} \geqslant \beta_{rk}, \ r = 1, \cdots, s$$

$$\sum_{j=1}^{n} \pi_j u_{gj} = u_{gk}, \ g = 1, \cdots, h$$

$$\lambda_j \geqslant 0, \pi_j \geqslant 0, \ j = 1, \cdots, n$$

$$\gamma_{dk} \geqslant 0, \ d = 1, \cdots, t$$

其中，θ_k^* 表示通过模型（5-2）测得的串联系统整体效率，$\lambda_j(j=1,\cdots,n)$ 和 $\pi_j(j=1,\cdots,n)$ 分别表示第一阶段和第二阶段的线性组合系数。前两个约束是用于保证系统第一阶段生产能力在配置后仍满足原有的生产可能集；同理，第3至5个约束是保证系统的第二阶段在资源配置后也满足原有的生产可能集。模型（5-3）是 MOLP 模型。为了能够得到唯一的帕累托最优解，可为目标函数中的每一个目标设定对应的权重 $W^T = (w_1, w_2, \cdots, w_m)$。

定义5-2：假设 $(\alpha_{ik}^*, \lambda_j^*, \pi_j^*, \gamma_{dk}^*)$ 是模型（5-3）结合权重 W^T 求得的一组可行解，如果没有其他可行解 $(\bar{\alpha}_{ik}, \bar{\lambda}_j, \bar{\pi}_j, \bar{\gamma}_{dk})$ 使得 $\bar{\alpha}_{ik} < \alpha_{ik}^* (i=1,\cdots,m)$，则称 $(\alpha_{ik}^*, \lambda_j^*, \pi_j^*, \gamma_{dk}^*)$ 是模型（5-3）的弱帕累托最优解。

接下来验证串联系统DMU$_k$在资源配置后的效率是否保持不变。令DMU$_{n+1}$ 表示资源配置后的串联系统DMU$_k$，其效率可通过模型（5-4）测得。

$$\min \quad \theta_k \tag{5-4}$$

s. t. $\sum_{j=1}^{n} \lambda_j x_{ij} + \lambda_{n+1} \alpha_{ik} \leqslant \theta_k \alpha_{ik}, \ i = 1, \cdots, m$

$\sum_{j=1}^{n} \lambda_j z_{dj} + \lambda_{n+1} \gamma_{dk} \geqslant \tilde{\gamma}_{dk}, \ d = 1, \cdots, t$

$\sum_{j=1}^{n} \pi_j z_{dj} + \pi_{n+1} \gamma_{dk} \leqslant \tilde{\gamma}_{dk}, \ d = 1, \cdots, t$

$\sum_{j=1}^{n} \pi_j y_{rj} + \pi_{n+1} \beta_{rk} \geqslant \beta_{rk}, \ r = 1, \cdots, s$

$\sum_{j=1}^{n} \pi_j u_{gj} + \pi_{n+1} \mu_{gk} = \mu_{gk}, \ g = 1, \cdots, h$

$$\lambda_j \geq 0, \pi_j \geq 0, j = 1, \cdots, n+1$$

$$\tilde{\gamma}_{dk} \geq 0, d = 1, \cdots, t$$

定理 5-1：假设 θ_k^* 是串联系统 DMU_k 通过模型（5-2）测得的效率值，且 DMU_k 的非期望产出从 u_{gk} 增加到 $\mu_{gk} = u_{gk} + \Delta u_{gk}(g = 1, \cdots, h; \Delta u_{gk} \geq 0$ 且 $\Delta u_{gk} \neq 0)$，期望产出从 y_{rk} 增加到 $\beta_{rk} = y_{rk} + \Delta y_{rk}(r = 1, \cdots, s; \Delta y_{rk} \geq 0$ 且 $\Delta y_{rk} \neq 0)$。如果 $(\alpha_{ik}^*, \lambda_j^*, \pi_j^*, \gamma_{dk}^*)$ 是 MOLP 模型（5-3）的弱帕累托最优解，则模型（5-4）的最优值也为 θ_k^*。

证明：模型（5-2）的生产可能集 T_n 可以表示成（5-5）所示形式。

$$T_n = \Big\{(x,y,u,z) \Big| x \geq \sum_{j=1}^n \lambda_j x_{ij}, \tag{5-5}$$

$$z \leq \sum_{j=1}^n \lambda_j z_{dj}$$

$$z \geq \sum_{j=1}^n \pi_j z_{dj}$$

$$y \leq \sum_{j=1}^n \pi_j y_{rj}$$

$$u = \sum_{j=1}^n \pi_j u_{gj}$$

$$\pi_j \geq 0, j = 1, \cdots, n\Big\}$$

当模型（5-3）的弱帕累托最优解是 $(\alpha_{ik}^*, \lambda_j^*, \pi_j^*, \gamma_{dk}^*)$ 时，（5-6）所示约束成立。

$$\sum_{j=1}^n \lambda_j^* x_{ij} \leq \theta_k^* \alpha_{ik}^*, i = 1, \cdots, m \tag{5-6}$$

$$\sum_{j=1}^n \lambda_j^* z_{dj} \geq \gamma_{dk}^*, d = 1, \cdots, t$$

$$\sum_{j=1}^n \pi_j^* z_{dj} \leq \gamma_{dk}^*, d = 1, \cdots, t$$

$$\sum_{j=1}^n \pi_j^* y_{rj} \geq \beta_{rk}^*, r = 1, \cdots, s$$

$$\sum_{j=1}^n \pi_j^* u_{gj} = \mu_{gk}^*, g = 1, \cdots, h$$

由（5-6）可得 $(\alpha_{ik}^*, \gamma_{dk}^*, \beta_{rk}^*, \mu_{rk}^*) = (x_{ik} + \Delta x_{ik}, z_{dk} \pm \Delta z_{dk}, y_{rk} + \Delta y_{rk}, u_{gk} + \Delta u_{gk}) \in T$。此处 $\gamma^* = z_{dk} \pm \Delta z_{dk}$ 的原因是（5-6）中的第 1、2 个约束

对于中间产品的限制是相反的，因此中间产品可能增加或者减少。

评价DMU$_{n+1}$效率的模型（5-4）的生产可能集 T_{n+1} 如（5-7）表示。

$$T_{n+1} = \{(x,y,u,z) \mid x \geq \sum_{j=1}^{n} \lambda_j x_{ij} + \lambda_{n+1}\alpha_{ik}^*, \tag{5-7}$$

$$z \leq \sum_{j=1}^{n} \lambda_j z_{dj} + \lambda_{n+1}\gamma_{dk}^*$$

$$z \geq \sum_{j=1}^{n} \pi_j z_{dj} + \pi_{n+1}\gamma_{dk}^*$$

$$y \leq \sum_{j=1}^{n} \pi_j y_{rj} + \pi_{n+1}\beta_{rk}^*$$

$$u = \sum_{j=1}^{n} \pi_j u_{gj} + \pi_{n+1}\mu_{gk}^*$$

$$\lambda_j, \pi_j \geq 0, j = 1,\cdots,n\}$$

生产可能集 T_{n+1} 由生产可能集 T_n 和DMU$_{n+1}$ 共同组成。因此，T_{n+1} 与 T_n 之间的区别在于是否包含DMU$_{n+1}$，即 $(x_{ik}+\Delta x_{ik}, z_{dk}\pm\Delta z_{dk}, y_{rk}+\Delta y_{rk}, u_{gk}+\Delta u_{gk})$。由于 $(x_{ik}+\Delta x_{ik}, z_{dk}\pm\Delta z_{dk}, y_{rk}+\Delta y_{rk}, u_{gk}+\Delta u_{gk}) \in T$，因此与 T_n 相比，DMU$_{n+1}$不会改变 T_{n+1} 的生产前沿面。因此模型（5-4）的生产可能集 T_{n+1} 仍可使用 T_n 来表示。模型（5-4）可改写成模型（5-8）。

$$\min \quad \theta_k \tag{5-8}$$

s.t. $\sum_{j=1}^{n} \lambda_j x_{ij} \leq \theta_k \alpha_{ik}, \ i = 1,\cdots,m$

$\sum_{j=1}^{n} \lambda_j z_{dj} \geq \tilde{\gamma}_{dk}, \ d = 1,\cdots,t$

$\sum_{j=1}^{n} \pi_j z_{dj} \leq \tilde{\gamma}_{dk}, \ d = 1,\cdots,t$

$\sum_{j=1}^{n} \pi_j y_{rj} \geq \beta_{rk}, \ r = 1,\cdots,s$

$\sum_{j=1}^{n} \pi_j u_{gj} = \mu_{gk}, \ g = 1,\cdots,h$

$\lambda_j \geq 0, \pi_j \geq 0, \ j = 1,\cdots,n+1$

$\tilde{\gamma}_{dk} \geq 0, \ d = 1,\cdots,t$

假设模型（5-8）的最优值为 θ_k^+。由于给定的约束集（5-6）满足模型（5-8），因此可得 $\theta_k^+ \leq \theta_k^*$。当 $\theta_k^+ < \theta_k^*$ 时，即 $\theta_k^+ = \rho\theta_k^*$（$0 < \rho < 1$），有

(5-9) 所示约束。

$$\sum_{j=1}^{n} \lambda_j x_{ij} \leq \theta_k \alpha_{ik} = \rho \theta_k^* \alpha_{ik}, i = 1, \cdots, m \qquad (5-9)$$

$$\sum_{j=1}^{n} \lambda_j z_{dj} \geq \tilde{\gamma}_{dk}, d = 1, \cdots, t$$

$$\sum_{j=1}^{n} \pi_j z_{dj} \leq \tilde{\gamma}_{dk}, d = 1, \cdots, t$$

$$\sum_{j=1}^{n} \pi_j y_{rj} \geq \beta_{rk}, r = 1, \cdots, s$$

$$\sum_{j=1}^{n} \pi_j u_{gj} = \mu_{gk}, g = 1, \cdots, h$$

$$\lambda_j \geq 0, \pi_j \geq 0, j = 1, \cdots, n+1$$

$$\tilde{\gamma}_{dk} \geq 0, d = 1, \cdots, t$$

约束集（5-9）意味着（$\rho \alpha_{ik}^*, \gamma_{dk}^*, \beta_{rk}^*, \mu_{rk}^*$）是模型（5-3）的可行解，这与（$\alpha_{ik}^*, \lambda_j^*, \pi_j^*, \gamma_{dk}^*$）是模型（5-3）的弱帕累托最优解的假设相悖，故 $\theta_k^+ < \theta_k^*$ 不成立。因此有 $\theta_k^+ = \theta_k^*$，所以 DMU_{n+1} 的效率不变。

第三节 考虑非期望产出的上市商业银行的资源配置应用研究

本节应用所提出的串联系统资源配置模型，为 16 家中国上市商业银行（以下简称"银行"）配置资源，具体名单如表 5-1 所示。银行的运作流程可抽象为由生产阶段和利润阶段串联在一起的系统。第一阶段常被称为生产阶段，第二阶段常被称为盈利阶段。

表 5-1 16 家中国上市商业银行名单

DMU	银行	DMU	银行
1	中国工商银行	9	兴业银行
2	中国农业银行	10	中国民生银行

续表

DMU	银行	DMU	银行
3	中国银行	11	平安银行
4	中国建设银行	12	华夏银行
5	交通银行	13	中国光大银行
6	招商银行	14	北京银行
7	中信银行	15	南京银行
8	浦发银行	16	宁波银行

结合各阶段的特征选用了表5－2列出的投入，中间产品和产出指标，这些指标是根据银行业务流程的实际情况选取的，其中不良贷款余额为非期望产出。各项指标的详细数据来源于2013年中国上市商业银行财务报告数据库。

表5－2 指标说明

类别	指标	描述
投入	运营成本（x_1）	用于业务运营的成本
	利息支出（x_2）	所有存款组合的支出
	人力（x_3）	全职员工的数量
中间产品	存款量（z_1）	年末的银行存款量
产出	利息收入（y_1）	通过贷款等获得的利息
	非利息收入（y_2）	通过利息外的其他收入
	不良贷款余额（u_1）	年末的不良贷款总量

附注：人力单位为个，其他指标单位为亿元。

表 5-3 2013 年 16 家中国上市商业银行运营数据

DMU	x_1	x_2	x_3	z_1	y_1	y_2	u_1
1	1768.29	3237.76	441902.00	146208.30	7671.11	1477.93	191.14
2	1693.97	2371.82	473766.00	118114.10	6133.84	875.85	19.33
3	1478.42	2354.10	251617.00	100977.90	5189.95	1245.09	78.23
4	1557.79	2567.09	368410.00	122230.40	6462.53	1208.98	106.46
5	538.12	1286.34	99919.00	41578.33	2592.92	341.70	73.15
4	1557.79	2567.09	368410.00	122230.40	6462.53	1208.98	106.46
5	538.12	1286.34	99919.00	41578.33	2592.92	341.70	73.15
6	458.96	745.82	51667.00	27752.76	1734.95	342.05	66.38
7	328.45	776.47	38803.00	26516.78	1633.35	191.34	77.11
8	266.05	926.27	38976.00	24196.96	1778.04	151.64	41.39
9	291.90	1037.57	33134.00	21703.45	1896.02	236.25	50.45
10	380.90	991.21	53064.00	21466.89	1821.54	332.01	28.81
11	212.79	524.14	28369.00	12170.02	931.02	115.86	6.75
12	176.23	373.51	25043.00	11775.92	762.53	63.62	11.04
13	207.81	692.20	31464.00	16052.78	1200.82	145.8	24.16
14	78.41	315.96	9193.00	8344.80	578.81	44.32	8.44
15	32.55	116.72	4357.00	2601.49	207.68	14.29	2.64
16	44.50	122.36	6310.00	2339.38	234.95	14.16	4.17

一、效率比较

使用效率评价模型（5-1）和模型（5-2）对具有串联结构的银行效率进行评价，结果如表 5-4 所示。由结果可知，在考虑与不考虑非期望产出的两种情况下，得到的效率值差异较大。例如，在不考虑非期望产出情况下，DMU 3 的效率为 0.797；但是在考虑非期望产出时，DMU 3 成为所有银行中唯一有效的决策单元。类似的，DMU 2，4，5，6 和 7 在后者情况下，效率值都有大幅提升。换言之，尽管都是同种类型的模型（串联系统效率评价模型），但是在考虑与不考虑非期望产出的两种情况下，得到的效率值具有较大差异。由于考虑非期望产出更接近现实,且结果与不考虑非期望产出的结果差异较大,因此选用考虑非期望产出的效率评价模型(5-2)对银行的效率评价更具有客观性和真实性。

表5-4 考虑与不考虑非期望产出的银行效率

DMU	不考虑非期望产出的银行效率	考虑非期望产出的银行效率
1	0.654	0.868
2	0.581	0.901
3	0.797	1.000
4	0.640	0.916
5	0.615	0.895
6	0.797	0.946
7	0.666	0.932
8	0.689	0.726
9	0.727	0.762
10	0.655	0.655
11	0.573	0.621
12	0.573	0.718
13	0.639	0.707
14	0.708	0.709
15	0.638	0.648
16	0.594	0.594

注:为保证数据的精确性,此表格保留小数点后三位。

二、资源配置结果

对于产出目标的设定,可能有三种选择:期望产出与非期望产出增加相同比例;期望产出与非期望产出都增加,但比例不同;期望产出增加,非期望产出不变。第一种情况是指当决策者不太在意非期望产出的增加比例时,只要非期望产出的增加比例不比期望产出的高均可接受。第二种情况是指决策者希望非期望产出的增加比例低于期望产出的增加比例。第三种情况是指只允许期望产出增加，不允许非期望产出增加。事实上，第一种和第三种都属于极端情况，决策者通常既不希望非期望产出增加比例与期望产出的一致，也不会苛刻到根本不允许增加非期望产出。因此在现实情况中，决策者通常会选择第二种情况的产出目标，即在期望产出增加的同时，非期望产出尽可能地少增加。本文在这里只讨论第二种情况的资源配置问题。假设期望产出与非期望产出增加不同的比例，且期望产出的增加比例高于非期望产出。因此假设两种具体的情况，即期望产出增加15%，非期望产出分别增加10%和5%。

（一）期望产出增加15%，非期望产出增加10%

当银行的产出目标为期望产出增加15%且非期望产出增加10%时，通过模型（5-3）为其进行资源配置。假设每一种投入的权重都为1，可得其新的资源配置计划和净增长比例，如表5-5所示。

表5-5 期望产出增加15%非期望产出增加10%情况下的资源配置计划与净增长比例

DMU	投入与中间产品的资源配置计划				净增长比例（%）			
	α_1	α_2	α_3	γ	P_1	P_2	P_3	P_4
1	2067.52	3691.79	441902.00	141643.66	16.92	14.02	0.00	-3.12
2	1693.97	2739.11	473766.00	118092.03	0.00	15.49	0.00	-0.02
3	1478.42	2828.94	251617.00	112863.95	0.00	20.17	0.00	11.77
4	1726.63	3086.91	368410.00	124812.59	10.84	20.25	0.00	2.11
5	648.49	1392.05	99919.00	46436.90	20.51	8.22	0.00	11.69
6	458.96	870.17	51667.00	29326.91	0.00	16.67	0.00	5.67
7	329.33	971.27	38803.00	27541.56	0.27	25.09	0.00	3.86
8	330.87	991.26	38976.00	21728.34	24.37	7.02	0.00	-10.20
9	NF	NF	NF	NF	NF	NF	NF	NF
10	NF	NF	NF	NF	NF	NF	NF	NF
11	240.29	602.42	28369.00	12378.15	12.92	14.94	0.00	1.71
12	190.08	433.70	25043.00	10980.98	7.86	16.11	0.00	-6.75
13	266.74	719.85	31464.00	16193.93	28.36	4.00	0.00	0.88

续表

DMU	投入与中间产品的资源配置计划				净增长比例（%）			
	α_1	α_2	α_3	γ	P_1	P_2	P_3	P_4
14	91.06	366.90	10675.13	6871.31	16.12	16.12	16.12	-17.66
15	37.15	147.45	4357.00	2537.57	14.13	26.32	0.00	-2.46
16	53.53	152.00	6310.00	2799.23	20.28	24.22	0.00	19.66

附注：NF 表示无可行解。

首先，从弱可处置性的角度来看，新的产出目标对于某些银行来说是无法实现的，例如，DMU 9 和 10。类似的情况在 Ghiyasi（2017）中也有出现。具体来说，当 Ghiyasi（2017）以不同的比例增加期望产出与非期望产出时，P17 和 P12（Ghiyasi，2017 中的两个 DMU）无法满足其产出目标，因为这两个 DMU 在投入导向的模型中都是有效的，没有资源浪费。在本章中，在串联系统效率评价模型下 DMU 9 和 10 是无效的，但是当忽略其内部结构时其相对效率是有效的。在无法完成产出目标的情况下，会得到无可行解（NF）的情况。从模型的角度来说，这是因为模型中关于非期望产出的约束是严格等式，这类约束相对较严格，不易满足。因此没有可行解满足模型中的等式约束。以下的分析不再包括 DMU 9 和 10。

其次，在新的资源配置计划中，除了 DMU 14，大部分银行的人力投入都没有变化。出现这种情况主要是由于各项数据数量级差异导致的，但是这也是合理并且可以接受的。通常来说，使用逆 DEA 模型进行资源配置，更适用于短期的、临时的或应急性的产出任务。而招聘全职新员工是一件较为漫长的工作，银行无法在短期内增加新员工的数量。不同的是，运营成本的预算（x_1）和利息支出（x_2）对于银行来说则是较为容易改变的。如果决策者仍然希望改变人力的数量，可以通过调整数据的数量级实现。

再次，除了 DMU 11 以外，其他银行都至少有一种投入的净增长百分比不少于 15%。即当期望产出增加 15%，非期望产出增加 10%，且效率不变时，资源配置后的部分投入的净增长率通常会超过 15%。具体来说，DMU 14 的三种投入都会增加 16.12%，这是相对均衡的一种情况。另有 8 家银行的某些投入净增加比例超过了20%。在这些银行中，DMU 13 的运营成本增长了28.36%，是所有增长比例中最高的。单独从指标的增加比例来看，DMU 13 和 7 分别在运营成本和利息成本中面临着各自的压力。DMU 13 不得不增加运营成本到原有投入量的128.36%，即增加到266.74亿元；而 DMU 7 则需增加其利息成本到971.27亿元才能达到新的产出目标。除了上述银行以外，DMU 2，3 和 6 只需改变其利息投入即可，无须考虑其他两种投入。

最后，与另外三种投入的趋势不同，中间产品的计划量和净增长比例存在增加和减少两种情况，这是因为模型中允许中间产品增加或减少。由表5-5的第五列和最后一列可知，DMU 1，2，8，12，14 和 15 应该减少存款量，其他银行则需进一步争取更多存款。其中，DMU 14 需要减少17.66%的存款量，而 DMU 16 则需要增加19.66%的存款量。通常，银行的业务人员往往需要更多存款以达到其个人绩效目标，因为大量的存款量可有效提高第一阶段（生产阶段）的绩效水平；但是过多的存款量则成为第二阶段（利润阶段）的投入负担，降低了第二阶段的效率。因此，资源配置计划减少了存储量进而保证了银行的整体效率不变，也是一种可以接受的方案。

（二）期望产出增加15%，非期望产出增加5%

当非期望产出的增加比例变得更低，即产出任务变得更为难以实现时，得到的结果如表5-6所示。

表5-6 期望产出增加15%非期望产出增加5%情况下的资源配置计划与净增长比例

DMU	投入与中间产品的资源配置计划				净增长比例（%）			
	α_1	α_2	α_3	γ	P_1	P_2	P_3	P_4
1	2007.06	3505.64	441902.00	137286.57	13.50	8.27	0.00	-6.10
2	1693.97	2606.88	473766.00	113890.15	0.00	9.91	0.00	-3.58
3	1478.42	2698.68	251617.00	109603.36	0.00	14.64	0.00	8.54
4	1674.47	2926.35	368410.00	120847.32	7.49	13.99	0.00	-1.13
5	629.93	1334.90	99919.00	45058.73	17.06	3.77	0.00	8.37
6	458.96	835.80	51667.00	28474.36	0.00	12.06	0.00	2.60
7	329.08	916.18	38803.00	26739.55	0.19	17.99	0.00	0.84
8	330.66	944.93	38976.00	21202.96	24.29	2.01	0.00	-12.37

续表

DMU	投入与中间产品的资源配置计划				净增长比例（%）			
	α_1	α_2	α_3	γ	P_1	P_2	P_3	P_4
9	NF	NF	NF	NF	NF	NF	NF	NF
10	NF	NF	NF	NF	NF	NF	NF	NF
11	240.15	571.21	28369.00	12075.24	12.86	8.98	0.00	-0.78
12	184.45	416.36	25043.00	10645.38	4.66	11.47	0.00	-9.60
13	262.68	692.20	31464.00	15791.08	26.40	0.00	0.00	-1.63
14	94.33	380.11	11059.41	7118.66	20.30	20.30	20.30	-14.69
15	38.18	153.85	4476.33	2630.99	17.29	31.81	2.74	1.13
16	53.58	163.74	6310.00	2908.17	20.40	33.81	0.00	24.31

附注：NF 表示无可行解。

从投入产出角度来看，当效率仍然保持不变，而情况2中的产出总量比情况1的少一些，则情况2中的资源配置计划总量通常也会少于情况1，但这不是严格数学意义上的规律。对于DMU 14, 15 和 16，情况2下的资源配置计划要比情况1的多，即当这些银行试图减少更多的非期望产出时，需要承担更多的成本才可实现。因此，如果考虑长远发展，这类银行更需要关注其技术水平的提高，进而控制成本。除此以外，情况2中有8家银行的存款量减少比例大于情况1。

综上所述，通过比较两种情况，可得以下结论：①相较于人力投入，运营成本和利息支出更容易改变；中间产品存款量可能增加，也可能减少；②对于部分银行而言（DMU 9 和 10），产出任务是无法实现的；③保证期望产出增加比例一致的情况下，非期望产出增加比例越小并不意味着投入量越少，反而可能会需要更多的投入成本，例如，DMU 13, 14 和 15。

（三）对银行的建议

对于投入，由于人力成本通常不易增加且不适宜为了完成短期任务而大量增加员工。在短期内实现更高的产出目标时，应该着重关注资金类成本。

对于中间产品，存款量并不是越多越好。当银行为了保证效率不变时，过多的存款可能被用于现金存储而无法及时用于产生利润。高存款量会有助于提高第一阶段（生产阶段）的效率，但也会降低第二阶段（利润阶段）的效率。

对于产出，在期望产出与非期望产出增加比例不同的情况下，有些银行需要付出更大的代价去降低非期望产出的增加比例，而有些银行甚至无法完成该项目标。前一类银行需要培训员工以提高其业务能力，增强资金类投入的作用，并有效利用所吸纳的存款。后一类银行应该关注贷款方的信贷质量，尽可能减少新增不良贷款的出现，并积极争取收回不良贷款。

本章小结

本章主要从效率评价和资源配置两部分构建了一个考虑非期望产出的串联系统的相关模型，并用于解决中国上市商业银行资源配置的实际问题。本章提出了一个基于逆 DEA 方法的两阶段资源配置模型，从两阶段系统整体的角度出发，将已有的串联系统整体效率评价模型拓展为考虑非期望产出的串联系统整体效率评价模型。最后本章将上述研究思路与理论模型应用到考虑非期望产出的 16 家中国上市商业银行资源配置的实际问题中。相较于基于传统逆 DEA 的资源配置方法，本章的方法考虑了更为细致的系统结构和更多的指标维度，得到了更加准确的实验结果，拓展了该方法在两阶段实际问题中的应用范畴。

第六章

考虑同质子系统的并联系统资源配置

本章针对并联系统的资源配置问题进行研究，将逆 DEA 方法拓展应用至并联系统的资源配置。本章采用并联系统评价模型，测量系统内子系统的效率，并提出适用于并联系统的资源配置模型。在保证产出提高且并联系统和其内部子系统效率均不发生改变时，为并联系统制订资源配置计划。最后将该方法应用于连锁酒店的相关研究中，验证了该方法相较于忽略内部结构时的优越性。

第一节 考虑同质子系统的并联系统的效率评价

假设存在一组并联系统 DMU_j ($j=1,\cdots,n$)，其内部结构如图 6-1 所示。其中第 k 个并联系统 DMU_k 的总投入为 $x_{ik}(i=1,\cdots,m)$，总产出为 y_{rk} ($r=1,\cdots,s$)。DMU_k 内部具有 Q 个同质且独立的子系统。令 $DMU_k^{q_k}$ ($q_k=1,\cdots,Q_k$) 表示 DMU_k 内第 q 个子系统，其对应的投入量和产出量分别为 $x_{ik}^{q_k}$ ($i=1,\cdots,m;q_k=1,\cdots,Q_k$) 和 $y_{rk}^{q_k}$ ($r=1,\cdots,s;q_k=1,\cdots,Q_k$)。$DMU_k$ 的总投入是其内部各子系统所获得的投入之和，即 $x_{ik}=\sum_{q=1}^{Q}x_{ik}^{qk}$；同样地，总产出也为子系统产出之和 $y_{rk}=\sum_{q=1}^{Q}y_{rk}^{qk}$。

对于并联系统的效率评价，主要可以分为基于径向的评价模型和基于松弛的评价模型两类，具体可参见赵萌（2011），Bi 等（2011），Kao 等（2009）。基于径向的评价模型是指使用包络形式的评价方式来评价每个子系统的效率水平，并将隶属于同一个并联系统的各个子系统的效率加权和作为系统的整体效率。基于松弛的评价模型一般是通过乘数形式的评价方式，从

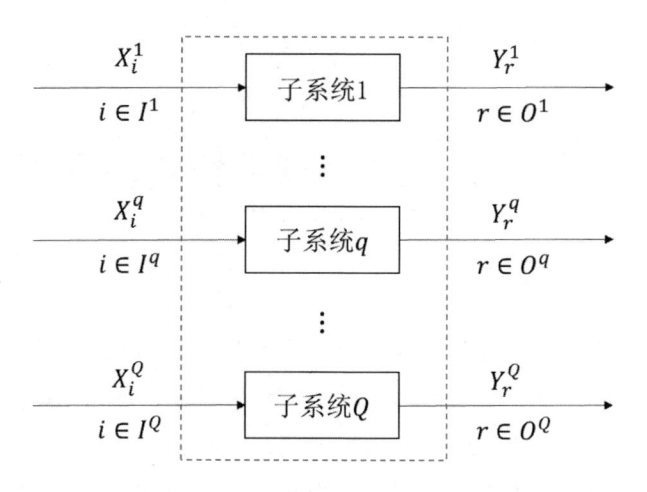

图 6-1 考虑同质子系统的并联系统

测量子系统无效性的角度评价每一个子系统的无效值，进而求得并联系统整体的无效值，最终通过单位 1 减去系统的无效值即可得到系统的有效值。上述方法对于效率的计算思路类似，都是整合子系统效率进而得到系统的整体效率。

并联系统的绩效评价模型，是基于传统的 DEA 包络模型做出的改进。如前文所述，针对并联系统的绩效评价已经存在一些相关成果，本研究从简便性与合理性的角度出发，采用较为直接的并联系统效率评价方法，使用基于径向的评价模型计算并联系统的整体效率。使用模型（6-1）计算出 DMU_k 内每一个子系统的效率 $\theta_k^{q_k}$，进而得到并联系统整体效率 $\theta_k = (1/Q_k)\sum_{q_k=1}^{Q_k}\theta_k^{q_k}$。

$$\min \quad \theta_k^{q_k} \qquad (6-1)$$

$$s.t. \quad \sum_{j=1}^{n}\sum_{q_j=1}^{Q_j} \lambda_j^{q_j} x_{ij}^{q_j} \leq \theta_k^{q_k} x_{ik}^{q_k}, \ i=1,\cdots,m$$

$$\sum_{j=1}^{n}\sum_{q_j=1}^{Q_j} \lambda_j^{q_j} y_{rj}^{q_j} \geq y_{rk}^{q_k}, \ r=1,\cdots,s$$

$$\lambda_j^{q_j} \geq 0, q_j=1,\cdots,Q_j; j=1,\cdots,n.$$

第二节 基于逆 DEA 的并联系统的资源配置

假设并联系统 DMU_k 包含 Q_k 个同质且独立的子系统,系统的总产出从 y_{rk} 增加到 $\beta_{rk} = y_{rk} + \Delta y_{rk}(r = 1,\cdots,s)$。将系统的总产出目标进一步细分给每一个子系统可表示为 $DMU_k^{q_k}$ 的产出目标从 $y_{rk}^{q_k}$ 增加到 $\beta_{rk}^{q_k} = y_{rk}^{q_k} + \Delta y_{rk}^{q_k}(r = 1,\cdots,s; q_k = 1,\cdots,Q_k)$。如果需要保证并联系统整体效率和子系统效率都不变,且完成上述产出目标,可通过本章所提出的两步方法完成资源配置。第一步,使用本章提出的模型 (6-2),在保证子系统的效率不变且实现产出目标的前提下,为系统内的每一个子系统 $DMU_k^{q_k}(q_k = 1,\cdots,Q_k)$ 分别配置资源 $\alpha_{ik}^{q_k}(q_k = 1,\cdots,Q_k; i = 1,\cdots,m)$。第二步,整合子系统的资源配置计划,作为并联系统 DMU_k 的整体资源配置计划 $\sum_{q_k=1}^{Q_k} \alpha_{ik}^{q_k}(i = 1,\cdots,m)$。

$$\min \quad (\alpha_{1k}^{q_k},\cdots,\alpha_{mk}^{q_k}) \qquad (6-2)$$

$$\text{s.t.} \quad \sum_{j=1}^{n} \sum_{q_j=1}^{Q_j} \lambda_j^{q_j} x_{ij}^{q_j} \leq \theta_k^{q_k *} \alpha_{ik}^{q_k}, \ i = 1,\cdots,m$$

$$\sum_{j=1}^{n} \sum_{q_j=1}^{Q_j} \lambda_j^{q_j} y_{rj}^{q_j} \geq \beta_{rk}^{q_k}, \ r = 1,\cdots,s$$

$$\lambda_j^{q_j} \geq 0, \ j = 1,\cdots,n, q_j = 1,\cdots,Q_j$$

模型 (6-2) 的目标函数是最小化子系统 $DMU_k^{q_k}(q_k = 1,\cdots,Q_k)$ 所有投入。前两个约束刻画了所有并联系统内所有子系统的生产可能集,用来约束 $DMU_k^{q_k}$ 在新的投入产出计划中是可行的。为了能够得到 MOLP 模型 (6-2) 的唯一帕累托最优解,本章采用为多目标设定权重的方法。

定义 6-1:假设 $(\alpha_{ik}^{q_k *}, \lambda_j^{q_j *})$ 是模型 (6-2) 结合权重 W^T 求得的一组可行解,如果没有其他可行解 $(\bar{\alpha}_{ik}^{q_k}, \bar{\lambda}_j^{q_j})$ 使得 $\bar{\alpha}_{ik}^{q_k} < \alpha_{ik}^{q_k *}(i = 1,\cdots,m; q_k = 1,\cdots,Q_k)$,则称 $(\alpha_{ik}^{q_k *}, \lambda_j^{q_j *})$ 是模型 (6-2) 的弱帕累托最优解。

当确定 $DMU_k^{q_k}(q_k = 1,\cdots,Q_k)$ 的资源配置计划为 $\alpha_{ik}^{q_k *}(q_k = 1,\cdots,Q_k; i = 1,\cdots,m)$,则可得到 DMU_k 的整体资源配置计划为 $\sum_{q_k=1}^{Q_k} \alpha_{ik}^{q_k *}(i = 1,\cdots,m)$。

接下来验证并联系统 DMU_k 在资源配置后的整体效率和子阶段效率是否

保持不变。令 DMU_{n+1} 表示资源配置后的并联系统 DMU_k，其子系统 $DMU_{n+1}^{q_k}(q_k=1,\cdots,Q_k)$ 的效率可通过模型（6-3）测得。

$$\min \theta_k^{q_k} \tag{6-3}$$

s.t. $\sum_{j=1}^{n}\sum_{q_j=1}^{Q_j} \lambda_j^{q_j} x_{ij}^{q_j} + \lambda_{n+1}^{q_k} \alpha_{ik}^{q_k*} \leq \theta_k^{q_k} \alpha_{ik}^{q_k*}, i=1,\cdots,m$

$\sum_{j=1}^{n}\sum_{q_j=1}^{Q_j} \lambda_j^{q_j} y_{rj}^{q_j} + \lambda_{n+1}^{q_k} \beta_{rk}^{q_k} \geq \beta_{rk}^{q_k}, r=1,\cdots,s$

$\lambda_j^{q_j} \geq 0, j=1,\cdots,n, q_j=1,\cdots,Q_j$

$\lambda_{n+1}^{q_k} \geq 0$

定理 6-1：假设 $\theta_k^{q_k*}$ 是并联系统 DMU_k 子系统 $DMU_k^{q_k}$ 通过模型（6-1）测得的效率最优值，且其产出目标从 $y_{rk}^{q_k}$ 增加 $\beta_{rk}^{q_k} = y_{rk}^{q_k} + \Delta y_{rk}^{q_k}(r=1,\cdots,s;q_k=1,\cdots,Q_k)$。如果 $(\alpha_{ik}^{q_k*}, \lambda_j^{q_j*})$ 是模型（6-2）的弱帕累托最优解，那么模型（6-3）的最优值也为 $\theta_k^{q_k*}$。

证明 6-1 模型（6-1）的生产可能集 T_n 如（6-4）所示：

$$T_n = \{(x,y) \mid x \geq \sum_{j=1}^{n}\sum_{q_j=1}^{Q_j} \lambda_j^{q_j} x_{ij}^{q_j}, \tag{6-4}$$

$y \leq \sum_{j=1}^{n}\sum_{q_j=1}^{Q_j} \lambda_j^{q_j} y_{rj}^{q_j}$

$\lambda_j^{q_j} \geq 0, q_j=1,\cdots,Q_j, j=1,\cdots,n\}$

当 $(\alpha_{ik}^{q_k*}, \lambda_j^{q_j*})$ 是模型（6-2）的弱帕累托最优解时，有约束集合（6-5）成立：

$$\sum_{j=1}^{n}\sum_{q_j=1}^{Q_j} \lambda_j^{q_j*} x_{ij}^{q_j} \leq \theta_k^{q_k*} \alpha_{ik}^{q_k*}, i=1,\cdots,m \tag{6-5}$$

$\sum_{j=1}^{n}\sum_{q_j=1}^{Q_j} \lambda_j^{q_j*} y_{rj}^{q_j} \geq \beta_{rk}^{q_k}, r=1,\cdots,s$

$\lambda_j^{q_j*} \geq 0, j=1,\cdots,n, q_j=1,\cdots,Q_j$

易知，通过模型（6-2）得到的 DMU_{n+1} 的投入产出 $(\alpha_{ik}^{q_k*}, \beta_{rk}^{q_k})$ 仍然属于生产可能集 T_n。因此 DMU_{n+1} 的生产规模并不会改变模型（6-3）的生产可能集的生产前沿面，因此模型（6-3）的生产可能集与 T_n 相同，于是有以下模型（6-6）。

$$\min \theta_k^{q_k} \tag{6-6}$$

s. t. $\sum_{j=1}^{n} \sum_{q_j=1}^{Q_j} \lambda_j^{q_j} x_{ij}^{q_j} \leq \theta_k^{q_k} \alpha_{ik}^{q_k*}, i = 1, \cdots, m$

$\sum_{j=1}^{n} \sum_{q_j=1}^{Q_j} \lambda_j^{q_j} y_{rj}^{q_j} \geq \beta_{rk}^{q_k}, r = 1, \cdots, s$

$\lambda_j^{q_j} \geq 0, j = 1, \cdots, n, q_j = 1, \cdots, Q_j$

令 $\theta_k^{q_k+}$ 表示模型（6-6）的最优值。由于给定的约束集（6-5）满足模型（6-6），我们可得 $\theta_k^{q_k+} \leq \theta_k^{q_k*}$。当 $\theta_k^{q_k+} < \theta_k^{q_k*}$ 时，则有 $\theta_k^{q_k+} = \rho \theta_k^{q_k*}$（$0 < \rho < 1$），因此有（6-7）成立。

$$\sum_{j=1}^{n} \sum_{q_j=1}^{Q_j} \lambda_j^{q_j*} x_{ij}^{q_j} \leq \theta_k^{q_k+} \alpha_{ik}^{q_k*} = \rho \theta_k^{q_k*} \alpha_{ik}^{q_k*}, i = 1, \cdots, m \tag{6-7}$$

$\sum_{j=1}^{n} \sum_{q_j=1}^{Q_j} \lambda_j^{q_j*} y_{rj}^{q_j} \geq \beta_{rk}^{q_k}, r = 1, \cdots, s$

$\lambda_j^{q_j*} \geq 0, j = 1, \cdots, n, q_j = 1, \cdots, Q_j$

所以 $(\rho \alpha_{1k}^{q_k}, \cdots, k \alpha_{mk}^{q_k}, \lambda_j^{q_j*})$ 是模型（6-2）的一组可行解，则与 $(\alpha_{1k}^{q_k}, \cdots, \alpha_{mk}^{q_k}, \lambda_j^{q_j*})$ 为模型（6-2）的最优解相悖。因此 $\theta_k^{q_k+} < \theta_k^{q_k*}$ 的假设不成立，则有 $\theta_k^{q_k+} = \theta_k^{q_k*}$，即模型（6-3）的最优值也为 $\theta_k^{q_k*}$。证毕。

通过定理 6-1 易得，当子系统 $DMU_k^{q_k}(q_k = 1, \cdots, Q_k)$ 的效率 $\theta_k^{q_k*}$ 在资源配置前后未发生变化时，并联系统 DMU_k 的整体效率在资源配置后也不会发生变化，仍为 $\theta_k = \frac{1}{Q_k} \sum_{q_k=1}^{Q_k} \theta_k^{q_k*}$。

第三节 考虑同质子系统的连锁酒店的资源配置应用研究

连锁酒店（以下简称"集团"）包含多家分店，可抽象成一个具有多投入多产出的生产系统。员工数量、场地面积、运营成本等都是所投入的不同资源，而产出则可概括为客房入住总量和总利润等。根据酒店的运营情况，本章确定其投入指标为运营总成本（单位：十万新台币）（x_1）、员工总数（x_2）、客房总数（x_3）和餐饮总面积（单位：平方英尺）（x_4），产出指标为入住房间总数（y_1）和总利润（单位：十万新台币）（y_2）。基于上述指标，选取了2015年中国台湾7家集团的整体运营数据（Ang等，2018），如表6-1所示。每家集团都包含多家分店，其具体运营数据表6-2所示。

表6-1　2015年中国台湾7家连锁酒店整体运营数据

DMU	连锁酒店	x_1	x_2	x_3	x_4	y_1	y_2
1	福华酒店集团	25124	18739	17880	19816	412954	29740
2	老爷酒店集团	16599	12454	9420	3586	218143	21429
3	国宾大饭店	27557	15533	13584	15113	317013	32564
4	晶华酒店集团	30812	18409	10692	11411	232811	44408
5	长荣酒店集团	16638	9163	9384	18893	209512	18036
6	王子大饭店集团	7861	5868	5463	4451	117928	7446
7	香格里拉酒店集团	21770	11433	9060	6777	165687	21770

表6-2　连锁酒店各分店运营数据

DMU	连锁酒店	分店	x_1	x_2	x_3	x_4	y_1	y_2
1	福华酒店集团	台北福华大饭店	12715	9256	7272	6202	160800	15589
		高雄福华大饭店	3918	3281	3252	5534	88558	4520
		台中福华大饭店	3047	2340	1860	2403	38443	3141
		垦丁福华度假饭店	5444	3862	5496	5677	125153	6490
2	老爷酒店集团	台北老爷大酒店	4885	3514	2424	924	66692	7134
		礁溪老爷大酒店	5982	3795	2316	586	54594	7597
		知本老爷大酒店	2844	2708	2184	636	44039	3306
		老爷大酒店	2888	2437	2496	1440	52818	3392
3	国宾大饭店集团	台北国宾大饭店	12891	6550	5064	3823	119801	17532
		高雄国宾大饭店	7015	4615	5436	3428	133838	7511
		新竹国宾大饭店	7651	4368	3084	7862	63374	7521
4	晶华酒店集团	晶华酒店	21183	12700	6456	7190	154225	32978
		兰城晶英酒店	6537	3834	2316	2850	41911	7684
		太鲁阁晶英酒店	3092	1875	1920	1371	36675	3746

续表

DMU	连锁酒店	分店	x_1	x_2	x_3	x_4	y_1	y_2
5	长荣酒店集团	长荣桂冠酒店（台中）	5458	3089	4248	10517	95005	6162
		台糖长荣酒店（台南）	4337	2306	2364	5822	58103	4443
		长荣凤凰酒店（礁溪）	6843	3768	2772	2554	56404	7431
6	王子大饭店集团	耐斯王子大饭店	4456	2511	2940	3227	55948	3614
		华泰王子大饭店	3405	3357	2523	1224	61980	3832
7	香格里拉酒店集团	香格里拉远东国际大饭店（台北）	15113	6797	5040	2635	82085	15113
		香格里拉远东国际大饭店（台南）	6657	4636	4020	4142	83602	6657

假定集团的决策者希望入住房总数和总利润提升到原来的 1.5 倍（即 $\beta = 1.5y$），且保持原有效率不变，该如何制订资源配置计划？接下来从不考虑集团内部结构和考虑集团内部结构两个角度，分别制订资源配置计划并进行对比。每一个角度都分为两步：评价集团效率和制订资源配置计划。

一、不考虑内部结构的资源配置计划制订

在不考虑集团内部结构情况下，首先通过模型（6-1）进行效率评价，得到集团的整体效率，称为"黑箱"效率，如表 6-3 所示。可以看出，在不考虑内部结构情况下，7 个集团中有 5 个的效率都为 1，另外两个集团效率也在 0.90 以上。换言之，在当前的效率评价下，各家集团的绩效水平都比较高。黑箱模型得到效率值的雷同现象过于明显，效率区分能力较差。

表6-3 不考虑内部结构情况下连锁酒店的效率

DMU	连锁酒店	黑箱效率
1	福华酒店集团	1.00
2	老爷酒店集团	1.00
3	国宾大饭店集团	1.00
4	晶华酒店集团	1.00
5	长荣酒店集团	1.00
6	王子大饭店集团	0.99
7	香格里拉酒店集团	0.90

若保证各集团的效率结果不变，且产出量提高为原产出的1.5倍，则可通过模型（6-2）为集团制订新的资源配置计划（如表6-4所示）。

表6-5给出了资源配置计划与原投入量之间的比值。通过表6-4和表6-5可以看出资源配置计划的各项投入量相较于原有投入量发生了一定的变化。下面从两个角度说明。

表6-4 不考虑内部结构情况下连锁酒店的资源配置计划

DMU	连锁酒店	α_1	α_2	α_3	α_4
1	福华酒店集团	42476.36	31787.21	26783.85	19816.00
2	老爷酒店集团	24898.50	18681.00	14130.00	5379.00
3	国宾大饭店集团	37591.53	26774.78	20740.71	15113.00
4	晶华酒店集团	46218.00	27613.50	16038.00	17116.50
5	长荣酒店集团	21782.73	15515.53	13704.97	18893.00
6	王子大饭店集团	12850.57	9628.66	7714.36	4451.00
7	香格里拉酒店集团	26515.62	17897.30	12166.43	7744.71

表6-5 不考虑内部结构情况下连锁酒店的资源配置计划与原投入量之比

DMU	连锁酒店	α_1/x_1	α_2/x_2	α_3/x_3	α_4/x_4
1	福华酒店集团	1.69	1.70	1.50	1.00
2	老爷酒店集团	1.50	1.50	1.50	1.50
3	国宾大饭店集团	1.36	1.72	1.53	1.00
4	晶华酒店集团	1.50	1.50	1.50	1.50
5	长荣酒店集团	1.31	1.69	1.46	1.00
6	王子大饭店集团	1.63	1.64	1.41	1.00
7	香格里拉酒店集团	1.22	1.57	1.34	1.14

从集团的角度出发，所有集团资源配置计划相对于原投入都有不同程度增长。这说明原有投入资源都相对合理，没有过分的冗余，这与初始效率的评价相符，即都为有效状态或趋于有效状态。集团中不同种类投入的资源变化比例是相互协调的。一家集团的四种投入变化比例较为均匀地分布在1.5附近，具体表现为某些投入的变化比例高于1.50，同时存在某些投入的变化比例低于1.50。以集团3为例，运营总成本（α_1）和餐饮总面积（α_4）的变化比例分别为1.36和1，均小于1.50；而员工总数（α_2）和客房总数（α_3）的变化比例都大于1.50。其中，集团2和集团4的结果较为均衡，所有种类的投入变化比例均为1.50，与产出比例变化完全一致。

从投入种类角度，纵观整体的变化比率可以发现，不同种类投入的改变程度和稳定性也不同，如图6-2所示。

由图6-2可知，员工总数变化比例（α_2/x_2）的折线图整体上在另外三条线的上方，即改变程度最大。餐饮总面积变化比例（α_4/x_4）的折线图整体上位于另外三条线的最下方，通过表6-5也可以看出集团1、3、5和6的变化比例都为1，即资源配置计划与原有的投入量一致，说明餐饮总面积是一个不太容易改变的指标。但是餐饮总面积变化比例（α_4/x_4）的方差在四个变化比例是最大的，说明不同集团在设定餐饮总面积的资源配置计划中，采取的措施差异较大。客房总数变化比例（α_3/x_3）的方差最小，在图6-2中也较为趋

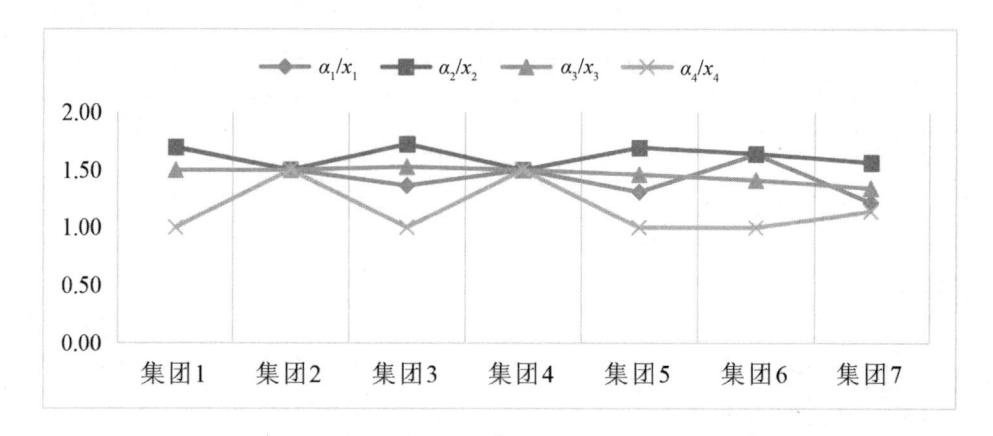

图6-2 不考虑内部结构时资源配置计划与原投入量的比值

于直线形状,即各家集团在客房总数指标上的资源配置计划相仿。通过表6-5可知,各家集团的客房总数变化比例(a_3/x_3)在[1.34, 1.53]区间内小幅波动。而运营总成本变化比例(a_1/x_1)的方差仅次于餐饮总面积变化比例(a_4/x_4),且波动范围较大为[1.22, 1.69],说明各家集团在运营总成本的分配上呈现较大差异。

二、考虑内部结构的资源配置计划制定

首先使用模型(6-1)对各集团分店的绩效进行评价,进而得到集团整体效率(见表6-6)。

表6-6 连锁酒店各分店效率与集团整体效率

DMU	连锁酒店集团	分店	分店效率	集团整体效率
1	福华酒店集团	台北福华大饭店	0.86	0.90
		高雄福华大饭店	1.00	
		台中福华大饭店	0.76	
		垦丁福华度假饭店	1.00	

续表

DMU	连锁酒店集团	分店	分店效率	集团整体效率
2	老爷酒店集团	台北老爷大酒店	1.00	1.00
		礁溪老爷大酒店	1.00	
		知本老爷大酒店	1.00	
		新竹老爷大酒店	0.98	
3	国宾大饭店	台北国宾大饭店	1.00	1.00
		高雄国宾大饭店	1.00	
		新竹国宾大饭店	0.78	
4	晶华酒店集团	晶华酒店	1.00	0.89
		兰城晶英酒店	0.78	
		太鲁阁晶英酒店	0.89	
5	长荣酒店集团	长荣桂冠酒店（台中）	1.00	0.94
		台糖长荣酒店（台南）	1.00	
		长荣凤凰酒店（礁溪）	0.81	
6	王子大饭店集团	耐斯王子大饭店	0.79	0.90
		华泰王子大饭店	1.00	
7	香格里拉酒店集团	香格里拉远东国际大饭店（台北）	0.94	0.86
		香格里拉远东国际大饭店（台南）	0.78	

集团的整体效率是由集团下辖的分店的绩效共同表示的，其中集团 2——老爷酒店集团的整体效率最高，其下辖的四家分店中有三家效率值都为 1，另外一家分店效率值也高达 0.98，说明老爷酒店集团在酒店的管理运营方面具有较高的管理水平。对比表 6-6 与表 6-3 可以发现，考虑内部并联结构的集团整体效率结果能够有效区分各个集团间的效率差异，说明考虑内部并联结构的绩效评价方法更能刻画出集团间的真实绩效水平。

接着使用模型（6-2）制订资源配置计划，保证了分店的效率不变，且分店的产出提升到原有的 1.5 倍，结果如表 6-7 所示。

表6-7 并联结构下连锁酒店集团的资源配置计划

DMU	连锁酒店	分店	α_1	α_2	α_3	α_4
1	福华酒店集团	台北福华大饭店	19073	13698	10606	6202
		高雄福华大饭店	6000	4189	5751	5534
		台中福华大饭店	4532	3245	3027	2403
		垦丁福华度假饭店	9447	6314	7770	5677
2	老爷酒店集团	台北老爷大酒店	7328	5271	3636	1386
		礁溪老爷大酒店	7579	5046	3112	1943
		知本老爷大酒店	3975	2726	2578	1402
		新竹老爷大酒店	4488	3010	3216	1912
3	国宾大饭店	台北国宾大饭店	17407	11432	6897	4659
		高雄国宾大饭店	10523	6923	8154	5142
		新竹国宾大饭店	9793	6824	4508	7862
4	晶华酒店集团	晶华酒店	31775	19050	9684	10785
		兰城晶英酒店	9597	5956	3248	3004
		太鲁阁晶英酒店	4348	3125	2278	1371
5	长荣酒店集团	长荣桂冠酒店（台中）	7199	5132	6004	10517
		台糖长荣酒店（台南）	4973	3557	3550	5822
		长荣凤凰酒店（礁溪）	9176	6203	3918	2554
6	王子大饭店集团	耐斯王子大饭店	5647	3895	4342	3227
		华泰王子大饭店	5090	3396	3732	2259
7	香格里拉酒店集团	香格里拉远东国际大饭店（台北）	15676	9719	5289	4919
		香格里拉远东国际大饭店（台南）	9563	6752	6318	4142

表6-8是各集团分店在制订资源配置计划前后的投入变化比例，显示了不同种类投入与原有投入量的变化对比。结合表6-7与表6-8，下面从分店和投入种类的角度分别进行分析。

表6-8 各连锁酒店的分店资源配置计划原投入之比

DMU	连锁酒店	分店	α_1/x_1	α_2/x_2	α_3/x_3	α_4/x_4
1	福华酒店集团	台北福华大饭店	1.50	1.48	1.46	1.00
		高雄福华大饭店	1.53	1.28	1.77	1.00
		台中福华大饭店	1.49	1.39	1.63	1.00
		垦丁福华度假饭店	1.74	1.63	1.41	1.00
2	老爷酒店集团	台北老爷大酒店	1.50	1.50	1.50	1.50
		礁溪老爷大酒店	1.27	1.33	1.34	3.32
		知本老爷大酒店	1.40	1.01	1.18	2.21
		新竹老爷大酒店	1.55	1.24	1.29	1.33
3	国宾大饭店	台北国宾大饭店	1.35	1.75	1.36	1.22
		高雄国宾大饭店	1.50	1.50	1.50	1.50
		新竹国宾大饭店	1.28	1.56	1.46	1.00
4	晶华酒店集团	晶华酒店	1.50	1.50	1.50	1.50
		兰城晶英酒店	1.47	1.55	1.40	1.05
		太鲁阁晶英酒店	1.41	1.67	1.19	1.00
5	长荣酒店集团	长荣桂冠酒店（台中）	1.32	1.66	1.41	1.00
		台糖长荣酒店（台南）	1.15	1.54	1.50	1.00
		长荣凤凰酒店（礁溪）	1.34	1.65	1.41	1.00
6	王子大饭店集团	耐斯王子大饭店	1.27	1.55	1.48	1.00
		华泰王子大饭店	1.49	1.01	1.48	1.85
7	香格里拉酒店集团	香格里拉远东国际大饭店（台北）	1.04	1.43	1.05	1.87
		香格里拉远东国际大饭店（台南）	1.44	1.46	1.57	1.00

所有分店的资源配置计划相对于原投入都有不同程度增长。其中，集团2中的两家分店——礁溪老爷大酒店和知本老爷大酒店的餐饮总面积变化比例（α_4/x_4）较大，分别为3.32和2.21。这种现象与其原投入量有关，两个分店在

第四种投入指标的原投入量分别为 586 和 636，比其他分店都少。因此在制订资源配置计划的时候，便将其提高到正常范围内。分店中不同种投入的资源变化比例是相互协调的。通常是一家分店的四种投入变化比例较为均匀地分布在 1.50 附近，具体表现为某些投入的变化比例会高于 1.50，同时存在某些投入的变化比例会低于 1.50；其中，集团 2 中的台北老爷大酒店和集团 4 中的晶华酒店与表 6-5 中的集团 2 和集团 4 的投入变化比例情况一致，即四种投入的变化比例均为 1.50。但是两家集团中的其他分店没有类似的表现，说明在不考虑内部结构制订资源配置计划时，这两家集团受到了这两家分店的重要影响。

从投入种类角度，餐饮总面积变化比例（α_4/x_4）的方差为 0.32，是表现最不稳定的一种投入，而其他三种投入的方差均在 $[0.02, 0.04]$ 内。这是因为礁溪老爷大酒店和知本老爷大酒店的餐饮总面积处于较低水平，因此在制订资源配置计划时改变量较大。

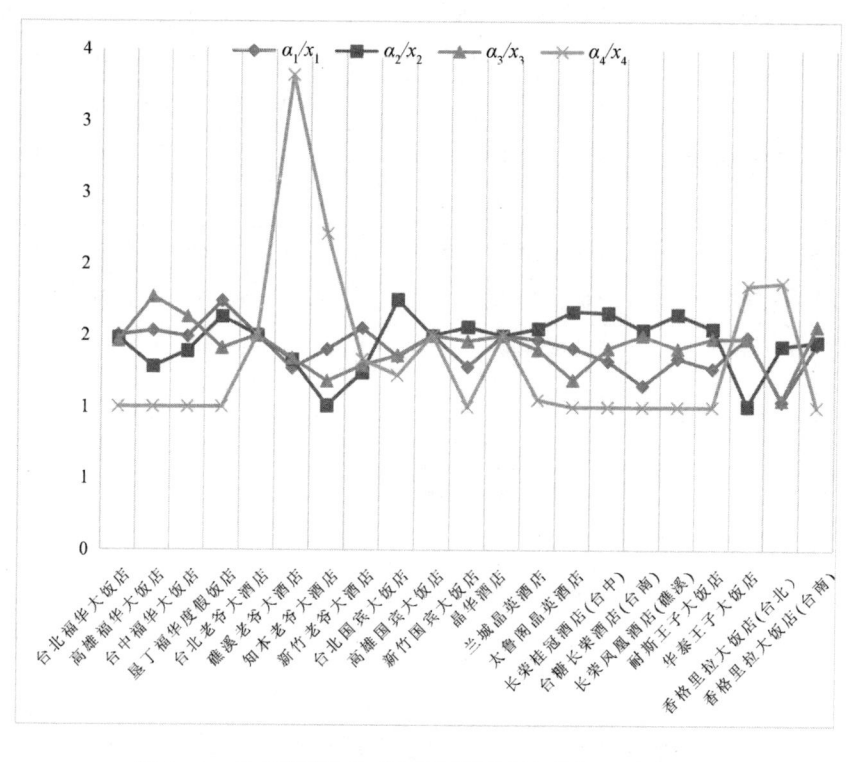

图 6-3 考虑并联结构时资源配置计划与原投入量的比值

在图6-3中也可以看出餐饮总面积比值的波动范围最大。同时这也是最"稳定"的一种投入，因为有一半以上的分店不需要改变该投入。在21家分店中，有11家分店的餐饮总面积（x_4）在资源配置计划中没有变化，另有一家分店的变化比例为1.05。另外三种投入变化比例的方差均相仿，从图6-3中也可以看出，这三种投入对应的折线是相互交叉且纠缠在一起，没有很突出的变化。

三、考虑与不考虑内部结构情况下结果对比分析

最后，将6-3节中的各集团下辖分店的资源整合，得到考虑平行结构情形下连锁酒店的整体资源计划（见表6-9），通过与表6-1中的原投入进行比较得到对应的投入比例（见表6-10）。图6-4是根据表6-10绘制的考虑内部平行结构时资源计划与原投入量的比值折线图。

表6-9 并联结构下连锁酒店的整体资源配置计划

DMU	连锁酒店	α_1	α_2	α_3	α_4
1	福华酒店集团	39052	27446	27154	19816
2	老爷酒店集团	23370	16054	12542	6643
3	国宾大饭店集团	37722	25179	19558	17663
4	晶华酒店集团	45720	28131	15209	15160
5	长荣酒店集团	21348	14892	13472	18893
6	王子大饭店集团	10738	7291	8073	5486
7	香格里拉酒店集团	25240	16471	11608	9061

表6-10 考虑内部并联结构情况下连锁酒店的资源配置计划与原投入量之比

DMU	连锁酒店	α_1/x_1	α_2/x_2	α_3/x_3	α_4/x_4
1	福华酒店集团	1.55	1.46	1.52	1.00
2	老爷酒店集团	1.41	1.29	1.33	1.85
3	国宾大饭店集团	1.37	1.62	1.44	1.17
4	晶华酒店集团	1.48	1.53	1.42	1.33
5	长荣酒店集团	1.28	1.63	1.44	1.00

续表

DMU	连锁酒店	α_1/x_1	α_2/x_2	α_3/x_3	α_4/x_4
6	王子大饭店集团	1.37	1.24	1.48	1.23
7	香格里拉酒店集团	1.16	1.44	1.28	1.34

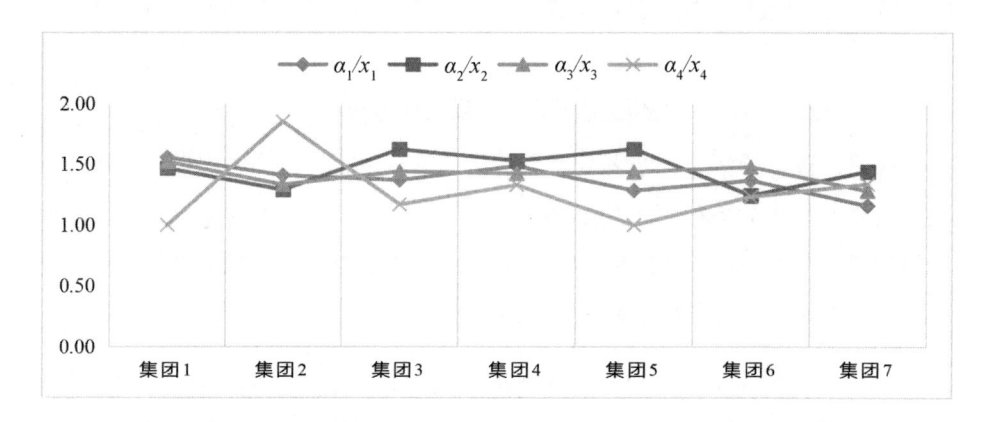

图6-4 考虑内部并联结构时资源配置计划与原投入量的比值

通过对比图6-4与图6-2发现两种方法得到的整体资源计划不具有很强的相似性。为了更直观的区分两种方法得到的资源计划之间的区别，使用下述方法进行对比。假设未进行资源配置时，称7家集团为G0；制订资源计划后，未考虑内部结构的7家集团称为G1，考虑内部结构的7家集团称为G2。

通过对比表6-11与表6-3时发现，当G1与G2放在一起评价时，不考虑内部结构的集团G1的效率大部分变低，只有G1中的集团2与集团4的效率仍然保持不变。G2中7家集团的效率不低于G1中对应集团的效率。

可以发现，考虑内部平行结构比不考虑内部结构在资源计划后的绩效水平更高。换言之，在同样能够保证整体效率不变且产出提高1.5倍时，考虑内部平行结构所制订的资源配置计划更为节约，使得其黑箱效率高于不考虑内部结构时的集团效率，直观地显示出考虑内部平行结构得到的资源计划的优势。

表 6-11 通过两种资源配置方法得到的集团整体黑箱效率

DMU		连锁酒店	黑箱效率
1	不考虑内部结构的集团 G1	福华酒店集团	0.97
2		老爷酒店集团	1.00
3		国宾大饭店集团	0.94
4		晶华酒店集团	1.00
5		长荣酒店集团	0.97
6		王子大饭店集团	0.94
7		香格里拉酒店集团	0.88
8	考虑内部结构的集团效率 G2	福华酒店集团	1.00
9		老爷酒店集团	1.00
10		国宾大饭店集团	0.95
11		晶华酒店集团	1.00
12		长荣酒店集团	0.99
13		王子大饭店集团	1.00
14		香格里拉酒店集团	0.91

综上所述，本章通过对比研究的方法，比较了在考虑与不考虑内部并联结构时，所制订出的资源配置计划的差异。使用 DEA 方法评价连锁酒店集团绩效，使用逆 DEA 方法为集团制订资源配置计划。通过分析发现不同的酒店在面对同样的任务要求时所采取的资源调整方式不同，有的集团相互协调各种投入变化比例，有的集团则完全按照相同比例调整。在同一种投入中显示出了较为类似的处理办法，即大体上波动幅度都不大。但也存在较为特殊的情况，当某种原投入量过小时，资源计划中的投入量改变可能会很大。最后通过比较分析发现，相比不考虑内部结构的情况，考虑内部结构时制订的资源计划更为节约，使得集团的整体效率更高。

本章小结

本章针对并联系统资源配置问题，使用已有的并联系统效率评价方法为资源配置模型提供了效率参考指标，提出了基于逆 DEA 方法考虑多个子系统的并联系统资源配置模型，将逆 DEA 方法拓展应用到并联系统中。最后，将上述模型用于解决中国台湾 7 家连锁酒店集团的资源配置问题。本章的研究内容考虑了内部更为细致的并联结构，相比不考虑内部结构的情况，通过本方法制订的资源配置计划更为节约，提高了集团资源配置后的最终整体效率。

第七章

考虑共享资源的混合系统资源配置

本章主要研究混合系统的资源配置问题，针对混合系统提出效率评价模型和资源配置模型，上述模型适用于较为复杂的混合结构系统。最后，本章将所提出的方法运用到国际旅游酒店资源配置计划制订中。

第一节 考虑共享资源的混合系统的效率评价

混合系统是串联系统与并联系统的组合系统，组合形式变化多样。一种较为常见的混合系统是串联系统的每一个阶段内部具有并联结构。本章主要研究图 7-1 所示的混合系统。从整体上看，图 7-1 中的内部结构主要分为两个阶段，与串联结构的形式类似。进一步细化，该串联系统的第二阶段相当于一个并联系统，其内部包含了多个并联的非同质子系统。

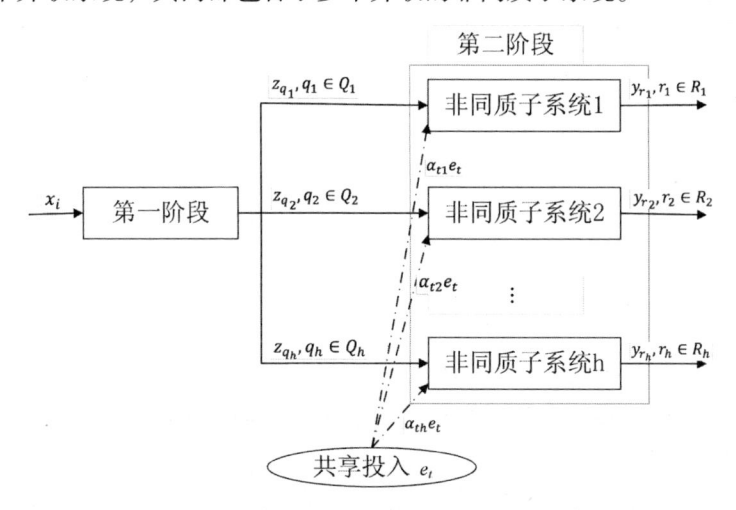

图 7-1 考虑共享资源的混合系统

在效率评价过程中，首先要对混合系统的结构作出明确界定；再根据由小到大的原则，评价子系统、子阶段的绩效水平，最后通过整合的方式，实现对混合系统整体评价的目的。

假设有 n 个混合系统 $DMU_j(j=1,\cdots,n)$ 需要评价，结构如图 7-1 所示，令 DMU_k 表示当前待测混合系统。DMU_k 由两个阶段构成，第一阶段消耗初始投入 $x_{ik}(i=1,\cdots,m)$ 用以生产中间产出；第二阶段包含 h 个并联的非同质子系统。每个非同质子系统 $SDMU_g(g=1,\cdots,h)$ 的产出 $y_{r_g}(r_g \in R_g, g=1,\cdots,h)$ 不完全相同，并且来自第一阶段的中间产品 $zq_g(q_g \in Q_g, g=1,\cdots,h)$ 也不完全相同。除此以外，非同质子系统 $SDMU_g(g=1,\cdots,h)$ 还消耗了共享资源 $e_t(t=1,\cdots,p)$，并令 $a_{tg}(t=1,\cdots,p;g=1,\cdots,h)$ 表示所消耗的比例，其中 $\sum_{g=1}^{h} a_{tg} = 1(t=1,\cdots,p)$。与 Cook 和 Hababou（2001）的研究类似，比例 $a_{tg}(t=1,\cdots,p;g=1,\cdots,h)$ 的区间是管理决策者自定的，表示为 $L_{tg} \leq a_{tg} \leq U_{tg}(t=1,\cdots,p;g=1,\cdots,h)$。本节主要讨论混合系统中第一阶段的阶段效率评价问题、第二阶段内部并联的非同质子系统的效率评价问题以及第二阶段的阶段效率评价问题。

首先，基于 VRS 假设，混合系统第一阶段的阶段效率可以通过乘数模型 (7-1) 求得。

$$\theta_k^1 = \max \frac{\sum_{g=1}^{h}\sum_{q_g \in Q_g} w_{q_g} z_{q_g k}}{\sum_{i=1}^{m} v_i x_{ik}} \tag{7-1}$$

$$\text{s.t.} \quad \frac{\sum_{g=1}^{h}\sum_{q_g \in Q_g} w_{q_g} z_{q_g j}}{\sum_{i=1}^{m} v_i x_{ij}} \leq 1, \quad g=1,\cdots,h; j=1,\cdots,n$$

$$w_{q_g}, v_i \geq 0, \quad g=1,\cdots,h; i=1,\cdots,m$$

$$q_g \in Q_g, \quad g=1,\cdots,h$$

其中 w_{q_g} 和 v_i 均是未知的非负权重系数，分别对应中间产品 z_{q_g} 和初始投入 x_i。

接下来讨论混合系统第二阶段中并联的非同质子系统的效率评价问题。在两阶段 DEA 研究中，Kao 和 Hwang（2008）以及 Liang 等（2008）都指出中间产品的乘数权重在两阶段中应当一样；在并联系统中，Kao 和 Hwang（2010）以及 Kao（2012）指出相同的投入（或产出）应该有相同的乘数，且不需要考虑是哪个平行子系统消耗（或生产）的。因此在评价第二阶段并联的非同质子系统的效率时，中间产品对应的权重系数可沿用第一阶段中的 w_{q_g}，而第二阶段内部相同种类的投入和产出对应的权重系数是相同的，具体如模型（7-2）所示。

$$\theta_k^{2g} = \max \frac{\sum_{r_g \in R_g} u_{r_g} y_{r_g k}}{\sum_{q_g \in Q_g} w_{q_g} z_{q_g k} + \sum_{t=1}^{p} f_t a_{tg}^k e_{tk}} \quad (7-2)$$

$$s.t. \quad \frac{\sum_{r_g \in R_g} u_{r_g} y_{r_g j}}{\sum_{q_g \in Q_g} w_{q_g} z_{q_g j} + \sum_{t=1}^{p} f_t a_{tg}^j e_{tj}} \leq 1,$$

$$g = 1, \cdots, h, j = 1, \cdots, n$$

$$\sum_{g=1}^{h} a_{tg}^j = 1, t = 1, \cdots, p$$

$$L_{tg} \leq a_{tg}^j \leq U_{tg}, t = 1, \cdots, p, g = 1, \cdots, h$$

$$u_{r_g}, w_{q_g}, f_t, a_{tg}^j \geq 0, g = 1, \cdots, h, t = 1, \cdots, p$$

$$r_g \in R_g; q_g \in Q_g, g = 1, \cdots, h$$

其中，u_{r_g} 是非同质子系统 $SDMU_g (g = 1, \cdots, h)$ 产出的权重系数，w_{q_g} 和 f_t 分别是中间产品和共享资源的权重系数，a_{tg}^j 表示 DMU_j 每一个非同质子系统 $SDMU_g (g = 1, \cdots, h)$ 分得的共享资源的比例。

最后，讨论混合系统第二阶段的单独阶段效率评价问题。第二阶段本身是一个包含非同质子系统的并联系统。参照 Du 等（2014），本节将所有非同质子系统效率的加权平均值作为第二阶段的阶段效率。令权重 $\delta_g (g = 1, \cdots, h)$ 表示 $SDMU_g (g = 1, \cdots, h)$ 的相对重要性，并且 $\sum_{g=1}^{h} \delta_g = 1$。因此混合系统第二阶段的阶段效率如模型（7-3）所示。

$$\theta_k^2 = \max \frac{\delta_g \sum_{r_g \in R_g} u_{r_g} y_{r_g k}}{\sum_{q_g \in Q_g} w_{q_g} z_{q_g k} + \sum_{t=1}^{p} f_t a_{tg}^k e_{tk}} \quad (7-3)$$

$$s.t.\ \frac{\sum_{r_g \in R_g} u_{r_g} y_{r,j}}{\sum_{q_g \in Q_g} w_{q_g} z_{q,j} + \sum_{t=1}^{p} f_t a_{tg}^j e_{tj}} \leq 1, g = 1, \cdots, h, j = 1, \cdots, n$$

$$\sum_{g=1}^{h} a_{tg}^j = 1, t = 1, \cdots, p$$

$$L_{tg} \leq a_{tg}^j \leq U_{tg}, t = 1, \cdots, p, g = 1, \cdots, h$$

$$u_{r_g}, w_{q_g}, f_t, a_{tg}^j \geq 0, g = 1, \cdots, h, t = 1, \cdots, p$$

$$\sum_{g=1}^{h} \delta_g = 1$$

$$r_g \in R_g, q_g \in Q_g, g = 1, \cdots, h$$

如前文所述,权重 $\delta_g(g = 1, \cdots, h)$ 表示SDMU$_g$的相对重要性,一种合理的取值方式是将SDMU$_g(g = 1, \cdots, h)$消耗的投入占第二阶段总投入的比例作为权重。该方法也被 Chen 等(2010)、Wang 和 Chin(2010)采用。因此,$\delta_g(g = 1, \cdots, h)$ 可通过公式(7-4)得到。

$$\delta_g = \frac{\sum_{q_g \in Q_g} w_{q_g} z_{q,k} + \sum_{t=1}^{p} f_t a_{tg}^k e_{tk}}{\sum_{g=1}^{h} \sum_{q_g \in Q_g} w_{q_g} z_{q,k} + \sum_{g=1}^{h} \sum_{t=1}^{p} f_t a_{tg}^k e_{tk}}, g = 1, \cdots, h \quad (7-4)$$

其中,分母 $\sum_{g=1}^{h} \sum_{q_g \in Q_g} w_{q_g} z_{q,k} + \sum_{g=1}^{h} \sum_{t=1}^{p} f_t a_{tg}^k e_{tk}$ 表示第二阶段消耗的总投入,包括中间产品和共享资源;分子 $\sum_{q_g \in Q_g} w_{q_g} z_{q,k} + \sum_{t=1}^{p} f_t a_{tg}^k e_{tk}$ 表示SDMU$_g$消耗的投入。因此模型(7-3)的目标函数则可被重新写成公式(7-5)。

$$\theta_k^2 = \max \frac{\sum_{g=1}^{h} \sum_{r_g \in R_g} u_{r_g} y_{r,k}}{\sum_{g=1}^{h} \sum_{q_g \in Q_g} w_{q_g} z_{q,k} + \sum_{g=1}^{h} \sum_{t=1}^{p} f_t a_{tg}^k e_{tk}} \quad (7-5)$$

第二节 基于效率最优化的混合系统的资源配置

本节依据上一节所讨论的混合结构中各阶段的效率评价模型，提出混合系统总模型用于评价系统的整体效率，并分解出每个阶段的效率，同时在基于效率最优化的原则下确定共享资源的配置比例。

混合系统的整体效率和各阶段效率可以通过加性效率分解的办法加以确定。令 φ^1 和 φ^2 分别表示第一阶段和第二阶段的相对权重。与权重 $\delta_g (g = 1, \cdots, h)$ 确定方式类似，φ^1 和 φ^2 的取值由两个阶段对应的投入量占并联系统总投入量的比例所决定。因此，φ^1 和 φ^2 的表达式如下：

$$\varphi^1 = \frac{\sum_{i=1}^{m} v_i x_{ik}}{\sum_{i=1}^{m} v_i x_{ik} + \sum_{g=1}^{h} \sum_{q_g \in Q_g} w_{q_g} z_{q_g k} + \sum_{g=1}^{h} \sum_{t=1}^{p} f_t a_{tg}^{k} e_{tk}} \quad (7-6)$$

$$\varphi^2 = \frac{\sum_{g=1}^{h} \sum_{q_g \in Q_g} w_{q_g} z_{q_g k} + \sum_{g=1}^{h} \sum_{t=1}^{p} f_t a_{tg}^{k} e_{tk}}{\sum_{i=1}^{m} v_i x_{ik} + \sum_{g=1}^{h} \sum_{q_g \in Q_g} w_{q_g} z_{q_g k} + \sum_{g=1}^{h} \sum_{t=1}^{p} f_t a_{tg}^{k} e_{tk}} \quad (7-7)$$

公式（7-6）和公式（7-7）的分母表示并联系统的总投入量，分子分别表示第一阶段和第二阶段消耗的投入量。并联系统 DMU_k 的整体效率通过两个阶段效率值加权求和的方式得到，如模型（7-8）所示。

$$\theta_k = \max \frac{\sum_{g=1}^{h} \sum_{q_g \in Q_g} w_{q_g} z_{q_g k} + \sum_{g=1}^{h} \sum_{r_g \in R_g} u_{r_g} y_{r_g k}}{\sum_{i=1}^{m} v_i x_{ik} + \sum_{g=1}^{h} \sum_{q_g \in Q_g} w_{q_g} z_{q_g k} + \sum_{g=1}^{h} \sum_{t=1}^{p} f_t a_{tg}^{k} e_{tk}} \quad (7-8)$$

$$\text{s.t.} \quad \frac{\sum_{g=1}^{h} \sum_{q_g \in Q_g} w_{q_g} z_{q_g j}}{\sum_{i=1}^{m} v_i x_{ij}} \leqslant 1, g=1, \cdots, h; j=1, \cdots, n$$

$$\frac{\sum_{r_g \in R_g} u_{r_g} y_{r_j}}{\sum_{q_g \in Q_g} w_{q_g} z_{q_g j} + \sum_{t=1}^{p} f_t a_{tg}^{j} e_{ij}} \leqslant 1, g=1, \cdots, h; j=1, \cdots, n$$

$$\sum_{g=1}^{h} a_{tg}^{j} = 1, t = 1, \cdots, p$$

$$L_{tg} \leq a_{tg}^{j} \leq U_{tg}, t = 1, \cdots, p; g = 1, \cdots, h$$

$$u_{r_g}, w_{q_g}, f_t, a_{tg}^{j} \geq 0, g = 1, \cdots, h; t = 1, \cdots, p$$

$$r_g \in R_g; q_g \in Q_g, g = 1, \cdots, h$$

基于 Charnes – Cooper 转换原则（Charnes 和 Cooper, 1962），可将模型 (7-8) 转化为模型 (7-9)。

$$\theta_k = \max \sum_{g=1}^{h} \sum_{q_g \in Q_g} \omega_{q_g} z_{q_g k} + \sum_{g=1}^{h} \sum_{r_g \in R_g} \mu_{r_g} y_{r_g k} \qquad (7-9)$$

s.t. $\quad \sum_{g=1}^{h} \sum_{q_g \in Q_g} \omega_{q_g} z_{q_g j} - \sum_{i=1}^{m} \nu_i x_{ij} \leq 0, g = 1, \cdots, h; j = 1, \cdots, n$

$$\sum_{r_g \in R_g} \mu_{r_g} y_{r_g j} - \sum_{q_g \in Q_g} \omega_{q_g} z_{q_g j} - \sum_{t=1}^{p} \gamma_t a_{tg}^{j} e_{ij} \leq 0, g = 1, \cdots, h; j = 1, \cdots, n$$

$$\sum_{i=1}^{m} \nu_i x_{ik} + \sum_{g=1}^{h} \sum_{q_g \in Q_g} \omega_{q_g} z_{q_g k} + \sum_{g=1}^{h} \sum_{t=1}^{p} \gamma_t a_{tg}^{k} e_{tk} = 1,$$

$$\sum_{g=1}^{h} a_{tg}^{j} = 1, t = 1, \cdots, p$$

$$L_{tg} \leq a_{tg}^{j} \leq U_{tg}, t = 1, \cdots, p; g = 1, \cdots, h$$

$$\mu_{r_g}, \omega_{q_g}, \nu_i, \gamma_t, a_{tg}^{j} \geq 0, g = 1, \cdots, h; t = 1, \cdots, p$$

$$r_g \in R_g; q_g \in Q_g, g = 1, \cdots, h$$

由于模型 (7-9) 中含有两个未知变量的乘积 $\gamma_t a_{tg}^{k}$，因此模型 (7-9) 是非线性规划。令 $\gamma_t a_{tg}^{k} = \lambda_{tg}$ 将模型 (7-9) 线性化，得到模型 (7-10)。

$$\theta_k = \max \sum_{g=1}^{h} \sum_{q_g \in Q_g} \omega_{q_g} z_{q_g k} + \sum_{g=1}^{h} \sum_{r_g \in R_g} \mu_{r_g} y_{r_g k} \qquad (7-10)$$

s.t. $\quad \sum_{g=1}^{h} \sum_{q_g \in Q_g} \omega_{q_g} z_{q_g j} - \sum_{i=1}^{m} \nu_i x_{ij} \leq 0, g = 1, \cdots, h; j = 1, \cdots, n$

$$\sum_{r_g \in R_g} \mu_{r_g} y_{r_g j} - \sum_{q_g \in Q_g} \omega_{q_g} z_{q_g j} - \sum_{t=1}^{p} \lambda_{tg} e_{ij} \leq 0, g = 1, \cdots, h; j = 1, \cdots, n$$

$$\sum_{i=1}^{m} \nu_i x_{ik} + \sum_{g=1}^{h} \sum_{q_g \in Q_g} \omega_{q_g} z_{q_g k} + \sum_{g=1}^{h} \sum_{t=1}^{p} \lambda_{tg} e_{tk} = 1,$$

$$\sum_{g=1}^{h} \lambda_{tg} - \gamma_t = 0, t = 1, \cdots, p$$

$$\gamma_t L_{tg} \leq a_{tg}^{j} \leq \gamma_t U_{tg}, t = 1, \cdots, p; g = 1, \cdots, h$$

$$\mu_{r_g}, \omega_{q_g}, \nu_i, \gamma_t, \lambda_{tg} \geq 0, g = 1, \cdots, h; t = 1, \cdots, p$$

$$r_g \in R_g; q_g \in Q_g, g = 1, \cdots, h$$

令（$\mu_{r_g}^*, \omega_{q_g}^*, \nu_i^*, \gamma_t^*, \lambda_{tg}^*$）表示模型（7-10）的最优解，那么共享资源的配置比例为 $a_{tg}^* = \lambda_{tg}^* / \gamma_t^*$。整体效率的最优值 $\theta_k^* = \max \sum_{g=1}^{h} \sum_{q_g \in Q_g} \omega_{q_g}^* z_{q_g k} + \sum_{g=1}^{h} \sum_{r_g \in R_g} \mu_{r_g}^* y_{r_g k}$。

假定第二阶段具有首要优先权，基于混合系统总效率不变情况下，第二阶段的效率可由模型（7-11）确定。

$$\theta_k^{2*} = \max \sum_{g=1}^{h} \sum_{r_g \in R_g} \mu_{r_g} y_{r_g k} \tag{7-11}$$

s. t. $\sum_{g=1}^{h} \sum_{q_g \in Q_g} \omega_{q_g} z_{q_g j} - \sum_{i=1}^{m} \nu_i x_{ij} \leq 0, g = 1, \cdots, h; j = 1, \cdots, n$

$\sum_{r_g \in R_g} \mu_{r_g} y_{r_g j} - \sum_{q_g \in Q_g} \omega_{q_g} z_{q_g j} - \sum_{t=1}^{p} \lambda_{tg} e_{tj} \leq 0, g = 1, \cdots, h; j = 1, \cdots, n$

$\sum_{g=1}^{h} \sum_{q_g \in Q_g} \omega_{q_g} z_{q_g k} + \sum_{g=1}^{h} \sum_{r_g \in R_g} \mu_{r_g} y_{r_g k} - \theta_k^* \sum_{i=1}^{m} \nu_i x_{ik} = \theta_k^*,$

$\sum_{g=1}^{h} \sum_{q_g \in Q_g} \omega_{q_g} z_{q_g k} + \sum_{g=1}^{h} \sum_{t=1}^{p} \lambda_{tg} e_{tk} = 1,$

$\sum_{g=1}^{h} \lambda_{tg} - \gamma_t = 0, t = 1, \cdots, p$

$\gamma_t L_{tg} \leq a_{tg} \leq \gamma_t U_{tg}, t = 1, \cdots, p; g = 1, \cdots, h$

$\mu_{r_g}, \omega_{q_g}, \nu_i, \gamma_t, \lambda_{tg} \geq 0, g = 1, \cdots, h; t = 1, \cdots, p$

$r_g \in R_g; q_g \in Q_g, g = 1, \cdots, h$

其中，第三条约束保证了混合系统的整体效率不变。

令 θ_k^{1**} 表示第一阶段具有次要优先权时的分解效率，具体由以下公式表示。

$$\theta_k^{1**} = \frac{\theta_k^* - \varphi^{2*} * \theta_k^{2*}}{\varphi^{1*}} \tag{7-12}$$

其中 φ^{1*} 和 φ^{2*} 分别是公式（7-6）和公式（7-7）求得的最优权重值。

当第一阶段具有首要优先权，第二阶段具有次要优先权，两个阶段的效率分解思路与上述类似，不再赘述。以上就是混合系统的效率评价与资源配置方法的内容，主要思路如表 7-1 所示。

表7-1 混合系统的效率评价与资源配置方法主要思路

1 构建模型（7-1）评价第一阶段的阶段效率 θ_k^1
2 构建模型（7-2）-（7-3）评价第二阶段的阶段效率 θ_k^2 和子系统效率 θ_k^{2g}
2.1 构建模型（7-2）评价并联的非同质子系统 $SDMU_g$ 的效率 θ_k^{2g}
2.2 构建公式（7-3）计算并联的非同质子系统 $SDMU_g$ 的相对权重 δ_g
2.3 构建模型（7-3）评价第二阶段的阶段效率 θ_k^2
3 构建公式（7-6）和（7-7）分别计算第一阶段和第二阶段的相对权重 φ^1 和 φ^2
4 构建模型（7-8）评价混合系统的整体效率 θ_k
5 计算共享资源配置比例 a_{tg}^{k*} 和两个阶段的分解效率 θ_k^{1**} 和 θ_k^{2*}（或 θ_k^{1*} 和 θ_k^{2**}）

第三节 考虑共享资源的国际酒店的资源配置应用研究

一、数据说明

本节将所提出的混合结构资源配置模型应用到58家中国台湾国际旅游酒店的资源配置计划制订当中，相关数据来源于中国台湾"交通部"观光局的统计年鉴，具体指标如表7-2所示。国际酒店是一个具有混合结构且在内部包含多个非同质并联子系统的系统，其内部运营结构如图7-2所示。

表7-2 指标说明

类别	指标	描述
初始投入	经营费用	酒店经营成本，包括餐饮成本，维修支出，水电支出，均以百万元新台币为单位
	房间数	可供出租的房间数
	餐饮面积	餐饮场地的总面积，以平方英尺为单位
	员工人数	包括客房员工，餐饮管理人员在内的员工人数

续表

类别	指标	描述
中间产品	客房服务能力	房间可入住天数，是所售房间数/房间入住率
	餐饮服务能力	餐饮空间与餐饮部门员工人数的乘积
共享资源	营销费用	营销活动的费用，例如广告和网站运营，以百万元新台币为单位
最终产出	客房收入	以房租获得的营业收入，以百万元新台币为单位
	餐饮收入	从餐饮销售中获得的营业收入，以百万元新台币为单位

第一阶段是生产阶段，使用四种初始投入并生产两种中间产品。中间产品分别输送到隶属于第二阶段的两个并联非同质子系统，即客房服务阶段和餐饮服务阶段。这两个子系统同时又将营销费用作为共享资源。最后，两个子系统分别生产各自的产出作为系统的最终产出。各项指标的统计数据如表7-3所示。

表7-3 指标统计数据

类别	指标	均值	标准差	最大值	最小值
初始投入	经营费用	543.30	488.00	2227.10	45.40
	房间数	298.90	148.60	865.00	50.00
	餐饮面积	4495.40	7094.80	52,966.00	210.00
	员工人数	315.90	207.40	868.00	53.00
中间产品	客房服务能力	72.80	42.00	213.10	7.80
	餐饮服务能力	1038.60	2773.70	20,286.00	4.10
共享资源	营销费用	7.00	9.40	61.30	0.10
最终产出	客房利润	245.00	224.80	1243.70	26.10
	餐饮利润	270.30	269.80	1127.90	8.50

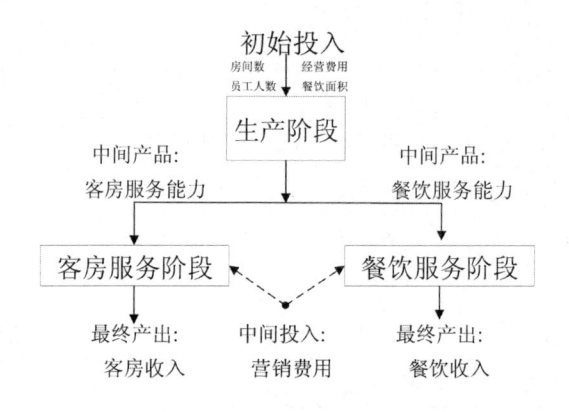

```
                    初始投入
                房间数    经营费用
                员工人数  餐饮面积
                    ┌─────┐
                    │生产阶段│
                    └─────┘
   中间产品:       ↙        ↘      中间产品:
   客房服务能力                    餐饮服务能力
        ↓                              ↓
   ┌─────────┐                   ┌─────────┐
   │客房服务阶段│ ←- - - - -→      │餐饮服务阶段│
   └─────────┘                   └─────────┘
        ↓            ↓                 ↓
    最终产出:      中间投入:         最终产出:
    客房收入       营销费用          餐饮收入
```

图7-2　连锁酒店运营结构

二、效率分析

基于本章所提出的模型测得的酒店效率值如表7-4所示，其中比例参数 a_{tg} 的取值区间设为 [0.2, 0.8]。酒店的序号和名称分别如表7-4中第一列和第二列所示。酒店的整体效率值和基于效率值的排名如表7-4中第四列和第三列所示。第五列是当第一阶段拥有首要优先级时的效率。同时，第六列是第二阶段拥有次要优先级的效率。反过来，第七列和第八列分别是第一阶段拥有次要优先级，且第二阶段具有首要优先级的效率。两个阶段的最优权重位于表7-4中最后两列。

表7-4　酒店效率结果与排名

DMU	酒店	排名	E_o^*	$E_o^{(1)*}$	$E_o^{(2)**}$	$E_o^{(1)**}$	$E_o^{(2)*}$	$\varphi^{(1)*}$	$\varphi^{(2)*}$
1	圆山大饭店	18	0.6877	0.8853	0.4915	0.8743	0.5025	0.4941	0.5059
2	国宾大饭店	26	0.6449	0.9353	0.3573	0.8300	0.4617	0.4970	0.5030
3	台北华国大饭店	29	0.6228	0.7926	0.5177	0.7551	0.5409	0.5546	0.4454
4	华泰王子大饭店	24	0.6477	0.8625	0.4106	0.8536	0.4205	0.5228	0.4772
5	国王大饭店	10	0.7835	0.9105	0.7817	0.8740	0.7822	0.4638	0.5362
6	豪景大酒店	28	0.6242	1.0000	0.2783	0.9998	0.2785	0.4792	0.5208
7	台北凯撒大饭店	13	0.7346	1.0000	0.4926	1.0000	0.4926	0.4745	0.5255
8	康华大饭店	7	0.8047	0.8900	0.7386	0.8831	0.7440	0.4273	0.5727
9	神旺大饭店	17	0.7063	0.8922	0.5139	0.8891	0.5171	0.5060	0.4940
10	兄弟大饭店	30	0.6186	0.8084	0.4047	0.7834	0.4329	0.5289	0.4711

续表

DMU	酒店	排名	E_o^*	$E_o^{(1)*}$	$E_o^{(2)**}$	$E_o^{(1)**}$	$E_o^{(2)*}$	$\varphi^{(1)*}$	$\varphi^{(2)*}$
11	三德大饭店	5	0.8612	1.0000	0.7639	0.9999	0.7639	0.4035	0.5965
12	亚都丽致大饭店	25	0.6456	0.7703	0.4851	0.7668	0.4897	0.5624	0.4376
13	国联大饭店	1	0.9443	0.9039	0.9776	0.9035	0.9779	0.4439	0.5561
14	台北寒舍喜来登饭店	14	0.7294	1.0000	0.4768	0.7836	0.6788	0.4829	0.5171
15	台北老爷大酒店	15	0.7231	0.9057	0.5569	0.9026	0.5597	0.4726	0.5274
16	福华大饭店	19	0.6842	0.9912	0.3463	0.7841	0.5743	0.5120	0.4880
17	台北君悦大饭店	57	0.4444	0.7586	0.0297	0.3791	0.5306	0.5689	0.4311
18	晶华酒店	11	0.7793	0.9535	0.5796	0.7519	0.8107	0.5322	0.4678
19	西华大饭店	16	0.7105	0.8630	0.5153	0.7606	0.6463	0.5614	0.4386
20	远东国际大饭店	8	0.7999	0.9299	0.6409	0.7807	0.8234	0.5494	0.4506
21	六福皇宫	4	0.8671	0.7433	0.9243	0.6742	0.9562	0.5620	0.4380
22	美丽信花园酒店	20	0.6798	1.0000	0.3831	1.0000	0.3831	0.4788	0.5212
23	华王大饭店	27	0.6359	1.0000	0.3241	0.9997	0.3243	0.4614	0.5386
24	华园大饭店	47	0.5615	0.8104	0.2540	0.7808	0.2906	0.5527	0.4473
25	高雄国宾大饭店	45	0.5726	0.8456	0.2629	0.8355	0.2743	0.5302	0.4698
26	汉来大饭店	21	0.6700	1.0000	0.3465	0.9772	0.3688	0.4943	0.5057
27	高雄福华大饭店	39	0.5904	0.9362	0.2100	0.8683	0.2847	0.5238	0.4762
28	高雄金典酒店	44	0.5779	0.7915	0.3253	0.7421	0.3837	0.5418	0.4582
29	寒轩国际大饭店	34	0.6097	0.9331	0.2732	0.9190	0.2879	0.5098	0.4902
30	丽尊大酒店	48	0.5536	0.7317	0.3355	0.7276	0.3405	0.5489	0.4511
31	全国大饭店	53	0.5053	0.6666	0.2779	0.6642	0.2813	0.5851	0.4149
32	通豪大饭店	40	0.5893	0.9250	0.2283	0.8708	0.2866	0.5181	0.4819
33	长荣桂冠酒店（台中）	43	0.5796	0.7702	0.3430	0.7086	0.4194	0.5528	0.4472
34	台中福华大饭店	37	0.5967	0.7992	0.3806	0.7739	0.4076	0.5355	0.4645
35	日华金典酒店	56	0.4595	0.5385	0.3124	0.5284	0.3312	0.6501	0.3499
36	统帅大饭店	52	0.5160	0.7051	0.2534	0.6888	0.2760	0.5813	0.4187
37	中信大饭店（花莲）	49	0.5465	0.7711	0.2763	0.7630	0.2861	0.5440	0.4560
38	美仑大饭店	31	0.6150	0.8916	0.3463	0.8783	0.3592	0.5299	0.4701
39	远雄悦来大饭店	33	0.6130	0.6976	0.5054	0.5976	0.6325	0.5557	0.4443

127

续表

DMU	酒店	排名	E_o^*	$E_o^{(1)*}$	$E_o^{(2)**}$	$E_o^{(1)**}$	$E_o^{(2)*}$	$\varphi^{(1)*}$	$\varphi^{(2)*}$
40	阳明山中国丽致大饭店	46	0.5693	0.4815	0.7175	0.4634	0.7480	0.6279	0.3721
41	涵碧楼大饭店	3	0.8981	0.8246	0.9640	0.7882	0.9967	0.5434	0.4566
42	日月潭云品酒店	35	0.6070	0.5522	0.7055	0.5451	0.7184	0.6423	0.3577
43	曾文山芙蓉渡假大饭店	6	0.8556	0.4611	0.8616	0.3535	0.8632	0.0149	0.9851
44	高雄圆山大饭店	38	0.5956	0.3976	0.6085	0.1353	0.6255	0.0610	0.9390
45	凯撒大饭店	12	0.7628	0.8808	0.6516	0.8760	0.6562	0.4792	0.5208
46	垦丁福华渡假饭店	22	0.6569	0.8728	0.4174	0.8382	0.4558	0.5257	0.4743
47	知本老爷大酒店	23	0.6493	0.7662	0.4967	0.7576	0.5079	0.5663	0.4337
48	太鲁阁晶英酒店	55	0.4721	0.4575	0.5003	0.4565	0.5022	0.6564	0.3436
49	礁溪老爷大酒店	9	0.7989	0.7657	0.8415	0.7539	0.8567	0.5614	0.4386
50	桃园大饭店	36	0.6064	1.0000	0.2334	0.9999	0.2335	0.4866	0.5134
51	大溪别馆	58	0.3235	0.3027	0.3458	0.2906	0.3587	0.7583	0.2417
52	新竹老爷大酒店	42	0.5837	0.6773	0.4731	0.6749	0.4760	0.5631	0.4369
53	新竹国宾大饭店	41	0.5868	0.7033	0.4205	0.6411	0.5092	0.5878	0.4122
54	耐斯王子大饭店	54	0.5011	0.6329	0.2915	0.6204	0.3114	0.6139	0.3861
55	台南大饭店	2	0.9431	0.6546	0.9487	0.4656	0.9523	0.0190	0.9810
56	大亿丽致酒店	32	0.6148	0.7454	0.4484	0.7098	0.4937	0.5601	0.4399
57	台糖长荣酒店（台南）	51	0.5258	0.7029	0.2746	0.6699	0.3214	0.5858	0.4142
58	娜路弯大酒店	50	0.5291	0.6289	0.4005	0.6242	0.4065	0.6145	0.3855

注：为保证数据的精确性此处保留小数点后四位。

从表7-4中可以发现，酒店的整体效率都不相同，这说明本章所提出的模型具有较强的效率区分能力。其中，效率最大值为0.9443（DMU 13），效率最小值为0.3235（DMU 51）。所有的酒店都可以根据效率值进行排序。因此，本章所提出的模型可以用于准确区分效率评价模型，并用于分析酒店间的效率差异。

基于整体效率不变的前提，可以获得两阶段的阶段效率。图7-3表示第一阶段拥有首要优先级时，两个阶段各自的分解效率散点图。浅灰散点表示第一阶段的效率，深灰散点表示第二阶段的效率。相反地，图7-4表示第二阶段拥有首要优先级时，两个阶段各自的分解效率散点图。

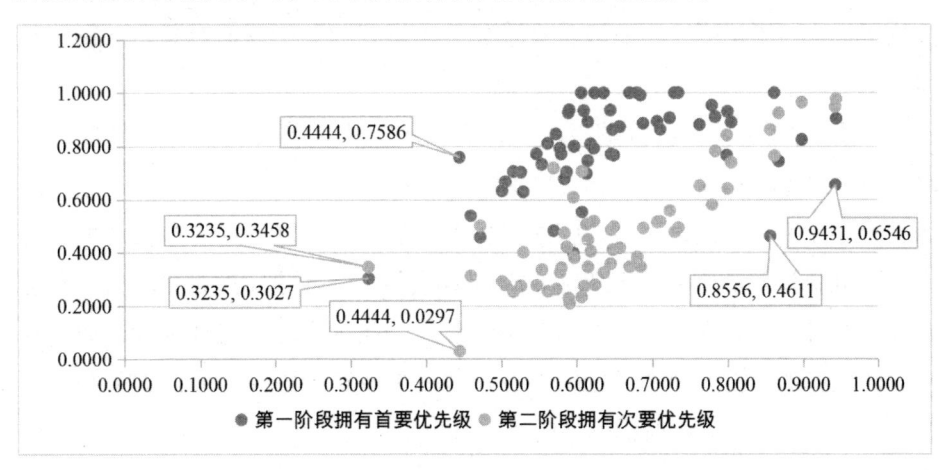

图7-3　第一阶段拥有首要优先级时的分解效率

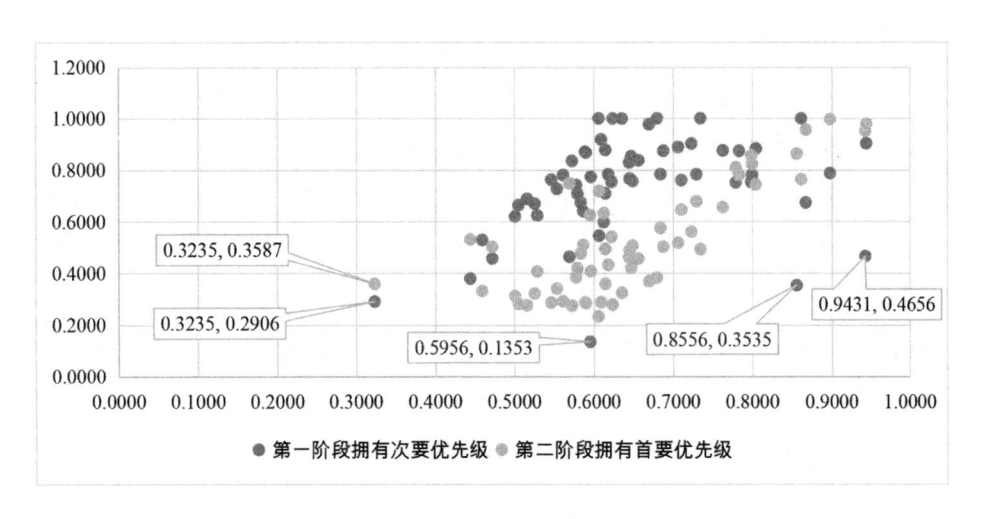

图7-4　第二阶段拥有首要优先级时的分解效率

对比两张图可以发现，图7-4中的点相对更集中，存在的极端点较少。例如在图7-3中，有6个点明显远离群体，而图7-4个有5个点散布在群体点以外。这些极端点在图7-3和图7-4中都已标记出来。因此从极端点数量的角度分析，可以认为当第二阶段拥有首要优先级时，得到的效率分解结果更恰当，即这种分解原则更适用于具有混合结构的酒店。但是，从受影响的酒店数量而言，在两图中极端点所表示的酒店的数量是一致的。从这一角度则可认为，不论哪一个阶段具有优先级，得到的效率分解对酒店的影响都是类似的。

在图7-4中，大部分的极端点都表示的是酒店的第一阶段，例如DMU 51，44，43和55。图7-4中的这些极端点的纵坐标值明显小于图7-3。这种现象存在不合理性，因为两图中蓝色点一般都高于橙色点。导致这种"不合理"现象发生的原因在于效率分解的原则。图7-4表示的是第二阶段具有首要优先级，因此在效率分解时，第二阶段的效率会尽可能地最大，而第一阶段的效率则会自然下降。进而导致该情况下，第一阶段的分解效率小于第一阶段拥有首要优先级时的第一阶段分解效率。

总的来说，这两种效率分解的原则都是有效的，只是适用的情况稍有不同。从整体的效率分布来看，两种方法的结果类似，没有过于严重的效率差异。管理决策者仅需根据实际情况为两个阶段赋予优先级即可。

三、共享资源配置

接下来讨论共享资源的配置问题，同时讨论其与效率之间的关系。变量 a_{tg} 表示共享资源在非同质子系统中的分配比例。表7-5是 a_{tg} 受不同的区间限制时对应的酒店整体效率值。当 a_{tg} 的下限和上限分别设为 $L_{tg}=0.2$ 和 $U_{tg}=0.8$ 时，酒店的整体效率列在表中的第三列；第四列和第五列分别表示共享资源分配到客房服务阶段和餐饮服务阶段的比例。类似地，区间 [0.1,0.9] 和 [0,1] 对应的各项结果均列在表7-5中。

表7-5 不同区间对应的酒店整体效率值

DMU	酒店	$L_{tg}=0.2, U_{tg}=0.8$			$L_{tg}=0.1, U_{tg}=0.9$			$L_{tg}=0, U_{tg}=1$		
		θ_o^*	$a^{<1>*}$	$a^{<2>*}$	θ_o^*	$a^{<1>*}$	$a^{<2>*}$	θ_o^*	$a^{<1>*}$	$a^{<2>*}$
1	圆山大饭店	0.6824	0.8000	0.2000	0.6877	0.9000	0.1000	0.6886	0.9283	0.0717
2	国宾大饭店	0.6447	0.8000	0.2000	0.6449	0.8126	0.1874	0.6449	0.8126	0.1874
3	台北华国大饭店	0.6097	0.8000	0.2000	0.6228	0.9000	0.1000	0.6383	0.9937	0.0063

续表

DUM	酒店	$L_{tg}=0.2, U_{tg}=0.8$ θ_o^*	$a^{(1)*}$	$a^{(2)*}$	$L_{tg}=0.1, U_{tg}=0.9$ θ_o^*	$a^{(1)*}$	$a^{(2)*}$	$L_{tg}=0, U_{tg}=1$ θ_o^*	$a^{(1)*}$	$a^{(2)*}$
4	华泰王子大饭店	0.6458	0.8000	0.2000	0.6477	0.9000	0.1000	0.6486	0.9606	0.0394
5	国王大饭店	0.7561	0.8000	0.2000	0.7835	0.9000	0.1000	0.8550	1.0000	0.0000
6	豪景大酒店	0.6242	0.6568	0.3432	0.6242	0.6568	0.3432	0.6242	0.6568	0.3432
7	台北凯撒大饭店	0.7311	0.8000	0.2000	0.7346	0.9000	0.1000	0.7358	0.9442	0.0558
8	康华大饭店	0.7942	0.8000	0.2000	0.8047	0.9000	0.1000	0.8131	0.9945	0.0055
9	神旺大饭店	0.7034	0.8000	0.2000	0.7063	0.9000	0.1000	0.7076	0.9503	0.0497
10	兄弟大饭店	0.6176	0.8000	0.2000	0.6186	0.8360	0.1640	0.6186	0.8360	0.1640
11	三德大饭店	0.8459	0.8000	0.2000	0.8612	0.9000	0.1000	0.8647	0.9987	0.0013
12	亚都丽致大饭店	0.6455	0.2000	0.8000	0.6456	0.1000	0.9000	0.6457	0.0220	0.9780
13	国联大饭店	0.9305	0.8000	0.2000	0.9443	0.9000	0.1000	0.9942	0.9999	0.0001
14	台北寒舍喜来登饭店	0.7294	0.7445	0.2555	0.7294	0.7445	0.2555	0.7294	0.7445	0.2555
15	台北老爷大酒店	0.7176	0.8000	0.2000	0.7231	0.9000	0.1000	0.7262	0.9660	0.0340
16	福华大饭店	0.6837	0.8000	0.2000	0.6842	0.8837	0.1163	0.6842	0.8837	0.1163
17	台北君悦大饭店	0.4425	0.2000	0.8000	0.4444	0.1000	0.9000	0.4456	0.0234	0.9766
18	晶华酒店	0.7769	0.8000	0.2000	0.7793	0.8672	0.1328	0.7793	0.8672	0.1328
19	西华大饭店	0.7105	0.5000	0.5000	0.7105	0.5000	0.5000	0.7105	0.5000	0.5000
20	远东国际大饭店	0.7997	0.2000	0.8000	0.7999	0.1000	0.9000	0.8001	0.0221	0.9779
21	六福皇宫	0.8411	0.8000	0.2000	0.8671	0.9000	0.1000	0.8973	0.9972	0.0028
22	美丽信花园酒店	0.6786	0.8000	0.2000	0.6798	0.9000	0.1000	0.6806	0.9992	0.0008
23	华王大饭店	0.6359	0.2447	0.7553	0.6359	0.2447	0.7553	0.6359	0.2447	0.7553
24	华园大饭店	0.5615	0.8000	0.2000	0.5615	0.9000	0.1000	0.5626	0.9993	0.0007
25	高雄国宾大饭店	0.5725	0.2000	0.8000	0.5726	0.1000	0.9000	0.5727	0.0065	0.9935
26	汉来大饭店	0.6697	0.2000	0.8000	0.6700	0.1000	0.9000	0.6701	0.0229	0.9771
27	高雄福华大饭店	0.5904	0.5000	0.5000	0.5904	0.5000	0.5000	0.5904	0.5000	0.5000
28	高雄金典酒店	0.5779	0.7979	0.2021	0.5779	0.7979	0.2021	0.5779	0.7979	0.2021
29	寒轩国际大饭店	0.6096	0.8000	0.2000	0.6097	0.8247	0.1753	0.6097	0.8247	0.1753
30	丽尊大酒店	0.5527	0.8000	0.2000	0.5536	0.8502	0.1498	0.5536	0.8502	0.1498
31	全国大饭店	0.5053	0.7890	0.2110	0.5053	0.7890	0.2110	0.5053	0.7890	0.2110
32	通豪大饭店	0.5892	0.8000	0.2000	0.5893	0.8135	0.1865	0.5893	0.8135	0.1865
33	长荣桂冠酒店（台中）	0.5791	0.8000	0.2000	0.5796	0.8397	0.1603	0.5796	0.8397	0.1603

续表

DMU	酒店	$L_{tg}=0.2, U_{tg}=0.8$			$L_{tg}=0.1, U_{tg}=0.9$			$L_{tg}=0, U_{tg}=1$		
		θ_o^*	$a^{<1>*}$	$a^{<2>*}$	θ_o^*	$a^{<1>*}$	$a^{<2>*}$	θ_o^*	$a^{<1>*}$	$a^{<2>*}$
34	台中福华大饭店	0.5955	0.8000	0.2000	0.5967	0.8899	0.1101	0.5967	0.8899	0.1101
35	日华金典酒店	0.4594	0.2000	0.8000	0.4595	0.1000	0.9000	0.4595	0.0220	0.9780
36	统帅大饭店	0.5159	0.8000	0.2000	0.5160	0.8155	0.1845	0.5160	0.8155	0.1845
37	中信大饭店（花莲）	0.5449	0.8000	0.2000	0.5465	0.8764	0.1236	0.5465	0.8764	0.1236
38	美仑大饭店	0.6132	0.8000	0.2000	0.6150	0.9000	0.1000	0.6170	0.9905	0.0095
39	远雄悦来大饭店	0.6104	0.8000	0.2000	0.6130	0.9000	0.1000	0.6146	0.9818	0.0182
40	阳明山中国丽致大饭店	0.5693	0.3922	0.6078	0.5693	0.3922	0.6078	0.5693	0.3922	0.6078
41	涵碧楼大饭店	0.8964	0.8000	0.2000	0.8981	0.9000	0.1000	0.9072	0.9798	0.0202
42	日月潭云品酒店	0.6070	0.2000	0.8000	0.6070	0.1000	0.9000	0.6070	0.0220	0.9780
43	曾文山芙蓉渡假大饭店	0.8041	0.8000	0.2000	0.8556	0.9000	0.1000	0.9071	0.9999	0.0001
44	高雄圆山大饭店	0.5612	0.2000	0.8000	0.5956	0.1000	0.9000	0.6293	0.0020	0.9980
45	凯撒大饭店	0.7569	0.8000	0.2000	0.7628	0.9000	0.1000	0.7668	0.9990	0.0010
46	垦丁福华渡假饭店	0.6567	0.8000	0.2000	0.6569	0.8108	0.1892	0.6569	0.8108	0.1892
47	知本老爷大酒店	0.6493	0.5000	0.5000	0.6493	0.5000	0.5000	0.6493	0.5000	0.5000
48	太鲁阁晶英酒店	0.4711	0.8000	0.2000	0.4721	0.8566	0.1434	0.4721	0.8566	0.1434
49	礁溪老爷大酒店	0.7984	0.2000	0.8000	0.7989	0.1000	0.9000	0.7992	0.0220	0.9780
50	桃园大饭店	0.6064	0.4300	0.5700	0.6064	0.4300	0.5700	0.6064	0.4300	0.5700
51	大溪别馆	0.3192	0.8000	0.2000	0.3235	0.9000	0.1000	0.3309	0.9950	0.0050
52	新竹老爷大酒店	0.5814	0.8000	0.2000	0.5837	0.9000	0.1000	0.5852	0.9950	0.0050
53	新竹国宾大饭店	0.5866	0.2000	0.8000	0.5868	0.1000	0.9000	0.5868	0.0494	0.9506
54	耐斯王子大饭店	0.5011	0.5000	0.5000	0.5011	0.5000	0.5000	0.5011	0.5000	0.5000
55	台南大饭店	0.8981	0.2000	0.8000	0.9431	0.1000	0.9000	0.9870	0.0024	0.9976
56	大亿丽致酒店	0.6144	0.8000	0.2000	0.6148	0.8262	0.1738	0.6148	0.8262	0.1738
57	台糖长荣酒店（台南）	0.5256	0.2000	0.8000	0.5258	0.1000	0.9000	0.5260	0.0060	0.9940
58	娜路弯大酒店	0.5290	0.8000	0.2000	0.5291	0.9000	0.1000	0.5317	0.9992	0.0008

注：为保证数据的精确性，此表格保留小数点后四位。

酒店的整体效率最优值可能会受到配置比例 a_{tg} 区间的影响。例如，在上述三种不同区间的设定中，DMU 1 的整体效率随着区间不同而不同。当 L_{tg} = 0 且 U_{tg} = 1 时，DMU 1 的效率最优值为 0.8550，最优分配比例（$a^{(1)*}$，$a^{(2)*}$）= (0.9238,0.0717) ∈ [0,1]，且 (0.9238,0.0717) ∉ [0.2,0.8]。因此当 [L_{tg}, U_{tg}] = [0.2,0.8] 时，DMU 1 的最优效率仅为 0.6824，($a^{(1)*}$，$a^{(2)*}$) = (0.8,0.2)，表明此时的效率最优值为局部最优解。然而，DMU 6 的效率最优值一直为 0.6242，这是因为其最优分配比例（$a^{(1)*}$，$a^{(2)*}$）= (0.6568,0.3432) ∈ [0.2,0.8] ⊆ [0.1,0.9] ⊆ [0,1]，即其共享资源的最优配置比例同时满足三种区间设定。所以不同的配置比例最优值受到不同区间限制的影响不同，会决定酒店的整体效率是否随着区间不同而发生变化。

不同的酒店在共享资源的分配上偏好不同。例如，对于 DMU 5，效率值随着区间扩大而增加。当 [L_{tg}, U_{tg}] = [0.2,0.8] 时，其最优效率值 θ_5^* = 0.7561，配置比例最优为（$a^{(1)*}$，$a^{(2)*}$）= (0.8,0.2)。当 [L_{tg}, U_{tg}] = [0,1] 时，DMU 5 的效率最优值变为 0.8550，并且（$a^{(1)*}$，$a^{(2)*}$）= (1,0)。这说明将所有的营销费用分配给客房服务阶段，是使得 DMU 5 的绩效水平最高的最佳策略。DMU 13、22、24、43 和 58 的结果具有类似含义。反过来，DMU 44、49、55 和 57 的结果表明，将全部的营销费用投入到餐饮服务阶段可以达到最好的效率水平。对于 DMU 19、27、47 和 54，两个子流程的所占营销费用份额的最优值均为 50%，这意味着两个子流程对整体效率具有相同的影响。根据以上分析可见，如果将间隔设置为 [0,1]，可以为 DMU 提供最准确合理的资源配置方案。但是在实际的生产生活中，共享资源的分配比例可能不会完全只分给某一个子阶段，即管理决策者会设置一个非零限制的区间，以确保所有子阶段拥有基本的共享资源。因此，管理决策者需要根据不同的结果来制定区间。

四、分析小结

通过上述分析可以发现，影响资源配置结果准确性和稳定性的主要因素是变量 a_{tg} 的区间设定。从准确性的角度来说，结果是否准确应该结合现实情况进行动态判定。如果所有的共享资源都可以被分配到某一个部门中，那么当 a_{tg} 的区间设置为 [0,1] 时，得到的结果最准确。此时，如果在另外一种区间设定的情况下，得到的结果与[0,1]区间下得到结果不一致，则称结果的准确性较差。

从稳定性来说，通过本节所提出的模型得到的结果具有较好的稳定性。为了更好地证明这一结论，先给出以下三个定义。

定义7-1：效率改变率c_1=（区间[0.1,0.9]下的效率值÷区间[0.2,0.8]下的效率值-1）*100%

定义7-2：效率改变率c_2=（区间[0,1]下的效率值÷区间[0.1,0.9]下的效率值-1）*100%

定义7-3：效率平均改变率c_0=（c_1+c_2）÷2

在这58家酒店中，其中有48家的效率平均改变率c_0小于0.01，如表7-6所示。这48家酒店中有12家酒店的效率平均改变率c_0等于零。因此，在不同的a_{tg}区间情况下，大部分的酒店都保持有良好的稳定性。以DMU 6为例，其效率改变率c_1和c_2都是零，说明这三种不同的a_{tg}区间设定对于DMU 6的效率变化都没有影响。对于DMU 10，其效率改变率c_1=0.00162，c_2=0，说明DMU 10的效率主要受到区间[0.2,0.8]的影响；但是当区间被放松到[0.1,0.9]时，DMU 10的效率则稳定不变。在另外10家酒店中，只有三家的酒店的效率平均变化率c_0高于0.05，其中最高的为0.06375。对于DMU 5，其效率改变率c_2=0.09126是所有效率改变率中最大的，说明当区间从[0.1,0.9]扩展到[0,1]时的效率改变量最大，但是仍然不超过10%。

总的来说，通过本章所提出的方法获得的资源配置结果，在不同实际情况的都具有较好的准确性和稳定性。

表7-6 效率变化比例

DMU	酒店	c_1	c_2	c_0
1	圆山大饭店	0.777%	0.131%	0.454%
2	国宾大饭店	0.031%	0.000%	0.016%
3	台北华国大饭店	2.149%	2.489%	2.319%
4	华泰王子大饭店	0.294%	0.139%	0.217%
5	国王大饭店	3.624%	9.126%	6.375%
6	豪景大酒店	0.000%	0.000%	0.000%

续表

DMU	酒店	c_1	c_2	c_0
7	台北凯撒大饭店	0.479%	0.163%	0.321%
8	康华大饭店	1.322%	1.044%	1.183%
9	神旺大饭店	0.412%	0.184%	0.298%
10	兄弟大饭店	0.162%	0.000%	0.081%
11	三德大饭店	1.809%	0.406%	1.108%
12	亚都丽致大饭店	0.015%	0.015%	0.015%
13	国联大饭店	1.483%	5.284%	3.384%
14	台北寒舍喜来登饭店	0.000%	0.000%	0.000%
15	台北老爷大酒店	0.766%	0.429%	0.598%
16	福华大饭店	0.073%	0.000%	0.037%
17	台北君悦大饭店	0.429%	0.270%	0.350%
18	晶华酒店	0.309%	0.000%	0.154%
19	西华大饭店	0.000%	0.000%	0.000%
20	远东国际大饭店	0.025%	0.025%	0.025%
21	六福皇宫	3.091%	3.483%	3.287%
22	美丽信花园酒店	0.177%	0.118%	0.147%
23	华王大饭店	0.000%	0.000%	0.000%
24	华园大饭店	0.000%	0.196%	0.098%
25	高雄国宾大饭店	0.017%	0.017%	0.017%
26	汉来大饭店	0.045%	0.015%	0.030%
27	高雄福华大饭店	0.000%	0.000%	0.000%
28	高雄金典酒店	0.000%	0.000%	0.000%
29	寒轩国际大饭店	0.016%	0.000%	0.008%
30	丽尊大酒店	0.163%	0.000%	0.081%
31	全国大饭店	0.000%	0.000%	0.000%
32	通豪大饭店	0.017%	0.000%	0.009%
33	长荣桂冠酒店（台中）	0.086%	0.000%	0.043%

续表

DMU	酒店	c_1	c_2	c_0
34	台中福华大饭店	0.202%	0.000%	0.101%
35	日华金典酒店	0.022%	0.000%	0.011%
36	统帅大饭店	0.019%	0.000%	0.010%
37	中信大饭店（花莲）	0.294%	0.000%	0.147%
38	美仑大饭店	0.294%	0.325%	0.309%
39	远雄悦来大饭店	0.426%	0.261%	0.343%
40	阳明山中国丽致大饭店	0.000%	0.000%	0.000%
41	涵碧楼大饭店	0.190%	1.013%	0.601%
42	日月潭云品酒店	0.000%	0.000%	0.000%
43	曾文山芙蓉渡假大饭店	6.405%	6.019%	6.212%
44	高雄圆山大饭店	6.130%	5.658%	5.894%
45	凯撒大饭店	0.779%	0.524%	0.652%
46	垦丁福华渡假饭店	0.030%	0.000%	0.015%
47	知本老爷大酒店	0.000%	0.000%	0.000%
48	太鲁阁晶英酒店	0.212%	0.000%	0.106%
49	礁溪老爷大酒店	0.063%	0.038%	0.050%
50	桃园大饭店	0.000%	0.000%	0.000%
51	大溪别馆	1.347%	2.287%	1.817%
52	新竹老爷大酒店	0.396%	0.257%	0.326%
53	新竹国宾大饭店	0.034%	0.000%	0.017%
54	耐斯王子大饭店	0.000%	0.000%	0.000%
55	台南大饭店	5.011%	4.655%	4.833%
56	大亿丽致酒店	0.065%	0.000%	0.033%
57	台糖长荣酒店（台南）	0.038%	0.038%	0.038%
58	娜路弯大酒店	0.019%	0.491%	0.255%

<<< 第七章 考虑共享资源的混合系统资源配置

本章小结

本章针对含有共享资源和非同质并联子系统的混合系统，提出了效率评价与资源配置模型，并将模型应用于 58 家中国台湾国际旅游酒店的资源计划制订问题中。本章详细分解了酒店系统的混合结构特点，同时还考虑了其共享资源、非同质子系统等更为细致的附加特征。总的来说，本章在系统结构的刻画上较为细致，在模型的构建上具有针对性，可以很好地解决酒店资源计划制订的实际问题。本章虽然与第六章均探究了中国台湾酒店的资源配置问题，但是第六章是从连锁酒店及其分店的整体系统特征出发，而本章则更关注与每一个酒店内部的细致结构特征，在拆解系统结构、构建理论模型以及解决实际问题等部分都不存在交叉重叠现象。

第八章

交互网络系统资源配置

第一节 引 言

资源配置被定义为在各个项目或业务部门之间分配可用资源（例如人力资源）以实现未来发展目标的特殊过程（Wu 和 An，2012）。在大多数情况下，资源识别和分配不当是造成资源利用不佳的主要原因（Salo 等，2011），如何正确有效地分配资源是企业管理中的重要问题。目前，资源配置已成为企业管理者和研究人员感兴趣的问题。一个好的资源配置方案体现在帮助管理者实现成本最小化或利润最大化。例如，如果将资源用于以最低成本生产能够满足消费者需求的目标商品和服务，则资源得到最佳配置。更高的生产绩效意味着实现给定的产出目标（商品和服务）所消耗的资源更少或使用有限的资源获得的产出更多。本文将采用 DEA 方法从效率的角度来分配资源。DEA 可以评估一组同质决策单元的效率，其不需要对投入和产出之间的潜在关系进行任何事先假设（Cook 和 Seiford，2009；Bi 等，2012；Liang 等，2015；Yu 等，2016）。DEA 除了可以对系统进行效率评估之外，还可以为决策者制订资源配置方案提供一些建议。

到目前为止，大多数基于 DEA 的资源配置研究都集中于单系统。Golany 等（1993）提出了一个目标设定模型来分配资源，该模型考虑了整个组织的目标。Karabati 等（2001）研究了具有 min – max – sum 目标函数的离散资源配置问题。Basso 和 Peccati（2001）提出了一种考虑最小和最大激活水平以及固定成本的动态规划算法来实现资源的最佳配置。Beasley（2003）建立了资源配置模型以最大化所有决策单元的总效率。Korhonen 和 Syrjänen（2004）提出了一种基于 DEA 和多目标线性规划的交互式方法来寻找最优的资源配置方案。Yan 等（2002）建立了具有偏好锥的逆 DEA 模型，并将其应用于家电集团的资源配置。Hadi-Vencheh 等（2008）构建了一个资源配置的逆 DEA 模型来估计产出增加时投入的需求增量。Amireimoori 和 Tabard（2010）提出了一种基于 DEA 的方法来分配固定资源，同时确定产出目标。Wu 等（2013）基于考虑非期望产出的 DEA 模型研究了三种情形下的资源配置问题。Yang 和 Zhang（2015）采用基于改进 Shapley 值的 DEA 方法来确定分配给每个决策单元的资源的比例。Fang（2015）提出了集中决策情形下的资源配置方法，集中决策者可以获得一系列中间基准目标，以指导决策单元达到最终目标。Feng 等（2015）从集中的角度出发，使用 DEA 方法来获得碳减排配置方案。根据现有的文献，基于 DEA 的资源配置研究可以分为两类：一类假定 DMU 的效率设置为某个值或无法更改，例如 Korhonen 和 Syrjänen（2004），Yan 等（2002），Hadi-Vencheh 等（2008）。此类研究大多采用逆 DEA 来获得决策单元投入和效率水平提高（降低）或保持不变时的产出（Yan 等，2002）。另一类假设决策单元的效率可变，例如 Beasley（2003），Korhonen 和 Syrjänen（2004），Fang（2015），Feng 等（2015）。这类研究通常假定（弱）帕累托效率来分配资源以获得最大产出。在本章中，我们假设决策单元可以通过改变自身效率来实现有效，因为我们试图通过基于所有决策单元原始投入和产出数据构建的前沿技术来分配资源以最大化决策单元的预期收益。

上述文献将系统的内部生产过程视为"黑箱"，这可能低估了系统的无效性并导致分配不合理。为了打开"黑箱"，网络 DEA 方法被提出并得到广泛的研究。到目前为止，许多网络 DEA 模型被提出（Cook 等，2010；Halkos 等，2014）。现有的网络 DEA 方法可分为三类：第一类是串联结构 DEA 方法，它评估与中间产物相关的具有两个或多个内部过程的决策单元（Chen 和 Zhu，2004；Kao 和 Hwang，2008；Liu 和 Lu，2012；Sahoo 等，2014；Wu 等，2017；An 等，2017）。第二类是并联结构 DEA 方法（Kao，2009；Kao 和 Huang，2010；Kao，2012；Du 等，2014）。在并联结构中，各个阶段相互平行运行，本章侧重研究这种结构的系统。第三类是混合结构 DEA 方法，研究对象是同时具有并联和串联单元的系统（Lewis and Sexton，2004；Chen and Yan，2011）。现有的研究主要关注网络系统的效率测量，而较少关注系统的资源配置问题。目前，只有 Bi

等（2011）和 Yu 等（2016）对网络系统的资源配置问题进行了研究，前者研究了并联系统中的资源配置问题，后者研究了两阶段网络系统中的固定成本分摊问题。但是，这两个研究均不适用于双向交互系统。

在现实中，有许多组成部分是在双向交互关系下运行的并联系统。例如，某大型企业中的一些生产工厂，一个工厂可能向另一工厂提供一些零件（或产品），而另一工厂也可能向该工厂提供一些零件（或产品）。这种现象存在于经济实体的不同部门中。例如，2007 年，中国的信息传输、计算机服务及软件业向金融业提供了约 4934.95 亿元的产品和服务。同时，金融业为信息传输、计算机服务及软件业提供产品和服务约 138882.30 万元。本章主要研究一个简单但具有代表性的并联系统的资源配置问题，该系统具有两个交互的组成部分，每个组成部分使用相同的投入来产生相同的产出，系统内部存在将两个组件联系起来的中间物。尽管该系统很简单，但它包含了交互式并联系统的重要属性，因此我们基于该系统提出的方法可以轻松扩展以解决类似系统的资源分配问题。

第二节　交互式并联系统结构

本节将介绍需要研究的并联系统的结构，该并联系统中两个子单元（subDMU）并非独立运行，而是具有双向交互关系：一个 subDMU 将自己的部分产出投资给另一个 subDMU，同时消耗另一个 subDMU 的一些产出。此交互式并联系统如图 8-1 所示。为了简便且不失一般性，假设投入是要分配的资源，产出最大化是目标。

假设有 n 个 DMUs 需要评估。每个 DMU 包含两个并联组成部分：subDMU1 和 subDMU2。对于 $DMU_j(j = 1, \cdots, n)$，subDMU1 使用投入 X_j^1 和 subDMU2 的产出 Z_j^{21} 来生产 Z_j^{12} 和 Y_j^1。subDMU2 使用投入 X_j^2 和 subDMU1 的产出 Z_j^{12} 来生产 Z_j^{21} 和 Y_j^2。Z_j^{12} 和 Z_j^{21} 为 DMU_j 的中间产物（或链接值），$X_j^1 \geq 0$，$X_j^2 \geq 0$，$Z_j^{21} \geq 0$，$Z_j^{12} \geq 0$，$Y_j^1 \geq 0$，$Y_j^2 \geq 0$，并且每个向量必须至少具有一个正元素。注意"0"是零向量，并且由对应的不等式左边的向量的维度来决定。为

了便于说明，假设 X_j^1 和 X_j^2 具有相同的投入指标，Y_j^1 和 Y_j^2 具有相同的产出指标。X_j 表示两个 subDMU 可使用的资源。当将系统的内部生产视为"黑箱"时，我们可以将 DMU_j 的生产过程视为将投入 $X_j(X_j^1, X_j^2)$ 一步转换为"最终"产出 $Y_j(Y_j^1, Y_j^2)$。

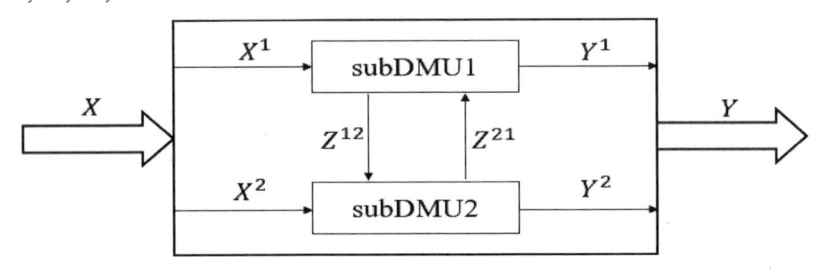

图 8-1 双向交互式并联系统结构

图 8-1 中的交互式并联系统的生产可能集可以定义为：

$$\sum_{j=1}^{n} \lambda_j^1 y_{jr}^1 \geq y_r^1, \ r = 1, \cdots, s. \quad (8-1)$$

$$\sum_{j=1}^{n} \lambda_j^1 x_{ji}^1 \leq x_i^1, \ i = 1, \cdots, m.$$

$$\sum_{j=1}^{n} \lambda_j^2 y_{jr}^2 \geq y_r^2, \ r = 1, \cdots, s.$$

$$\sum_{j=1}^{n} \lambda_j^2 x_{ji}^2 \leq x_i^2, \ i = 1, \cdots, m.$$

$$\sum_{j=1}^{n} \lambda_j^1 z_{jp}^{12} \geq \sum_{j=1}^{n} \lambda_j^2 z_{jp}^{12}, \ p = 1, \cdots, h.$$

$$\sum_{j=1}^{n} \lambda_j^1 z_{jq}^{21} \leq \sum_{j=1}^{n} \lambda_j^2 z_{jq}^{21}, \ q = 1, \cdots, t.$$

$$\sum_{j=1}^{n} \lambda_j^1 = 1, \ \sum_{j=1}^{n} \lambda_j^2 = 1.$$

$$\lambda_j^1, \lambda_j^2 \geq 0, \ j = 1, \cdots, n.$$

λ_j^1 和 λ_j^2 分别为 subDMU 1 和 subDMU 2 的强度向量。上述生产可能集假定规模收益可变，第 7 个约束确保生产处于可变的规模收益下。我们可以通过删除该约束来实现规模收益不变。第 5 个和第 6 个约束用于连接两个 subDMU，其中，第 5 个约束可看作是对投资给 subDMU2 的 subDMU1 的产出的约束，而第 6 个约束可以看作是投资给 subDMU1 的 subDMU2 的产出的约束。本节没有使用 Tone 和 Tsutsui（2009，2014）的等式约束 $\sum_{j=1}^{n} \lambda_j^1 z_{jp}^{12} = \sum_{j=1}^{n} \lambda_j^2 z_{jp}^{12}$ 和 $\sum_{j=1}^{n} \lambda_j^1 z_{jq}^{21} = \sum_{j=1}^{n} \lambda_j^2 z_{jq}^{21}$，因为 Fukuyama 和 Mirdehghan（2012）指出：当本节寻求 DMU 及其部门的效率状况时，等式约束会忽略中间产品的松弛。本节的研究目标是在决策单元的效率可以提升至有效的前提下，利用现有的投入资源实现产出最大化。因此，我们遵循 Fukuyama 和 Mirdehghan（2012）的方法，通过第 5 个和第 6 个约束来构造两个 subDMU 间的连接。

如果连接活动保持不变，即这些活动是不可任意改变的，可用下列固定连接代替自由连接约束 5 和约束 6。

$$\sum_{j=1}^{n} \lambda_j^1 z_{jp}^{12} \geq z_p^{12}, \ p = 1, \cdots, h. \tag{8-2}$$

$$\sum_{j=1}^{n} \lambda_j^2 z_{jp}^{12} \leq z_p^{12}, \ p = 1, \cdots, h.$$

$$\sum_{j=1}^{n} \lambda_j^1 z_{jq}^{21} \geq z_q^{21}, \ q = 1, \cdots, t.$$

$$\sum_{j=1}^{n} \lambda_j^2 z_{jq}^{21} \leq z_q^{21}, \ q = 1, \cdots, t.$$

在这种情况下，中间产品超出了决策单元的控制范围，它的值固定在初始水平。第 1 个和第 2 个约束分别为对 subDMU1 的产出和 subDMU1 的投入的约束。第 3 个和第 4 个约束可以分别看作是对 subDMU2 的产出和 subDMU2 的投入的约束。本章所提出的 DEA 模型都假设连接活动是自由确定的。该模型扩展到固定连接很容易，后文将不再赘述。

为了进行比较，我们考虑将内部视为"黑箱"的情形，此时系统的生产可能集可表示为：

$$\left\{ (x,y) \ \middle| \ \begin{array}{l} \sum_{j=1}^{n} \lambda_j (x_{ji}^1 + x_{ji}^2) \leq x_i, \ i = 1, \cdots, m \\ \sum_{j=1}^{n} \lambda_j (y_{jr}^1 + y_{jr}^2) \geq y_r, \ r = 1, \cdots, s \end{array} \right\} \tag{8-3}$$

假设 $x_{ji} = x_{ji}^1 + x_{ji}^2$ 和 $y_{jr} = y_{jr}^1 + y_{jr}^2$,那么上述生产可能集可简化为

$$\left\{ (x,y) \mid \begin{array}{l} \sum_{j=1}^n \lambda_j x_{ji} \leq x_i, i = 1,\cdots,m \\ \sum_{j=1}^n \lambda_j y_{jr} \geq y_r, r = 1,\cdots,s \end{array} \right\}$$

。显然,这是传统 CCR 模型的生产可能集。

第三节 交互式并联系统资源配置方法

本节首先研究一个 DMU 如何将自己的资源分配到其两个 subDMU 中,以通过有限的资源获得最大的产出。然后,本节研究如何将总资源分配给每个 DMU 的两个 subDMU,以便通过有限的资源生产最大的产出。

一、单个 DMU 的资源配置

本部分基于由所有 DMU 的原始投入和产出数据构建的前沿技术来最大化产出。因此,下面描述的模型基于产出导向。本节将考虑两种情况下的资源配置:一种是集中模式,另一种是分散模式。

(一) 集中模式下的 DEA 模型

在集中模式下,DMU 的两个 subDMU 建立合作来分配资源以使总的预期收益最大。模型 (8-4) 可用于在两个 subDMU 之间分配可用资源 x_{0i}。

$$\begin{aligned}
\max \quad & \delta \quad (8-4)\\
\text{s. t.} \quad & y_{0r}^{01} + y_{0r}^{02} \geq \delta(y_{0r}^1 + y_{0r}^2), r = 1,\cdots,s.\\
& \sum_{j=1}^n \lambda_j^1 y_{jr}^1 \geq y_{0r}^{01}, r = 1,\cdots,s.\\
& \sum_{j=1}^n \lambda_j^1 x_{ji}^1 \leq x_{0i}^{01}, i = 1,\cdots,m.\\
& \sum_{j=1}^n \lambda_j^2 y_{jr}^2 \geq y_{0r}^{02}, r = 1,\cdots,s.\\
& \sum_{j=1}^n \lambda_j^2 x_{ji}^2 \leq x_{0i}^{02}, i = 1,\cdots,m.
\end{aligned}$$

$$\sum_{j=1}^{n} \lambda_j^1 z_{jp}^{12} \geq \sum_{j=1}^{n} \lambda_j^2 z_{jp}^{12}, \ p = 1, \cdots, h.$$

$$\sum_{j=1}^{n} \lambda_j^1 z_{jq}^{21} \leq \sum_{j=1}^{n} \lambda_j^2 z_{jq}^{21}, \ q = 1, \cdots, t.$$

$$x_{0i}^{01} + x_{0i}^{02} \leq x_{0i}, \ i = 1, \cdots, m.$$

$$\sum_{j=1}^{n} \lambda_j^1 = 1, \sum_{j=1}^{n} \lambda_j^2 = 1.$$

$$\lambda_j^1, \lambda_j^2, x_{0i}^{01}, x_{0i}^{02}, y_{0r}^{01}, y_{0r}^{02}, \delta \geq 0$$

x_{0i} 是 DMU$_0$ 可消耗的资源，是一个常量。当 x_{0i} 等于实际投入 x_{0i}^1 和 x_{0i}^2 的总和时，上述分配问题可以视为资源再分配问题。变量 x_{0i}^{01} 和 x_{0i}^{02} 代表应分配给 DMU$_0$ 的 subDMU1 和 subDMU2 的资源。变量 y_{0r}^{01} 和 y_{0r}^{02} 代表由 subDMU1 和 subDMU2 生产的潜在期望产出。λ_j^1 和 λ_j^2 与模型（8-1）中的含义相同。第 8 个约束将总资源消耗限制在其可用资源范围内。将模型（8-4）的最优值记为 δ^*，它意味着通过使用有限的资源 x_{0i} 生产的最大期望产出。由于在两个 subDMU 之间重新分配了 DMU$_0$ 的资源，所以新的期望产出 y_{0r}^{01}（或 y_{0r}^{02}）可能大于原始产出 y_{0r}^1（或 y_{0r}^2）。该期望产量处于生产可能集中，因为它必须满足第 2 到 7 个约束。由于第 9 个约束的存在，上述模型假设生产规模收益可变，即生产前沿由现有 DMU 的凸包所构成。如果省略最后一个约束，则可以得到规模收益不变的模型。

为了进行比较，将系统的内部生产过程视为"黑箱"时，根据公式（8-3）中的生产可能集，可通过以下模型求解相应的最大期望产出。

max δ

s.t. $\sum_{j=1}^{n} \lambda_j (x_{ji}^1 + x_{ji}^2) \leq x_{0i}, \ i = 1, \cdots, m.$ (8-5)

$$\sum_{j=1}^{n} \lambda_j (y_{jr}^1 + y_{jr}^2) \geq \delta(y_{0r}^1 + y_{0r}^2), \ r = 1, \cdots, s.$$

$$\sum_{j=1}^{n} \lambda_j = 1.$$

$$\lambda_j \geq 0, \ j = 1, \cdots, n.$$

$x_{0i}, x_{ji}^1, x_{ji}^2, y_{jr}^1, y_{jr}^2$ 与模型（8-4）中的含义相同。另 $x_{ji} = x_{ji}^1 + x_{ji}^2$ 和 $y_{jr} = y_{jr}^1 + y_{jr}^2$，则模型（8-5）是传统的 CCR 模型。最优值 δ^* 表示在这种情况下可

以实现的最大产出。

通过比较模型（8-4）和模型（8-5），可得以下定理。

定理8-1：模型（8-4）的最优值 δ^* 不小于模型（8-5）的最优值 δ^*。

证明：假定 $\lambda_j^*, \delta^* (j=1,\cdots,n)$ 是模型（8-5）的最优解，令 $\lambda_j^1 = \lambda_j^2 = \lambda_j^*$，$\delta = \delta^*$。另外，令 $x_{0i}^{01} = \sum_{j=1}^n \lambda_j^* x_{ji}^1$，$x_{0i}^{02} = \sum_{j=1}^n \lambda_j^* x_{ji}^2$，$y_{0r}^{01} = \sum_{j=1}^n \lambda_j^* y_{jr}^1$，$y_{0r}^{02} = \sum_{j=1}^n \lambda_j^* y_{jr}^2$。那么模型（8-4）的第2个到第7个约束一定满足，因为 λ_j^*, δ^* 是模型（8-5）的最优解，则 $\sum_{j=1}^n \lambda_j^* (x_{ji}^1 + x_{ji}^2) \leq x_{0i}$。因此，$x_{0i}^{01} + x_{0i}^{02} = \sum_{j=1}^n \lambda_j^* x_{ji}^1 + \lambda_j^* x_{ji}^2$ 不会大于 x_{0i}，模型（8-4）的第8个约束成立。δ 是变量，并且 $y_{0r}^{01} + y_{0r}^{02} = \sum_{j=1}^n \lambda_j^* y_{jr}^1 + \lambda_j^* y_{jr}^2$，显然模型（8-4）的第1个约束也一定满足。因此，$(\lambda_j^1, \lambda_j^2, \delta^*)$ 必定是模型（8-4）的一个解。由于两个模型的目标函数均是最大化 δ，因此模型（8-4）的最优值一定不小于模型（8-5）的最优值。

该定理表明，当我们考虑系统内部结构时，通过资源配置至少可以获得相同的期望产出。

（二）分散模式下的 DEA 模型

本部分使用非合作方法（领导者—跟随者模型）分析分散模式下的交互式并联网络结构系统。我们将考虑以下两种情况：在第一种情况下，subDMU1 为领导者，subDMU2 为跟随者。在第二种情况下，subDMU2 为领导者，subDMU1 为跟随者。

首先给出用于分配可用资源 x_{0i} 的多目标规划模型：

$$\max \quad \delta^1 \qquad (8-6)$$
$$\max \quad \delta^2$$
$$\text{s.t.} \quad \sum_{j=1}^n \lambda_j^1 y_{jr}^1 \geq \delta^1 y_{0r}^1, \quad r = 1,\cdots,s.$$
$$\sum_{j=1}^n \lambda_j^1 x_{ji}^1 \leq x_{0i}^{01}, \quad i = 1,\cdots,m.$$

$$\sum_{j=1}^{n} \lambda_j^2 y_{jr}^2 \geq \delta^2 y_{0r}^2, \ r = 1, \cdots, s.$$

$$\sum_{j=1}^{n} \lambda_j^2 x_{ji}^2 \leq x_{0i}^{02}, \ i = 1, \cdots, m.$$

$$\sum_{j=1}^{n} \lambda_j^1 z_{jp}^{12} \geq \sum_{j=1}^{n} \lambda_j^2 z_{jp}^{12}, \ p = 1, \cdots, h.$$

$$\sum_{j=1}^{n} \lambda_j^1 z_{jq}^{21} \leq \sum_{j=1}^{n} \lambda_j^2 z_{jq}^{21}, \ q = 1, \cdots, t.$$

$$x_{0i}^{01} + x_{0i}^{02} \leq x_{0i}, \ i = 1, \cdots, m.$$

$$\sum_{j=1}^{n} \lambda_j^1 = 1, \sum_{j=1}^{n} \lambda_j^2 = 1.$$

$$\lambda_j^1, \lambda_j^2, x_{0i}^{01}, x_{0i}^{02} \geq 0, \ j = 1, \cdots, n; i = 1, \cdots, m.$$

上述模型有两个目标函数。为求解该模型，本节基于两个 subDMU 之间的领导者—跟随者关系给出两种方法。

1. SubDMU1 作为领导者，subDMU2 作为跟随者

作为领导者，subDMU1 在生产可能集的约束下具有使自身产出最大化的优先权。假设 δ^{1*} 是 subDMU1 通过资源分配获得的最大期望产出，保持领导者 subDMU 1 的期望产出，我们获得 subDMU 2 的最大产出 δ^{2*}。算法如下：

步骤1：用最大化 δ^1 的单目标函数替换模型（8-6）的目标函数。

步骤2：求解模型以获得最优值 δ^{1*}。

步骤3：在保持 δ^{1*} 的情形下使用模型（8-7）最大化 δ^2。

$$\max \quad \delta^2 \tag{8-7}$$

s. t. $\sum_{j=1}^{n} \lambda_j^1 y_{jr}^1 \geq \delta^{1*} y_{0r}^1, \ r = 1, \cdots, s.$

$$\sum_{j=1}^{n} \lambda_j^1 x_{ji}^1 \leq x_{0i}^{01}, \ i = 1, \cdots, m.$$

$$\sum_{j=1}^{n} \lambda_j^2 y_{jr}^2 \geq \delta^2 y_{0r}^2, \ r = 1, \cdots, s.$$

$$\sum_{j=1}^{n} \lambda_j^2 x_{ji}^2 \leq x_{0i}^{02}, \ i = 1, \cdots, m.$$

$$\sum_{j=1}^{n} \lambda_j^1 z_{jp}^{12} \geq \sum_{j=1}^{n} \lambda_j^2 z_{jp}^{12}, \ p = 1, \cdots, h.$$

$$\sum_{j=1}^{n} \lambda_j^1 z_{jq}^{21} \leq \sum_{j=1}^{n} \lambda_j^2 z_{jq}^{21}, \ q = 1, \cdots, t.$$

$$x_{0i}^{01} + x_{0i}^{02} \leqslant x_{0i}, \ i = 1, \cdots, m.$$

$$\sum_{j=1}^{n} \lambda_j^1 = 1, \ \sum_{j=1}^{n} \lambda_j^2 = 1.$$

$$\lambda_j^1, \lambda_j^2, x_{0i}^{01}, x_{0i}^{02} \geqslant 0, \ j = 1, \cdots, n; i = 1, \cdots, m.$$

2. SubDMU2 为领导者，subDMU1 为跟随者

类似地，当 subDMU2 为领导者时，用最大化 δ^2 的目标函数替换（8-6）的目标函数，通过求解模型（8-6）可以得出 subDMU2 的最大期望产出 δ^{2*}。保持 subDMU2 的期望产出，进一步优化 subDMU1 的期望产出。

二、集中决策下所有 DMU 的资源配置

假设所有 DMU 都受集中决策者的控制。作为集中决策者，他/她应决定如何将总资源分配给每个 DMU 的两个 subDMU，以便通过有限的资源获得最大的产出。

由于这种情况与单个的情况大不相同，因此，本部分将详细说明集中决策者的规划问题：

max　　δ

约束：

所有 DMU 的可变投入约束 (8-8)

$$\sum_{j=1}^{n} \lambda_j^{k1} x_{ji}^1 \leqslant x_{ki}^{k1}, \ i = 1, \cdots, m; k = 1, \cdots, n.$$

$$\sum_{j=1}^{n} \lambda_j^{k2} x_{ji}^2 \leqslant x_{ki}^{k2}, \ i = 1, \cdots, m; k = 1, \cdots, n.$$

总资源约束

$$\sum_{k=1}^{n} (x_{ki}^{k1} + x_{ki}^{k2}) \leqslant x_i, \ i = 1, \cdots, m.$$

所有 DMU 的可变产出约束

$$\sum_{j=1}^{n} \lambda_j^{k1} y_{jr}^1 \geqslant y_{kr}^{k1}, k = 1, \cdots, n; r = 1, \cdots, s.$$

$$\sum_{j=1}^{n} \lambda_j^{k2} y_{jr}^2 \geqslant y_{kr}^{k2}, k = 1, \cdots, n; r = 1, \cdots, s.$$

$$\sum_{k=1}^{n} y_{kr}^{k1} + \sum_{k=1}^{n} y_{kr}^{k2} \geqslant \delta (\sum_{k=1}^{n} y_{kr}^1 + y_{kr}^2), k = 1, \cdots, n; r = 1, \cdots, s.$$

所有 DMU 的中间产物约束

$$\sum_{j=1}^{n} \lambda_j^{k1} z_{jp}^{12} \geqslant \sum_{j=1}^{n} \lambda_j^{k2} z_{jp}^{12}, k = 1,\cdots,n; p = 1,\cdots,h.$$

$$\sum_{j=1}^{n} \lambda_j^{k1} z_{jp}^{21} \leqslant \sum_{j=1}^{n} \lambda_j^{k2} z_{jp}^{21}, k = 1,\cdots,n; p = 1,\cdots,h.$$

规模收益约束

$$\sum_{j=1}^{n} \lambda_j^{k1} = 1, \sum_{j=1}^{n} \lambda_j^{k2} = 1, k = 1,\cdots,n$$

$$\lambda_j^{k1}, \lambda_j^{k2}, x_{ki}^{k1}, x_{ki}^{k1}, y_{kr}^{k1}, y_{kr}^{k1} \geqslant 0, j = 1,\cdots,n; k = 1,\cdots,n; i = 1,\cdots,m; r = 1,\cdots,s.$$

$x_{ji}^1, x_{ji}^2, y_{jr}^1, y_{jr}^2$ 是常量，与模型 (8-4) 中的含义相同。变量 x_{ki}^{k1} 和 x_{ki}^{k2} 表示决策者应该分配给 DMU$_k$ 的 subDMU 1 和 subDMU 2 的第 i 种资源的数量。变量 y_{kr}^{k1} 和 y_{kr}^{k2} 表示决策者从 DMU$_k$ 的 subDMU 1 和 subDMU 2 获得的第 r 个期望产出的量。λ_j^{k1} 和 λ_j^{k2} 是 DMU$_k$ 的 subDMU 1 和 subDMU 2 相对应的强度向量。x_i 代表集中决策者分配给所有决策单元的 subDMU 的总的可用资源，它是常量。

若将内部生产过程视为"黑箱"，则决策者将通过以下模型分配资源：

$$\max \delta \tag{8-9}$$

$$\text{s.t.} \sum_{j=1}^{n} \lambda_j^k (y_{kr}^1 + y_{kr}^2) \geqslant y_{kr}, r = 1,\cdots,s.$$

$$\sum_{j=1}^{n} \lambda_j^k (x_{ki}^1 + x_{ki}^2) \leqslant x_{ki}, i = 1,\cdots,m.$$

$$\sum_{j=1}^{n} y_{kr} \geqslant \delta \sum_{j=1}^{n} (y_{kr}^1 + y_{kr}^2), r = 1,\cdots,s$$

$$\sum_{j=1}^{n} x_{ki} \leqslant x_i, i = 1,\cdots,m.$$

$$\sum_{j=1}^{n} \lambda_j^k = 1, k = 1,\cdots,n.$$

$$\lambda_j^k, x_{ki}, y_{kr} \geqslant 0, j = 1,\cdots,n; k = 1,\cdots,n.$$

$x_i, x_{ki}^1, x_{ki}^2, y_{kr}^1, y_{kr}^2$ 的含义与模型 (8-8) 中的含义相同。变量 x_{ki} 代表集中决策者应该分配给 DMU$_k$ 的第 i 个投入的数量。y_{kr} 变量代表 DMU$_k$ 的第 r 个期望产出量。模型 (8-9) 与 Wu 和 An (2012) 以及 Korhonen 和 Syrjänen (2004) 使用多个期望产出 $y_r = \sum_{k=1}^{n} y_{kr} (r = 1,\cdots,s)$ 作为多目标函数的研究类似。

基于模型（8-8）和模型（8-9），可得到以下定理。

定理8-2：模型（8-8）的最优值 δ^* 一定不小于模型（8-9）的最优值 δ^*。

证明：令 λ_j^{k*}, δ^* $(j=1,\cdots,n;k=1,\cdots,n)$ 是模型（8-9）的最优解，$\lambda_j^{k1} = \lambda_j^{k2} = \lambda_j^{k*}$, $\delta = \delta^*$, $x_{ki}^{k1} = \sum_{j=1}^{n} \lambda_j^{k*} x_{ji}^1$, $x_{ki}^{k2} = \sum_{j=1}^{n} \lambda_j^{k*} x_{ji}^2$, $y_{kr}^{k1} = \sum_{j=1}^{n} \lambda_j^{k*} y_{jr}^1$, $y_{kr}^{k2} = \sum_{j=1}^{n} \lambda_j^{k*} y_{jr}^2$。根据定理8-1中的类似证明，我们可以得出（$\lambda_j^{k1}, \lambda_j^{k2}, \delta^*$）一定是模型（8-8）的解。由于这两个模型的目标函数都是最大化 δ，因此模型（8-8）的最优值一定不小于模型（8-9）的最优值。

第四节 实例分析

本节将研究两个双向交互的中国行业间的资源配置问题：分别为金融行业（Financial industry，FI）和建筑行业（construction industry，CI）。选择这两个行业是因为金融行业和建筑行业之间存在很强的互动关系：为了持续发展，建筑行业需要由金融行业提供的资金，同时它提供支持金融行业的设施。而金融行业向建筑行业提供债务或服务以获取利息和服务费，同时它需要建筑业的设施。这两个行业是交互且互相合作的。根据2007年中国的投入产出数据，中国金融行业为中国建筑行业创造了约54913960千元人民币的流动价值，而中国建筑行业向中国金融行业投入了2482370千元人民币。为了详细分析每个省（市），我们从2007年中国各省（市）的投入产出表中收集了每个省（市）的投入产出数据。此外，由于本节只关注中国的金融和建筑两个行业，为便于说明，本节忽略其他行业与金融行业（或建筑行业）之间的相互作用，尽管这可能会影响金融行业（或建筑行业）的产出。根据投入产出表，每个行业选择的投入是工人的报酬（RW），净产品税（NPT），固定资产折旧（FA），营业盈余（OS）；选择的产出是最终总效用（TFU），它是最终消费支出、总资本形成和流出的总和。净产品税（NPT）是指生产的净税，它等于企业经营活动中所有税费和附加费的总和减去生产补贴。中间产出是分别从金融行业流向建筑行业、从金融行业流向建筑行业的两个链接流。我们收集了中国30个省（市）的投入和产出数据，表8-1给出了所有省（市）数据的描述统计，图8-2给出了投入和产出的关系图。

表8-1 投入、中间物、产出数据统计

变量	均值	最小值	最大值	标准差
FI 投入				
RW	1130182.00	112800.00	5132829.00	1179529.00
NPT	566615.00	32871.68	3000485.00	731643.20
FA	142265.20	8100.00	714201.10	150314.70
OS	2109580.00	25900.00	9525422.00	2673234.00
FI 产出				
TFU	2172049.00	68318.89	13847568.00	2844882.00
中间产品				
FI－CI（链接Ⅰ）	138298.10	15225.54	405533.20	122332.20
CI－FI（链接Ⅱ）	39381.71	3080.53	281975.00	52369.02
CI 投入				
RW	2913593.00	415500.00	8908615.00	2090118.00
NPT	584776.20	72500.00	1708428.00	422194.00
FA	321281.80	33100.00	1032920.00	233695.60
OS	1092483.00	54801.00	4074260.00	1041891.00
CI 产出				
TFU	22753873.00	2884110.00	63196511.00	13929728.00

注：以上所有指标均以万元为单位。

从表8-1中可以发现金融行业在OS中有更多投入，而建筑行业在RW、NPT和FA中有更多投入。建筑行业在最终总效用上的产出更多。显然，本章的模型需明确在独立情形下一个省（市）的每种资源变量的总量以及集中决策情况下所有地区的每种资源变量的总量。对于前一种情况，该省（市）将向两个行业分配自己的资源，以追求最大产量。对于后一种情况，集中决策者将把总资源分配给每个省（市）的两个行业，以追求所有省（市）的最大

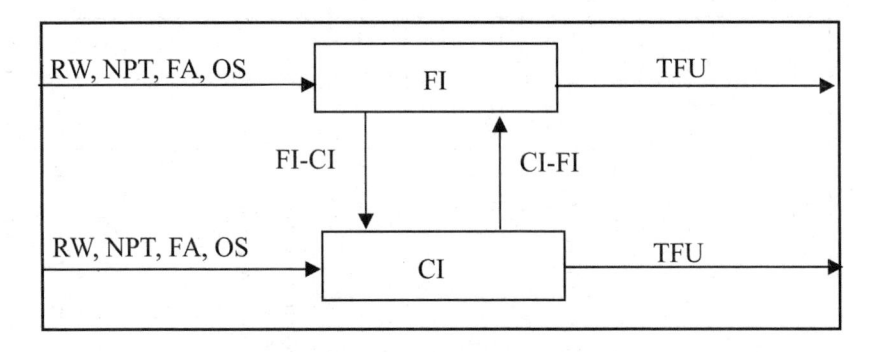

图 8-2　FI 和 CI 的投入和产出关系

产出。为了便于说明，本节假定地区（或集中决策者）可以通过税收政策等措施来调整金融行业和建筑行业中的上述投入资源。此外，为了更好地说明资源配置的好处，本节研究了一个决策单元（或所有决策单元）2007 年历史总资源的再分配以实现产量最大化，并通过比较实际产出与期望产出之间的差异解释潜在收益。每个区域的潜在收益可通过模型（8-4）和模型（8-5）求解获得，所有区域整体的潜在收益可通过求解模型（8-8）和模型（8-9）获得。表 8-2 和表 8-4 分别显示了考虑内部过程时这两种情形的配置方案和潜在收益的结果。此外，将内部流程视为"黑箱"时上述两种情况下的潜在收益分别在表 8-3 和表 8-5 中给出。

一、单省份的资源配置

本部分独立分析每个省（市）的资源配置情况。在这种情况下，没有集中的决策者，即每个区域都根据自己的可用资源做出分配选择。应该注意的是，每个省（市）的总资源是其 2007 年两个行业实际投入资源的总和。根据分配方案，各地区可以进行资源配置以获得潜在收益。当考虑这两个行业的内部过程时，可以发现山西、辽宁、湖北和云南通过重新分配资源可以产生两倍以上的产出。从另一个角度来看，这些区域的实际分配方案是不合理的。此外，表 8-3 显示了将内部结构视为"黑箱"时各省的潜在收益。比较表 8-2 和表 8-3 中的结果，可以发现表 8-3 的最后一列中的所有收益都不大于表 8-2 中的收益，这表明，打开"黑箱"进行资源配置将会为所有省（市）带来更多的潜在收益。

表8-2 独立情形下考虑内部过程的资源配置与潜在收益

	FI投入				CI产出			FI产出	CI产出	Delta
	RW	NPT	FA	OS	RW	NPT	FA	OS	TFU	TFU	
北京	114669.80	65628.80	10178.50	55663.90	3368703.00	1272228.00	365784.40	3002477.00	86557.50	44443214.70	1.194
天津	115737.00	72666.20	8510.90	962519.60	1666404.00	686263.50	288811.10	1387354.00	71924.20	27196695.60	1.338
河北	114691.40	65771.60	10144.60	1605731.00	3355495.00	1208028.00	363955.40	3006269.00	86260.50	44328933.70	1.058
陕西	114417.10	63962.80	10573.30	61317.20	2143383.00	644537.20	400826.70	1130983.00	90021.70	30536636.60	2.137
内蒙古	115049.10	68130.10	9585.80	47176.00	2769090.00	537414.10	450543.10	1858182.00	81356.30	34398530.80	1.435
辽宁	112800.00	53300.00	13100.00	97500.00	5376457.00	1271797.00	667987.30	1831434.00	112193.70	50845647.80	2.106
吉林	115702.60	72439.20	8564.70	32553.90	1816628.00	570900.80	260790.30	1430017.00	72396.20	28416407.50	1.147
黑龙江	115097.30	68447.80	9510.50	46098.00	2834735.00	947616.20	425444.90	596885.30	80695.80	28151258.60	1.427
山海	113242.70	56219.10	12408.30	5193958.00	4239013.00	1201500.00	486294.70	2752621.00	106123.80	51973006.10	1.904
江苏	4141063.00	2226434.00	273673.10	8118112.00	5103659.00	2055963.00	606020.90	2504390.00	7399069.50	59453800.30	1.312
浙江	2737020.00	1572623.00	189598.70	5069393.00	5499636.00	1693735.00	696172.30	2390710.00	3776731.00	62879730.80	1.32
安徽	115561.70	71510.20	8784.80	35706.20	2793809.00	628592.40	258969.10	2767126.00	74327.90	36489535.90	1.114
福建	115368.10	70233.50	9087.30	40038.60	2942818.00	1072676.00	306812.70	3124744.00	76982.70	40758513.90	1.826
江西	115157.80	68846.70	9416.00	44744.50	4330747.00	720250.30	302639.00	564844.50	79866.30	28895902.70	1.569
山东	825977.10	433673.90	82830.50	1514995.00	5470430.00	2129874.90	1664291.00	2399095.00	1120659.90	62627047.60	1.492
河南	113024.40	54779.40	12749.40	800890.50	4372169.00	1316027.00	504732.70	2714393.00	109117.50	53125055.60	1.808

续表

	FI 投入				CI 产出				FI 产出	CI 产出	Delta
	RW	NPT	FA	OS	RW	NPT	FA	OS	TFU	TFU	
湖北	114220.90	62669.00	10879.80	65707.40	3693343.00	956731.20	374947.90	2578946.00	92711.90	44162398.70	2.45
湖南	115592.90	71715.40	8736.20	35009.80	2809770.00	756684.60	285563.80	3136858.00	73901.20	39363450.70	1.23
广东	5132829.00	3000485.00	323450.00	9525422.00	5536250.00	1708428.00	665921.00	2380198.00	7106558.00	63196511.20	1.00
广西	114852.10	66831.20	9893.60	51583.80	2217934.00	468909.80	475305.40	1449971.00	84057.30	31447053.10	1.792
海南	116000.00	74400.00	8100.00	25900.00	426600.00	109900.00	33100.00	289300.00	68318.90	4081359.300	1.00
重庆	115494.10	71063.90	8890.50	37220.60	2402004.00	487860.80	199445.10	1103179.00	75255.90	26747766.80	1.878
四川	334838.50	101258.90	54691.30	1995542.00	34447030	869141.10	677608.70	2980658.00	1373468.00	45100752.00	1.657
贵州	114747.50	66141.60	10057.00	165592.80	1025839.00	293223.40	147107.00	679797.20	85491.20	16343332.50	1.808
云南	114942.50	67427.10	9752.40	49561.70	2208458.00	671872.90	393147.60	1570538.00	82818.20	32528651.70	2.426
山西	127907.80	45158.80	21677.20	731108.80	1912757.00	308696.90	861475.40	1606669.00	201194.60	31422469.30	1.021
甘肃	115500.40	71105.80	8880.60	37078.30	1550423.00	369401.30	194727.90	420775.30	75168.70	17237841.50	1.926
青海	112800.00	53300.00	13100.00	97500.00	455400.00	119800.00	87000.00	82900.00	112193.70	2884110.10	1.00
宁夏	150709.30	32871.70	34622.30	279936.70	415500.00	72500.00	53000.00	175000.00	335520.10	2972043.40	1.00
新疆	115630.30	71962.30	8677.70	34172.10	2230839.00	450126.90	197858.90	918834.30	73387.80	25528400.10	1.942

表8-3 独立情形下"黑箱"系统的资源配置和潜在收益

	RW	NPT	FA	OS	TFU	收益
北京	4157674.346	1284200.48	375962.85	4634082.8	42057948	1.128
天津	1782140.892	563684.8706	297322	1406025.98	22954556	1.127
河北	4137899.97	1273800.03	374100	4611999.99	41972171	1.000
陕西	2257800	708500	298559.4663	1192300	22533748	1.572
内蒙古	2149255.831	605544.2474	460128.8461	1905357.51	27665444	1.151
辽宁	4609586.295	1209538.084	681087.28	1928934.14	28420202	1.175
吉林	1932331	643340	269355	1462571	24832487	1.000
黑龙江	2949832.09	1016063.993	434955.3973	642983.3	19791007	1.000
山海	4101858.945	1257719	382998.4629	4572245.59	41780012	1.527
江苏	9504841.059	4096574.493	879694.03	10605470.7	65252847	1.280
浙江	8220779.367	2923795.218	885770.9999	7464995	53708066	1.064
安徽	2909370.49	700102.57	267753.94	3040484.02	32813091	1.000
福建	3162753.755	939940.2359	315900	3264811.04	34490303	1.543
江西	4778759	789097	312055	609589	18465342	1.000
山东	11587175.08	2563547.858	1747121.391	3914089.31	42716264	1.000
河南	4392406.195	1238393.763	517482.103	3515283.54	36588781	1.242
湖北	3198823.297	958966.6365	385827.7541	2644653.45	31516577	1.744
湖南	3114063.48	828400	294300	3276500	34293745	1.070
广东	10669079.01	4708912.339	989371.3582	11905620.2	70303069	1.000
广西	2332786	535741	460438.534	1501555	24005486	1.364
海南	542600	184300	41200	315200	4149678.2	1.000
重庆	1597738.836	521429.2846	208335.62	1140399.28	19154121	1.341
四川	3457915.661	970400	541986.8766	3861955.66	38346712	1.367
贵州	1129364.887	359365	157164	845390	12900733	1.420
云南	2323400	688944.15	402900	1620100	25991886	1.934
山西	2076108.186	353855.7295	883152.6038	2337778.06	30979357	1.000
甘肃	1665923.36	440507.19	199817.0769	457853.57	10200818	1.135
青海	568200	173100	100100	180400	2996303.8	1.000
宁夏	566209.32	105371.68	87622.34	454936.66	3307563.4	1.000
新疆	1967617.758	522089.169	206536.567	953006.395	17193242	1.319

表8-4 集中决策情形下考虑内部过程的资源配置与潜在收益

	FI投入			CI投入				FI产出		CI产出	
	RW	NPT	FA	OS	RW	NPT	FA	OS	TFU	TFU	
北京	406751.50	127968.00	62529.32	1157751.00	4527830.00	1085614.00	454507.90	1531681.00	1778845.60	43791974.40
天津	406751.50	127968.00	62529.32	1157751.00	3947091.00	1112802.00	431373.00	2246321.00	1778845.60	46297133.90
河北	494300.00	236000.00	64300.00	898100.00	5440525.00	1677033.00	654950.90	2349348.00	659677.00	62289356.90
陕西	1574601.00	1413063.00	112521.00	3925065.00	4772335.00	1422108.00	553172.90	2315843.00	2796455.70	55072920.20
内蒙古	406751.50	127968.00	62529.32	1157751.00	3947091.00	1112802.00	431373.00	2246321.00	1778845.60	46297133.90
辽宁	406751.50	127968.00	62529.32	1157751.00	4527830.00	1085614.00	454507.90	1531681.00	1778845.60	43791974.40
吉林	112800.00	53300.00	13100.00	97500.00	4149102.00	1253488.00	506953.90	1933150.00	112193.70	50050909.40
黑龙江	406751.50	127968.00	62529.32	1157751.00	4527830.00	1085614.00	454507.90	1531681.00	1778845.60	43791974.40
山海	406751.50	127968.00	62529.32	1157751.00	3308640.00	959503.00	406811.20	1598627.00	1778845.60	41189849.50
江苏	268124.00	102427.00	36577.95	618096.00	2800867.00	727124.00	324818.20	1347746.00	963283.10	34435571.30
浙江	406751.50	127968.00	62529.32	1157751.00	3308640.00	959503.00	406811.20	1598627.00	1778845.60	41189849.50
安徽	406751.50	127968.00	62529.32	1157751.00	4527830.00	1085614.00	454507.90	1531681.00	1778845.60	43791974.40
福建	406751.50	127968.00	62529.32	1157751.00	3308640.00	959503.00	406811.20	1598627.00	1778845.60	41189849.50
江西	406751.50	127968.00	62529.32	1157751.00	3308640.00	959503.00	406811.20	1598627.00	1778845.60	41189849.50
山东	406751.50	127968.00	62529.32	1157751.00	3308640.00	959503.00	406811.20	1598627.00	1778845.60	41189849.50
河南	406751.50	127968.00	62529.32	1157751.00	4527830.00	1085614.00	454507.90	1531681.00	1778845.60	43791974.40

续表

	FI 投入				CI 投入				FI 产出		CI 产出	
	RW	NPT	FA	OS	RW	NPT	FA	OS	TFU	OS	TFU	
湖北	406751.50	127968.00	62529.32	1157751.00	3308640.00	959503.00	406811.20	1598627.00	1778845.60	41189849.50		
湖南	406751.50	127968.00	62529.32	1157751.00	3308640.00	959503.00	406811.20	1598627.00	1778845.60	41189849.50		
广东	406751.50	127968.00	62529.32	1157751.00	3308640.00	959503.00	406811.20	1598627.00	1778845.60	41189849.50		
广西	400454.30	132652.00	54548.47	885635.00	3433378.00	1018754.00	424930.50	1702486.00	1366938.30	43268192.10		
海南	406751.50	127968.00	62529.32	1157751.00	3308640.00	959503.00	406811.20	1598627.00	1778845.60	41189849.50		
重庆	116000.00	74400.00	8100.00	25900.00	1513833.00	389206.00	204949.30	1083857.00	68318.90	25077205.80		
四川	112800.00	53300.00	13100.00	97500.00	4149102.00	1253488.00	506953.00	1933150.00	112193.70	50050909.40		
贵州	116000.00	74400.00	8100.00	25900.00	1513833.00	389206.00	204949.30	1083857.00	68318.90	25077205.80		
云南	494300.00	236000.00	64300.00	898100.00	5440525.00	1677033.00	654950.90	2349348.00	659677.00	62289356.90		
山西	406751.50	127968.00	62529.32	1157751.00	3500665.00	986053.00	391028.00	1668856.00	1778845.60	39065673.80		
甘肃	116000.00	74400.00	8100.00	25900.00	1513833.00	389206.00	204949.30	1083857.00	68318.90	25077205.80		
青海	211987.00	92085.00	26068.98	399563.00	2101537.00	581954.00	272300.60	1273262.00	633022.40	30646711.40		
宁夏	116000.00	74400.00	8100.00	25900.00	1513833.00	389206.00	204949.30	1083857.00	68318.90	25077205.80		
新疆	112800.00	53300.00	13100.00	97500.00	4149102.00	1253488.00	506953.00	1933150.00	112193.70	50050909.40		

表8-5 集中决策情形下"黑箱"系统的资源配置和潜在收益

	RW	NPT	FA	OS	TFU
北京	1932331	643340	269355	1462571	24832487
天津	1932331	643340	269355	1462571	24832487
河北	1932331	643340	269355	1462571	24832487
陕西	1932331	643340	269355	1462571	24832487
内蒙古	2909370	700102.6	267753.9	3040484	32813091
辽宁	2909370	700102.6	267753.9	3040484	32813091
吉林	2909370	700102.6	267753.9	3040484	32813091
黑龙江	2909370	700102.6	267753.9	3040484	32813091
山海	1932331	643340	269355	1462571	24832487
江苏	1932331	643340	269355	1462571	24832487
浙江	1932331	643340	269355	1462571	24832487
安徽	3123900	828400	294300	27456656	32064652
福建	1932331	643340	269355	1462571	24832487
江西	1932331	643340	269355	1462571	24832487
山东	2909370	700102.6	267753.9	3040484	32813091
河南	3123900	828400	294300	3276500	32064652
湖北	2909370	700102.6	267753.9	3040484	32813091
湖南	2909370	700102.6	267753.9	3040484	32813091
广东	3123900	828400	294300	3276500	32064652
广西	2909370	700102.6	267753.9	3040484	32813091
海南	2909370	700102.6	267753.9	3040484	32813091
重庆	1932331	643340	269355	1462571	24832487
四川	1932331	643340	269355	1462571	24832487
贵州	3123900	828400	294300	3276500	32064652
云南	2909370	700102.6	267753.9	3040484	32813091
山西	1932331	643340	269355	1462571	24832487
甘肃	2909370	700102.6	267753.9	3040484	32813091

续表

	RW	NPT	FA	OS	TFU
青海	3123900	828400	294300	3276500	32064652
宁夏	1932331	643340	269355	1462571	24832487
北京	1932331	643340	269355	1462571	24832487
新疆	2909370	700102.6	267753.9	3040484	32813091

二、集中决策下所有省（市）的资源配置

本部分分析集中决策下所有省（市）的资源分配。在这种情况下，集中决策者有权重新分配所有区域的总资源，以实现所有区域期望产出之和的最大化。表8-4显示了由模型（8-8）得到的所有区域的资源配置方案，表8-5显示了将内部结构视为"黑箱"时的资源配置方案。本节基于两点来比较这两种情形：一种是分配给所有区域的总投入资源，另一种是分配的总期望产出。表8-6给出了详细的比较结果。

表8-6 集中决策下资源配置和期望产出的比较

	打开"黑箱"			黑箱
	FI	CI	总和（FI+CI）	
投入				
RW	11160940.96	106303565.8	117464506.8	75652249
NPT	4845183.6	29696551.4	34541735.01	20906651
FA	1493014.68	12413394.86	13906409.5	8186162.3
OS	27702429.74	49680459.33	77382889.08	96061887
产出			1.735（$Delta$）	1.173（$Delta$）
TFU	37929285.95	1259792120	1297721405	876902685

根据表8-6，我们可以发现，将系统视为交互式系统时，分配给所有区域的RW，NPT和FA的总投入资源要大于将其视为"黑箱"的总投入资源。

前一种情况下的期望总产出比后一种情况大得多。与实际产出有关的潜在收益分别为 1.735 和 1.173。这些结果表明合理的资源配置可以带来潜在的收益,而考虑系统内部结构将获得更多的收益。

本章小结

本章研究了具有两个双向交互式 subDMU 的并联系统的资源配置问题。从单个 DMU 的角度来看,本章分别建立了两个 subDMU 合作和两个 subDMU 竞争情形下的资源配置模型。从所有 DMU 的角度来看,本章为决策者建立了一个集中模型,以将总资源分配给所有 DMU 的 subDMU。最后,本章提出的方法被用于分析中国金融行业与建筑行业间的资源配置问题。

尽管本章研究的两个 subDMU 的所有投入指标和产出指标都相同,但是当只有两个 subDMU 的某些投入或产出相同时,通过区分不同的指标将共享的投入资源分配给 subDMU 可以使我们的模型轻松扩展。未来可以将模型扩展为动态模型,以便长期分析资源配置问题。此外,还可以从理论上研究系统数据(尤其是中间产品的数据)不精确时应如何分配资源。

第九章

考虑两阶段网络系统内部竞合关系的固定成本分摊

资本也属于资源，包括使用期限较长、单位价值较高、并在使用过程中保持原来的物质形态的固定资产，如厂房、设备、公共网络平台等。由于这种资源较特殊，无法直接进行配置，对该类资源的配置只能通过对其成本的分摊来实现，这里的成本在一定时间内与产品产量无关，又称为固定成本分摊，可将其视为一种特殊的资源配置。现实中，企业或组织往往不是单一的个体，其内部可能由两个或多个子单元或子部门构成；同时企业与企业之间，以及企业内部各子部门之间通常存在竞争合作关系。不合理的分摊方法可能会造成其中任意一个个体或部门的不满，影响企业绩效和合作进程。如何结合企业的实际情况设计公平合理的成本分摊机制对于解决企业间合作、企业内部资源分配等现实问题至关重要。本章从决策单元内部子阶段之间的竞争合作关系出发，引入合作和非合作博弈理论来解决两阶段系统的固定成本分摊问题。

第一节 固定成本分摊基础

Li 等（2009）认为传统的固定成本分摊模型主要研究的是单阶段系统，大部分学者将固定成本看成一种新投入来重新计算效率。Lin 和 Chen（2017）认为在有些情况下固定成本与已有的投入属于同一类投入要素，所以提出将固定成本当作原有投入的补充。本章介绍的固定成本分摊模型都是将固定成本当作一种新投入。

一、基于效率不变原则的固定成本分摊模型

本部分主要介绍基于效率不变原则的固定成本分摊方法，这种方法可以

<<< 第九章 考虑两阶段网络系统内部竞合关系的固定成本分摊

保证每个决策单元在成本分摊前后效率保持不变（Cook 和 Kress，1999）。

在成本分摊之前，DMU_d 的效率可以通过传统 DEA 模型来计算。假设有一组同质 DMU，每一个 DMU 使用 I 种投入 $x_i(i = 1,\cdots,I)$ 生产 K 种产出 $y_k(k = 1,\cdots,K)$，产出导向的 CCR（Charnes 等，1978）模型如下所示：

$$\min \sum_{i=1}^{I} v_i x_{id} \tag{9-1}$$

$$\text{s.t.} \sum_{i=1}^{I} v_i x_{ij} - \sum_{k=1}^{K} u_k y_{kj} \geq 0, j = 1,\cdots,n$$

$$\sum_{k=1}^{K} u_k y_{kd} = 1$$

$$v_i, u_k \geq 0, i = 1,\cdots,I; k = 1,\cdots,K.$$

其中，u_k 是第 k 个产出的权重，v_i 是第 i 个投入的权重，u_k, v_i 是模型（9-1）的变量，模型（9-1）的对偶模型如下：

$$\max \theta_d \tag{9-2}$$

$$\text{s.t.} \sum_{j=1}^{n} \lambda_{jd} x_{ij} \leq x_{id}, i = 1,\cdots,I$$

$$\sum_{j=1}^{n} \lambda_{jd} y_{kj} \geq \theta_d y_{kd}, k = 1,\cdots,K$$

$$\lambda_{jd} \geq 0, j = 1,\cdots,n$$

其中，θ_d 和 λ_j 是变量，当且仅当模型（9-1）和模型（9-2）的最优目标函数值为 1 的时候 DMU_d 是有效的，否则，DMU_d 为无效。

假设固定成本总额为 R，要分给每个 DMU，每个 DMU 分摊的成本记为 $r_j, j = 1,\cdots,n$，将分摊成本看成一种新的投入，则分摊后 DMU_d 的效率值可以通过以下模型获得：

$$\min \sum_{i=1}^{I} v_i x_{id} + v_{I+1} r_d \tag{9-3}$$

$$\text{s.t.} \sum_{i=1}^{I} v_i x_{ij} + v_{I+1} r_j - \sum_{k=1}^{K} u_k y_{kj} \geq 0, j = 1,\cdots,n$$

$$\sum_{k=1}^{K} u_k y_{kd} = 1$$

$$v_i, u_k \geq 0, v_{I+1} > 0, i = 1,\cdots,I; k = 1,\cdots,K.$$

其中 v_{I+1} 代表分摊成本的权重，以上模型的对偶模型如下：

$$\max \theta'_d \tag{9-4}$$

161

s. t. $\sum_{j=1}^{n} \lambda_{jd} x_{ij} \leqslant x_{id}$, $i = 1, \cdots, I$

$\sum_{j=1}^{n} \lambda_{jd} r_j \leqslant r_d$

$\theta'_d y_{kd} - \sum_{j=1}^{n} \lambda_{jd} y_{kj} \leqslant 0, k = 1, \cdots, K$

$\lambda_{jd} \geqslant 0, j = 1, \cdots, n$

如何设定成本分摊方案使得所有 DMU 的效率分摊前后一样？Cook 和 Kress（1999）提出了一种效率不变准则，即使得模型（9-2）和模型（9-4）的最优解一样。为了实现这一原则，Jahanshahloo 等（2004）认为模型（9-3）中的 v_{I+1} 不在单纯形法中的基解内，用公式表达如下：

$$C_{v_{I+1}} - Z_{v_{I+1}} \geqslant 0 \Rightarrow C_{v_{I+1}} - C_B B^{-1} A \geqslant 0 \qquad (9-5)$$

$$\Rightarrow r_d - \sum_{j=1}^{n} \lambda_{jd}^* r_j \geqslant 0$$

$$\Rightarrow r_d \geqslant \sum_{j=1}^{n} \lambda_{jd}^* r_j$$

其中 $\lambda_{jd}^*(j = 1, \cdots, n)$ 是模型（9-2）变量的最优值。

为了使 θ_d 和 θ'_d 的值一样，模型（9-4）的第 2 个约束必须是多余的。即方程式（9-5）中 λ_{jd}^* 必须是模型（9-2）的最优解，但是方程式（9-5）不能保证分摊方案是唯一的。如果总固定成本按照任意比例全部分配给无效 DMU（Cook 和 Kress, 1999），同样可以使 DMU 的效率得分不变，满足效率不变假设。因此，Cook 和 Kress（1999）提出了投入帕累托最优准则，投入帕累托最优准则定义如下：

定义 9-1：固定成本分配计划的投入帕累托极小性意味着在不违反不变性原则的情况下，没有成本可以从一个 DMU 转移到另一个 DMU。

为了满足效率不变和投入帕累托最优准则，对于所有无效 DMU$_d$，方程式 $r_d = \sum_{j=1}^{n} \lambda_{jd}^* r_j$ 必须成立。令 S_d 代表模型（9-1）中的有效 DMU 集合，再根据互补松弛定理可知 $r_d = \sum_{j \in S_d} \lambda_{jd} r_j$。需要注意的是，Lin 和 Chen（2016）指出这一等式并不符合经济学中的帕累托最小化解释，因此不能将其称为"帕累托最优准则"，应该改为"实用可行性假设"。

二、基于效率最大化原则的固定成本分摊模型

效率最大化原则与效率不变原则正好相反，该原则即尽量使分摊后各 DMU 的效率最大。从决策单元整体效率角度出发，决策者一般希望所有决策单元在成本分摊后相对效率最大，Beasely（2003）从这一角度出发，提出了最大化所有 DMU 平均效率的分摊方法，参考如下模型：

$$\max \quad \sum_{d=1}^{n} e_d / n \tag{9-6}$$

$$\text{s.t.} \quad e_d = \sum_{r=1}^{R} u_r y_{rd} / \left(\sum_{i=1}^{I} v_i x_{id} + v_{I+1} r_d \right)$$

$$\sum_{d=1}^{n} r_d = R$$

$$0 \leqslant e_d \leqslant 1, \ d = 1, \cdots, n.$$

$$v_i, u_r \geqslant 0, \ j = 1, \cdots, n$$

模型（9-6）采用最大化所有 DMU 的平均效率值来实现效率最大化，为了公平起见，所有 DMU 都使用公共权重。当目标函数的最优值为 1 时，说明所有 DMU 都是 DEA 有效，反之整体 DMU 为 DEA 无效。

第二节　子阶段合作情形下的两阶段网络系统固定成本分摊方法

一、考虑固定成本的两阶段网络系统结构

现实生活中存在不少两阶段网络系统需要分摊固定成本，如同一家银行，总部常常为了更方便员工工作而构建一些公关平台，如银行内部的信息平台、取款机、金融科技产品等，所有地区的分支机构在享受利益的同时有义务共同承担银行总部提前支付的固定成本，所分摊的这部分固定成本可以当作分行的投入要素（Chen 等，2010；Yu 等，2016）。两阶段网络系统一般分为基本的两阶段网络系统和一般的两阶段网络系统，当把固定成本当作各阶段的

投入时，具体结构如下图所示：

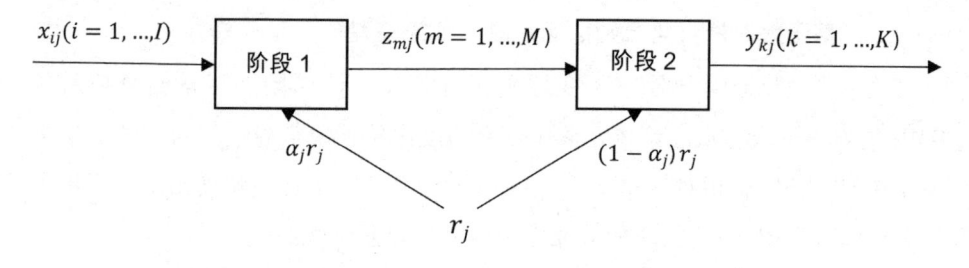

图 9-1　基本两阶段网络系统结构

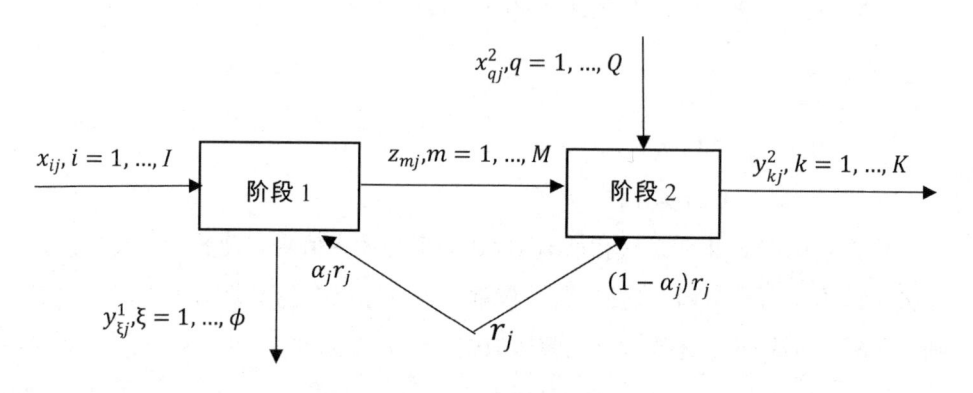

图 9-2　一般两阶段网络系统结构

图 9-1 和图 9-2 分别描述了基本的两阶段网络系统结构和一般的两阶段网络系统结构。图 9-1 中，第一阶段的投入为 x_{ij}，产出为 z_{mj}，第二阶段利用第一阶段的产出生产 y_{kj}，图 9-2 中增加了额外的投入和产出要素。所有两阶段 DMU 分摊的固定成本总额为 R，每一个 DMU 分摊的成本记为 r_j，$\alpha_j r_j$ 为 DMU$_j$ 第一阶段承担的成本，$(1-\alpha_j)r_j$ 为 DMU$_j$ 第二阶段承担的成本。与 Chen 等（2010）和 Yu 等（2016）处理两阶段网络系统成本分摊的方法类似，为了避免将某个 DMU 的成本全部分摊给某一个阶段，本书将分给 DMU$_j$ 第一阶段的比例用 $\alpha_j(0<\alpha_j<1)$ 表示，α_j 的取值设定在一个区间 (L_j,U_j)。在现实例子中 L 和 U 的具体值由管理者和咨询顾问根据每个阶段的实际承受能力来确定（Lin 等，2016）。

二、子阶段合作情形下固定成本分摊前后的效率求解模型

在许多情况下,第一阶段和第二阶段往往通过合作关系来最大化自己的整体效益。从集体合作的角度来看,衡量两阶段网络系统的效率可以通过子阶段效率的加权平均得到,表达式如下:

$$\theta = p_1 \theta_j^1 + p_2 \theta_j^2 \qquad (9-7)$$
$$p_1 + p_2 = 1$$

θ_j^1 和 θ_j^2 分别代表第一阶段和第二阶段的效率,考虑固定成本分摊后 θ_j^1 和 θ_j^2 的表达式如下:

$$\theta_j^1 = \frac{\sum_{m=1}^{M} w_m z_{mj}}{\sum_{i=1}^{I} v_i x_{ij} + v_{I+1} \alpha_j r_j}, \quad \theta_j^2 = \frac{\sum_{k=1}^{K} u_k y_{kj}}{\sum_{m=1}^{M} w_m z_{mj} + w_{M+1}(1-\alpha_j) r_j} \qquad (9-8)$$

表达式(9-7)中的 p_1 和 p_2 分别代表每个阶段效率的权重,权重的衡量方式有多种,本部分主要通过每个阶段的投入所占比例来衡量,具体的计算公式如下:

$$p_1 = \frac{\sum_{i=1}^{I} v_i x_{ij} + v_{I+1} \alpha_j r_j}{\sum_{i=1}^{I} v_i x_{ij} + v_{I+1} \alpha_j r_j + \sum_{m=1}^{M} w_m z_{mj} + w_{M+1}(1-\alpha_j) r_j} \qquad (9-9)$$

$$p_2 = \frac{\sum_{m=1}^{M} w_m z_{mj} + w_{M+1}(1-\alpha_j) r_j}{\sum_{i=1}^{I} v_i x_{ij} + v_{I+1} \alpha_j r_j + \sum_{m=1}^{M} w_m z_{mj} + w_{M+1}(1-\alpha_j) r_j}$$

以上计算公式中的分母代表 DMU_j 的全部投入,$\sum_{i=1}^{I} v_i x_{ij} + v_{I+1} \alpha_j r_j$ 代表第一阶段的投入,$\sum_{m=1}^{M} w_m z_{mj} + w_{M+1}(1-\alpha_j) r_j$ 代表第二阶段的投入。

考虑到固定成本分摊,两阶段 DMU_d 的整体效率可以通过以下模型获得。

$$\max \quad p_1 \frac{\sum_{m=1}^{M} w_m z_{md}}{\sum_{i=1}^{I} v_i x_{id} + v_{I+1} \alpha_d r_d} + p_2 \frac{\sum_{k=1}^{K} u_k y_{kd}}{\sum_{m=1}^{M} w_m z_{md} + w_{M+1}(1-\alpha_d) r_d} = E_d$$

$$(9-10)$$

$$\text{s. t.} \quad \frac{\sum_{m=1}^{M} w_m z_{mj}}{\sum_{i=1}^{I} v_i x_{ij} + v_{I+1} \alpha_j r_j} \leq 1, \, j = 1, \cdots, n.$$

$$\frac{\sum_{k=1}^{K} u_k y_{kj}}{\sum_{m=1}^{M} w_m z_{mj} + w_{M+1}(1-\alpha_j) r_j} \leq 1, j = 1,\cdots,n.$$

$$v_i, u_k, w_m \geq 0, v_{I+1}, w_{M+1} > 0.$$

$$i = 1,\cdots,I; k = 1,\cdots,K; m = 1,\cdots,M.$$

此模型中的 p_1，p_2 代表第一二阶段的效率权重，可通过公式（9-9）得到。此模型中前两个约束分别表示分摊后阶段效率小于等于1。将公式（9-9）代入模型（9-10）可得：

$$\max \frac{\sum_{m=1}^{M} w_m z_{md} + \sum_{k=1}^{K} u_k y_{kd}}{\sum_{i=1}^{I} v_i x_{id} + v_{I+1} \alpha_d r_d + \sum_{m=1}^{M} w_m z_{md} + w_{M+1}(1-\alpha_d) r_d} = E_d \quad (9-11)$$

$$\text{s.t.} \quad \frac{\sum_{m=1}^{M} w_m z_{mj}}{\sum_{i=1}^{I} v_i x_{ij} + v_{I+1} \alpha_j r_j} \leq 1, j = 1,\cdots,n.$$

$$\frac{\sum_{k=1}^{K} u_k y_{kj}}{\sum_{m=1}^{M} w_m z_{mj} + w_{M+1}(1-\alpha_j) r_j} \leq 1, j = 1,\cdots,n.$$

$$v_i, u_k, w_m \geq 0, v_{I+1}, w_{M+1} > 0.$$

$$i = 1,\cdots,I; k = 1,\cdots,K; m = 1,\cdots,M.$$

根据 Chen 等（2010）和 Yu 等（2016）处理成本分摊的方法，由于第一阶段承担的固定成本和第二阶段承担的固定成本是同一种，我们假设 $v_{I+1} = w_{M+1} = \omega$。然后通过应用 Charnes‐Cooper 转换（Charnes 和 Cooper，1962），令 $\tau = \dfrac{1}{\sum_{i=1}^{I} v_i x_{id} + \sum_{m=1}^{M} w_m z_{md} + \omega r_d}, v'_i = \tau v_i, w'_m = \tau w_m, u'_k = \tau u_k, \omega' = \tau\omega$，模型（9-11）可以转换为以下模型：

$$\max \quad w'_m z_{md} + u'_k y_{kd} \quad (9-12)$$

$$\text{s.t.} \quad \sum_{m=1}^{M} w'_m z_{mj} - \sum_{i=1}^{I} v'_i x_{ij} - \omega' \alpha_j r_j \leq 0$$

$$\sum_{k=1}^{K} u'_k y_{kj} - \sum_{m=1}^{M} w'_m z_{mj} - \omega'(1-\alpha_j) r_j \leq 0$$

$$\sum_{i=1}^{I} v'_i x_{ij} + \sum_{m=1}^{M} w'_m z_{md} + \omega' r_d = 1$$

$$u'_k, v'_i, w'_m \geq 0, \omega' > 0$$

$$k = 1, \cdots, K; m = 1, \cdots, M; i = 1, \cdots, I; j = 1, \cdots, n$$

上述模型是一个投入导向的 DEA 模型，对应的产出导向 DEA 模型如下：

LP1 min $\sum_{i=1}^{I} v'_i x_{id} + \sum_{m=1}^{M} w'_m z_{md} + \omega' r_d = \dfrac{1}{e_d^{co}}$ (9-13)

s. t. $\sum_{m=1}^{M} w'_m z_{mj} - \sum_{i=1}^{I} v'_i x_{ij} - \omega' \alpha_j r_j \leq 0$

$\sum_{k=1}^{K} u'_k y_{kj} - \sum_{m=1}^{M} w'_m z_{mj} - \omega'(1-\alpha_j) r_j \leq 0$

$\sum_{m=1}^{M} w'_m z_{md} + \sum_{k=1}^{K} u'_k y_{kd} = 1$

$u'_k, v'_i, w'_m \geq 0, \omega' > 0$

$k = 1, \cdots, K; m = 1, \cdots, M; i = 1, \cdots, I; j = 1, \cdots, n$

在两个子阶段合作的情况下，固定成本分摊后的整体效率记为 e_j^{co*}，通过求解模型 LP1 得到。同时，每个阶段成本分摊后的效率值可以通过 LP1 的最优解 $(v'^*_i, w'^*_m, u'^*_k, \omega'^*)$ 计算得到。子阶段成本分摊后的效率记为 e_j^{co1*}, e_j^{co2*}。

成本分摊前，两阶段系统的整体效率和阶段效率可以通过令模型（9-13）中的 r_j 等于 0 得到。成本分摊前的效率通过计算模型 LP2 得到。

LP2 min $\sum_{i=1}^{I} v'_i x_{id} + \sum_{m=1}^{M} w'_m z_{md} = \dfrac{1}{E_d^{co}}$ (9-14)

s. t. $\sum_{m=1}^{M} w'_m z_{md} - \sum_{i=1}^{I} v'_i x_{ij} \leq 0$

$\sum_{k=1}^{K} u'_k y_{kj} - \sum_{m=1}^{M} w'_m z_{mj} \leq 0$

$\sum_{m=1}^{M} w'_m z_{md} + \sum_{k=1}^{K} u'_k y_{kd} = 1$

$u'_k, v'_i, w'_m \geq 0$

$k = 1, \cdots, K; m = 1, \cdots, M; i = 1, \cdots, I; j = 1, \cdots, n$

定义 9-2：最初效率即成本分摊前的效率。最初整体效率即两阶段 DMU 成本分摊之前的效率（E_j^{co}, E_j^{no}）。最初阶段效率是在成本分摊前，整体效率最优的情况下根据效率分解方式得到的阶段效率，合作情形下的最初阶段效

率记为 E_j^{co1}, E_j^{co2}，非合作情形下的最初阶段效率记为 E_j^{no1}, E_j^{no2}。

三、基于整体效率不变原则的固定成本分摊模型

在现实例子中，许多政府机构和企业具有两阶段网络系统，经常需要分摊固定成本。每个机构（决策单元）的效率取决于现有的投入和产出水平，现有的投入产出值决定了企业的生产函数，不能因为固定成本分摊而改变现有的生产函数，因此成本分摊模型应根据现有的效率水平（Cook 和 Kress，1999）制定。如何找到一种成本分摊方案使得分摊前后总效率保持不变？Cook 和 Kress（1999）提出了一种公平分摊的条件，即没有任何一个决策单元可以利用新的投入来提高效率。对比模型 LP1 和 LP2，要想保证整体效率不变，就需要使 LP1 中的 ω' 不在基解内（out of the basis）。我们尝试从对偶模型来推导效率不变的条件。模型 LP1、LP2 的对偶模型是：

DP1 max $\quad \theta_d$ (9-15)

s.t. $\quad \sum_{j=1}^{n} (\lambda_{jd}^2 - \lambda_{jd}^1) z_{mj} \leq (1-\theta_d) z_{md}, m=1,\cdots,M$

$\sum_{j=1}^{n} \lambda_{jd}^1 x_{ij} \leq x_{id}, i=1,\cdots,I$

$\sum_{j=1}^{n} \lambda_{jd}^2 y_{kj} \geq \theta_d y_{kd}, k=1,\cdots,K$

$\sum_{j=1}^{n} [\lambda_{jd}^1 \alpha_j r_j + \lambda_{jd}^2 (1-\alpha_j) r_j] \leq r_d$

$\lambda_{jd}^1, \lambda_{jd}^2 \geq 0, j=1,\cdots,n$

DP2 max $\quad \theta_d$ (9-16)

s.t. $\quad \sum_{j=1}^{n} (\lambda_{jd}^2 - \lambda_{jd}^1) z_{mj} \leq (1-\theta_d) z_{md}, m=1,\cdots,M$

$\sum_{j=1}^{n} \lambda_{jd}^1 x_{ij} \leq x_{id}, i=1,\cdots,I$

$\sum_{j=1}^{n} \lambda_{jd}^2 y_{kj} \geq \theta_d y_{kd}, k=1,\cdots,K$

$\lambda_{jd}^1, \lambda_{jd}^2 \geq 0, j=1,\cdots,n$

为了满足效率不变条件，模型 DP1 和 DP2 的最优值必须是一样的。当模型 DP2 中的最优解满足 DP1 所有约束时，模型 DP1 中的第四个约束是多余

的，从而保证效率不变。记 $\lambda_{jd}^{1*}, \lambda_{jd}^{2*}$ 为 DP2 的最优解，则需要 $\sum_{j=1}^{n} [\lambda_{jd}^{1*} \alpha_j r_j + \lambda_{jd}^{2*}(1-\alpha_j) r_j] \leq r_d$。显然，这个方程式不能确定公平的成本分摊，还需要满足投入帕累托准则，因此效率不变的条件变为 $r_d = \sum_{j=1}^{n} [\lambda_{jd}^{1*} \alpha_j r_j + \lambda_{jd}^{2*}(1-\alpha_j) r_j]$。成本分摊模型如下：

$$\min \left| \sum_{j=1}^{n} \alpha_j r_j - \sum_{j=1}^{n} (r_j - \alpha_j r_j) \right| = obj1 \qquad (9-17)$$

$$\text{s. t.} \quad \sum_{j=1}^{n} [\lambda_{jd}^{1*} \alpha_j r_j + \lambda_{jd}^{2*}(1-\alpha_j) r_j] = r_d, \ d = 1, \cdots, n$$

$$\sum_{j=1}^{n} r_j = R$$

$$L_j \leq \alpha_j \leq U_j$$

以上模型中的 $\lambda_{jd}^{1*}, \lambda_{jd}^{2*}(d=1, \cdots, n)$ 通过求解 n 次模型 DP2 得到。由于约束中存在 $\sum_{j=1}^{n} \lambda_{jd}^{1*} \alpha_j r_j$ 和 $\sum_{j=1}^{n} \lambda_{jd}^{2*} \alpha_j r_j$，模型（9-17）是一个非线性规划模型。令 $b_j = \alpha_j r_j (j=1, \cdots, n)$，模型（9-17）变为以下线性规划模型：

$$\min \left| \sum_{j=1}^{n} b_j - \sum_{j=1}^{n} (r_j - b_j) \right| = obj1 \qquad (9-18)$$

$$\text{s. t.} \quad \sum_{j=1}^{n} [\lambda_{jd}^{1*} b_j + \lambda_{jd}^{2*}(r_j - b_j)] = r_d, \ d = 1, \cdots, n$$

$$\sum_{j=1}^{n} r_j = R$$

$$L_j r_j - b_j \leq 0$$

$$-U_j r_j + b_j \leq 0$$

当 DMU 的两个阶段是合作关系时，决策者应该选择一个合理的目标（Cook 和 Zhu，2005）。为了使分给第一阶段的成本值与第二阶段的成本值差额最小，本书令目标函数为 $\min \left| \sum_{j=1}^{n} b_j - \sum_{j=1}^{n} (r_j - b_j) \right|$。如果存在多解，可以通过设置第二目标函数的方式来获得唯一解，如 $\min \sum_{j=1}^{n} |r_j - \bar{r}|, \min \frac{1}{n} \sum_{j=1}^{n} (r_j - \bar{r})^2, \bar{r} = R/n$。

四、实例分析

为了验证方法的有效性，我们采用了 Kao 和 Hwang（2008）论文中的中国台湾 24 家保险公司的数据进行成本分摊。寿险保险行业通过为客户提供保险服务赚取利润。寿险保险行业的业务可以分为两部分：获取保险费和赚取利益。第一阶段的特点是提供保险服务和接受客户的直接书面保费或再保险保费，然后在第二阶段，保险公司利用获得的保费投资房地产或抵押贷款去获取利益。简而言之，保险公司利用运营成本（X1）和保险费（X2）形成直接承保（Z1）和再保险费（Z2），然后再利用直接承保（Z1）和再保险费（Z2）生成承保利润（Y1）及投资利润（Y2）。

表 9–1　中国台湾 24 家寿险公司数据

公司	运营成本	保险费	直接承保	再保险费	承保利润	投资利润
1. 台湾产物保险	1178744.00	673512.00	7451757.00	856735.00	984143.00	681687.00
2. 兆丰	1381822.00	1352755.00	10020274.00	1812894.00	1228502.00	834754.00
3. 太平	1177494.00	592790.00	4776548.00	560244.00	293613.00	658428.00
4. 中国航联产物	601320.00	594259.00	3174851.00	371863.00	248709.00	177331.00
5. 富邦	6699063.00	3531614.00	37392862.00	1753794.00	7851229.00	3925272.00
6. 苏黎世	2627707.00	668363.00	9747908.00	952326.00	1713598.00	415058.00
7. 泰安	1942833.00	1443100.00	10685457.00	643412.00	2239593.00	439039.00
8. 明太	3789001.00	1873530.00	17267266.00	1134600.00	3899530.00	622868.00
9. "中央存款"	1567746.00	950432.00	11473162.00	546337.00	1043778.00	264098.00
10. 第一产物	1303249.00	1298470.00	8210389.00	504528.00	1697941.00	554806.00
11. 国华	1962448.00	672414.00	7222378.00	643178.00	1486014.00	18259.00
12. 友联产物	2592790.00	650952.00	9434406.00	1118489.00	1574191.00	909295.00
13. 新光	2609941.00	1368802.00	13921464.00	811343.00	3609236.00	223047.00
14. 南华	1396002.00	988888.00	7396396.00	465509.00	1401200.00	332283.00
15. 国泰世纪	2184944.00	651063.00	10422297.00	749893.00	3355197.00	555482.00
16. 安联人寿	1211716.00	415071.00	5606013.00	402881.00	854054.00	197947.00
17. 新安东京海上	1453797.00	1085019.00	7695461.00	342489.00	3144484.00	37198.40
18. 美亚	757515.00	547997.00	3631484.00	995620.00	692731.00	163927.00

续表

公司	运营成本	保险费	直接承保	再保险费	承保利润	投资利润
19. 美国人寿	159422.00	182338.00	1141950.00	483291.00	519121.00	46857.00
20. 联邦存款	145442.00	53518.00	316829.00	131920.00	355624.00	26537.00
21. 皇家太阳保险	84171.00	26224.00	225888.00	40542.00	51950.00	6491.00
22. 亚洲保险	15993.00	10502.00	52063.00	14574.00	82141.00	4181.00
23. 安盛产险	54693.00	28408.00	245910.00	49864.00	0.10	18980.00
24. 三井住友保险	163297.00	235094.00	476419.00	644816.00	142370.00	16976.00

假设有许多这样的公司打算花费一百万新台币建造一个公共的管理信息系统，如何将这项固定成本分给每家保险公司和各个业务部门呢？按照上述提出的基于整体效率不变原则的固定成本分摊模型，当各阶段之间是合作关系时，得到的分摊结果如下：

表 9-2　合作情形下的成本分摊结果

公司	E_j^{co1}	E_j^{co2}	E_j^{co}	e_j^{co1}	e_j^{co2}	e_j^{co}	$\alpha_j r_j$	$(1-\alpha_j)r_j$	r_j
1. 台湾产物保险	0.9926	0.7045	0.8491	0.9926	0.7045	0.8491	2.5159	1.0783	3.5942
2. 兆丰	0.9985	0.6257	0.8122	0.9985	0.6257	0.8122	3.1946	1.3691	4.5637
3. 太平	0.6900	1.0000	0.8166	0.6900	1.0000	0.8166	2.3850	1.0221	3.4071
4. 中国航联产物	0.7243	0.4200	0.5965	0.7243	0.4200	0.5965	1.1506	0.4932	1.6438
5. 富邦	0.8307	0.9233	0.8727	0.8307	0.9233	0.8727	14.4907	6.2103	20.7010
6. 苏黎世	0.9606	0.4057	0.6887	0.9669	0.4083	0.6887	3.9185	1.6794	5.5979
7. 泰安	0.7521	0.3522	0.5804	0.6740	0.4882	0.5804	3.7916	1.6249	5.4165
8. 明太	0.7256	0.3780	0.5795	0.7120	0.4268	0.5795	6.8410	2.9318	9.7728
9. "中央存款"	1.0000	0.2233	0.6116	1.0000	0.2681	0.6116	2.6039	1.1160	3.7199
10. 第一产物	0.8615	0.5408	0.7131	0.8615	0.5409	0.7131	2.8153	1.2066	4.0219
11. 国华	0.7292	0.2066	0.5088	0.7620	0.2169	0.5088	2.9536	1.2659	4.2195

续表

公司	初始效率 E_j^{co1}	E_j^{co2}	E_j^{co}	分摊后效率 e_j^{co1}	e_j^{co2}	e_j^{co}	分摊方案 $\alpha_j r_j$	$(1-\alpha_j)r_j$	r_j
12. 友联产物	1.0000	0.7596	0.8798	1.0000	0.7596	0.8798	4.2285	1.8122	6.0407
13. 新光	0.8107	0.2431	0.5565	0.7989	0.3009	0.5565	4.6129	1.9769	6.5898
14. 南华	0.7246	0.374	0.5773	0.6548	0.4994	0.5773	2.7080	1.1605	3.8685
15. 国泰世纪	1.0000	0.6138	0.8069	1.0000	0.6361	0.8069	3.7676	1.6146	5.3822
16. 安联人寿	0.8856	0.3615	0.6395	0.9284	0.3786	0.6395	1.9797	0.8485	2.8282
17. 新安东京海上	0.7232	0.4597	0.6126	0.5719	0.6568	0.6126	3.2305	1.3845	4.6150
18. 美亚	0.7935	0.3262	0.5868	0.8113	0.3495	0.5868	1.5577	0.6676	2.2253
19. 美国人寿	1.0000	0.4112	0.7056	1.0000	0.4112	0.7056	0.4317	0.1851	0.6168
20. 联邦存款	0.9332	0.5857	0.7654	0.8256	0.7010	0.7654	0.2383	0.1021	0.3404
21. 皇家太阳保险	0.7505	0.2623	0.5412	0.7505	0.2623	0.5412	0.1208	0.0518	0.1726
22. 亚洲保险	0.5895	1.0000	0.7418	0.5895	1.0000	0.7418	0.0416	0.0215	0.0631
23. 安盛产险	0.8426	0.4989	0.6854	0.8426	0.4989	0.6854	0.1027	0.044	0.1467
24. 三井住友保险	1.0000	0.0870	0.5435	1.0000	0.0870	0.5435	0.3167	0.1357	0.4524

注：为保证数据的精确性，表格保留小数点后四位。

表9-2中的第二列到第四列分别展示了最初的整体效率和阶段效率，第五列到第七列分别展示了成本分摊后的整体效率和阶段效率，最后三列展示了子阶段合作情形下的成本分摊结果。比较成本分摊前后的效率可知，子阶段效率在分摊前后发生了波动，如公司6，公司7，公司8和公司11，有些公司的子阶段效率都提高（如公司6），有些公司第一阶段效率提高或第二阶段效率降低（公司7，公司8），这与阶段效率权重有关，但总效率在分摊前后保持不变，满足整体效率不变原则。

最后三列的分摊结果表明公司5承担的成本最多，这是因为公司5的投入规模较大，即投入和中间产出都远远超过其他公司，所以需要更多的成本保证整体效率不变。根据各子阶段的成本分摊结果，发现第一阶段的分摊成本比例接近0.7，达到α的上限。从具体分摊结果可知，公司9和公司17的整体效率几乎一样，但公司 17 的投入比公司 9 的投入多，所以公司 17 需要多承担成本保证效率不变。与公司 21 相比，公司 23 的中间产出较多，按理说公司 23（0.0440）的第二阶段应承担较多成本，但结果显示公司 21（0.0518）的第二阶段承担的成本较多，这是因为公司 21 的效率比公司 23 的效率低，当规模大小相近时，效率较低的公司往往需要较多成本保持效率不变。

第三节　子阶段竞争情形下的两阶段网络系统固定成本分摊方法

一、子阶段竞争情形下固定成本分摊前后的效率求解模型

在这一部分，我们主要分析了在成本分摊过程中，当两阶段之间存在非合作关系时如何设置成本分摊方案。考虑到这种竞争形势，我们引入了 Leader – Follower 概念探索子阶段效率不变的成本分摊条件。Li 等（2012）将 Liang, Cook 和 Zhu（2008）的非合作方法用来分析两阶段结构，他们假设一个阶段是 Leader，另一个阶段是 Follower，Leader stage 比 Follower stage 更重要。在成本分摊前，第一阶段的效率可以通过以下产出导向的 CCR 模型求解，

$$\text{LP3min} \quad \sum_{i=1}^{I} v_i x_{id} = 1/E_d^{no1} \tag{9-19}$$

$$\text{s. t.} \quad \sum_{i=1}^{I} v_i x_{ij} - \sum_{m=1}^{M} w_m z_{mj} \geq 0, j = 1, \cdots, n$$

$$\sum_{m=1}^{M} w_m z_{md} = 1$$

$$v_i, w_m \geq 0, i = 1, \cdots, I; m = 1, \cdots, M.$$

模型（9 – 19）的最优解记为 w_m^*，v_i^*，第一阶段的效率为 E_d^{no1*}。我们假设第一阶段是 Leader stage，优先计算第一阶段的效率，然后在保证第一阶段效率不变的时候，再求 Follower stage 的效率。第二阶段的效率求解模型如下：

$$\text{LP4min} \quad \sum_{m=1}^{M} w_m z_{md} = \frac{1}{E_d^{no2}} \quad (9-20)$$

$$\text{s.t.} \quad \sum_{k=1}^{K} u_k y_{kj} - \sum_{m=1}^{M} w_m z_{mj} \leq 0, j = 1, \cdots, n$$

$$\sum_{m=1}^{M} w_m z_{mj} - \sum_{i=1}^{I} v_i x_{ij} \leq 0, j = 1, \cdots, n$$

$$\sum_{m=1}^{M} w_m z_{md} - E_d^{no1*} \sum_{i=1}^{I} v_i x_{id} = 0$$

$$\sum_{k=1}^{K} u_k y_{kd} = 1$$

$$v_i, w_m, u_k \geq 0, m = 1, \cdots, M; i = 1, \cdots, I; k = 1, \cdots, K$$

模型（9-20）的前两个约束保证所有 DMU 的阶段效率小于 1，第三个约束表示在 Leader stage 的效率不变时求 Follower stage 的效率。在非合作情形下，两阶段系统的总体效率由子阶段效率的乘积表示，即 $E_d^{no1*} * E_d^{no2*}$。

二、基于阶段效率不变原则的固定成本分摊模型

如何找到一种成本分摊方案使得阶段效率分摊前后保持不变？我们尝试从对偶模型来推导效率不变的条件，应用类似的方法，我们可以得到阶段 1 效率不变的条件为 $\sum_{j=1}^{n} \lambda_{jd}^* \alpha_j r_j = \alpha_d r_d$，$\lambda_{jd}^*$ 是以下 DP3 模型的最优解。

$$\text{DP3max} \quad \theta'_d = \frac{1}{E_d^{no1*}} \quad (9-21)$$

$$\text{s.t.} \quad \sum_{j=1}^{n} \lambda_{jd} z_{ij} \geq \theta'_d z_{md}$$

$$\sum_{j=1}^{n} \lambda_{jd} x_{ij} \leq x_{id}$$

$$\lambda_{jd}, \theta'_d \geq 0, j = 1, \cdots, n; m = 1, \cdots, M$$

第二阶段效率不变的条件为 $\sum_{j=1}^{n} [\varphi_{jd}^* (1-\alpha_j) r_j + \beta_{jd}^* \alpha_j r_j] - (1-\alpha_d) r_d = E_d^{no1*} \eta_{1d}^* \alpha_d r_d$，$\varphi_{jd}^*, \beta_{jd}^*, \eta_{1d}^*$ 是模型 DP4 的最优解。

$$\text{DP4max} \quad \eta_{2d} = \frac{1}{E_d^{no2*}} \quad (9-22)$$

$$\text{s.t.} \quad \sum_{j=1}^{n} -\varphi_{jd} y_{kj} + \eta_{2d} y_{kd} \leq 0, k = 1, \cdots, K$$

$$\sum_{j=1}^{n}((\varphi_{jd}-\beta_{jd})z_{mj})+\eta_{1d}z_{md} \leqslant z_{md}, m=1,\cdots,M$$

$$\sum_{j=1}^{n}\beta_{jd}x_{ij}-E_{d}^{no1*}\eta_{1d}x_{id} \leqslant 0, i=1,\cdots,I$$

$$\varphi_{jd},\beta_{jd} \geqslant 0$$

Li 等（2013）认为每一个 DMU 都希望分摊最小的成本，同样地，由于 Leader stage 的重要性高于 Follower stage，所以更希望比 Follower stage 承担的成本少，因此在非合作情况下，我们把目标函数设为 $obj2 = Min\sum_{j=1}^{n}\alpha_{j}r_{j}$。令 $b_{j}=\alpha_{j}r_{j}, j=1,\cdots,n$，将目标函数转换为非线性，则非合作情形下的成本分摊通过以下模型获得：

$$\min \quad \sum_{j=1}^{n}b_{j} = obj2 \qquad (9-23)$$

s. t.
$$\sum_{j=1}^{n}\varphi_{jd}^{*}r_{j}-r_{d}+\sum_{j=1}^{n}(\beta_{jd}^{*}-\varphi_{jd}^{*})b_{j}-E_{d}^{no1*}\eta_{1d}^{*}b_{d}+b_{d}=0$$

$$\sum_{j=1}^{n}\lambda_{jd}^{*}b_{j}=b_{d}, d=1,\cdots,n$$

$$\sum_{j=1}^{n}r_{j}=R$$

$$L_{j}r_{j}-b_{j} \leqslant 0$$

$$-U_{j}r_{j}+b_{j} \leqslant 0$$

三、实例分析

当两个子阶段之间是竞争关系时，我们提出了基于阶段效率不变原则的固定成本分摊模型。为了验证该方法的有效性，我们将表 9-1 中的数据依次代入模型按照以下步骤计算成本分摊方案。

（1）通过模型 LP3，LP4 计算第一阶段和第二阶段的初始效率。

（2）通过模型 DP3 和 DP4 计算最优变量 $\lambda_{jd}^{*},\varphi_{jd}^{*},\beta_{jd}^{*},\eta_{1d},\eta_{2d}(d=1,\cdots,n)$ 的值，并确定效率不变的条件。

（3）用成本分摊结果计算分摊后的效率，验证是否满足效率不变条件。

表 9-3 显示了在竞争情形下的成本分摊结果和效率值。

表9-3 竞争情形下的成本分摊结果

公司	初始效率 E_j^{no1}	E_j^{no2}	E_j^{no}	分摊后效率 e_j^{no1}	e_j^{no2}	e_j^{no}	分摊方案 $\alpha_j r_j$	$(1-\alpha_j)r_j$	r_j
1. 台湾产物保险	0.9926	0.7045	0.6993	0.9926	0.7045	0.6993	0.5041	3.5244	4.0285
2. 兆丰	0.9985	0.6257	0.6248	0.9985	0.6257	0.6248	0.8366	4.7874	5.6240
3. 太平	0.6900	1.0000	0.6900	0.6900	1.0000	0.6900	0.4422	2.2849	2.7271
4. 中国航联产物	0.7243	0.4200	0.3042	0.7243	0.4200	0.3042	0.3201	1.5414	1.8615
5. 富邦	0.8375	0.8057	0.6748	0.8375	0.8057	0.6748	2.6241	15.9881	18.6122
6. 苏黎世	0.9637	0.4010	0.3864	0.9637	0.4010	0.3864	0.5003	4.2763	4.7766
7. 泰安	0.7521	0.3522	0.2649	0.7521	0.3522	0.2649	0.9068	5.5153	6.4221
8. 明太	0.7256	0.3780	0.2743	0.7256	0.3780	0.2743	1.3909	7.3714	8.7623
9. "中央存款"	1.0000	0.2233	0.2233	1.0000	0.2233	0.2233	0.7088	4.8224	5.5312
10. 第一产物	0.8615	0.5408	0.4659	0.8615	0.5408	0.4659	0.6101	4.1372	4.7473
11. 国华	0.7405	0.1675	0.1240	0.7405	0.1675	0.1240	0.4931	3.0602	3.5533
12. 友联产物	1.0000	0.7596	0.7596	1.0000	0.7596	0.7596	0.4977	4.4789	4.9766
13. 新光	0.8107	0.2431	0.1971	0.8107	0.2431	0.1971	1.0175	5.6744	6.6919
14. 南华	0.7246	0.374	0.2710	0.7246	0.3740	0.2710	0.6559	3.7778	4.4337
15. 国泰世纪	1.0000	0.6138	0.6138	1.0000	0.6138	0.6138	0.4732	4.2584	4.7316
16. 安联人寿	0.9072	0.3356	0.3045	0.9072	0.3356	0.3045	0.3038	2.4412	2.7450
17. 新安东京海上	0.7233	0.4555	0.3295	0.7233	0.4555	0.3295	0.6573	4.1114	4.7687
18. 美亚	0.7935	0.3262	0.2588	0.7935	0.3262	0.2588	0.4159	2.0684	2.4843
19. 美国人寿	1.0000	0.4112	0.4112	1.0000	0.4112	0.4112	0.1400	0.5685	0.7085
20. 联邦存款	0.9332	0.5857	0.5466	0.9332	0.5857	0.5466	0.0411	0.2633	0.3044
21. 皇家太阳保险	0.7505	0.2623	0.1969	0.7505	0.2623	0.1969	0.0201	0.1234	0.1435
22. 亚洲保险	0.5895	1.0000	0.5895	0.5895	1.0000	0.5895	0.008	0.0283	0.0363
23. 安盛产险	0.8501	0.4512	0.3836	0.8501	0.4512	0.3836	0.0214	0.1452	0.1666
24. 三井住友保险	1.0000	0.0870	0.0870	1.0000	0.0870	0.0870	0.1163	1.0467	1.1630

注：为保险数据的准确性，表格中的数据保留小数点后四位。

表 9-3 中的第二列到第四列均显示了非合作情况下的最初阶段效率和总体效率，第五列到第七列显示了分摊后的阶段效率和总体效率，最后三列显示了非合作情况下的成本分摊结果。经过比较可知，分摊前后的子阶段效率保持不变，满足阶段效率不变原则。分析各个公司子阶段的成本分摊结果，发现 Leader stage 分摊的成本较少，说明最终的成本分摊方案对 Leader stage 有利。由表 9-3 中最后三列可知，公司 5 的规模较大，承担的成本最多。通过比较每个公司第一阶段成本分摊比例，发现分摊比例在上限和下限之间波动，这主要是因为分摊方法的目标是最小化所有 DMU 第一阶段承担的成本，而不是最小化每一个公司第一阶段的成本。由结果还可以发现，当两个公司具有相近的效率值时，投入较多的公司承担的成本较多，例如，公司 8 和公司 14 具有相似的阶段效率，但是公司 8 分摊的成本较多，因为公司 8 消耗的投入较多。

本章小结

本章考虑到决策单元子阶段之间的竞争与合作关系，引入合作和非合作博弈理论，提出了针对不同情况的成本分摊方案。当决策单元子阶段之间是合作关系时，我们根据加法效率模型推出基于整体效率不变原则的成本分摊方案；当决策单元子阶段之间是竞争关系时，我们根据乘法效率模型推出基于阶段效率不变的成本分摊方案。最后用中国台湾 24 家保险公司的数据进行验证，得到两种情形下的分摊结果并对结果进行了分析。

第十章

考虑两阶段网络系统外部竞合关系的固定成本分摊

在为两阶段网络系统分摊固定成本的过程中,现有固定成本分摊文献中很少考虑到系统外部之间的相互博弈关系。在上一章中我们考虑到系统内部两子阶段之间的博弈关系,而忽略了外部的竞争与合作。本章分别从系统外部间的合作与竞争关系出发,讨论了两种情形下的固定成本分摊方法。当决策单元之间想通过合作共赢时,我们引入了合作博弈理论进行两阶段网络系统的固定成本分摊。当成本分摊过程中各决策单元之间由于利益冲突相互竞争时,我们提出基于非合作博弈理论的方法来解决两阶段网络系统的固定成本分摊问题。

第一节 考虑固定成本的两阶段网络系统效率评价

由第九章的分析可知,有固定成本的两阶段网络系统效率评价可由模型(9-11)得到。为简便起见,令模型(9-11)中的 $\alpha_d r_d$ 和 $(1-\alpha_d) r_d$ 的权重都为1,可以得到如下评价模型。即使不设为1,也不会影响最终的结果,Beasley(2003)所提出的方法中也做出了相同的处理。

$$E_d^* = \max \frac{\sum_{m=1}^{M} w_m z_{md} + \sum_{q=1}^{Q} u_q y_{qd}}{\sum_{i=1}^{I} v_i x_{id} + \sum_{m=1}^{M} w_m z_{md} + R_d} \quad (10-1)$$

s.t.
$$\sum_{m=1}^{M} w_m z_{mj} - \sum_{i=1}^{I} v_i x_{ij} - \alpha_j R_j \leq 0$$

$$\sum_{q=1}^{Q} u_q y_{qj} - \sum_{m=1}^{M} w_m z_{mj} - (1-\alpha_j) R_j \leq 0$$

$$\sum_{j=1}^{n} R_j = R, R_j \geq 0$$

$$L_j \leq \alpha_j \leq U_j$$
$$v_i, u_q, w_m \geq 0, i = 1, \cdots, I, q = 1, \cdots, Q,$$
$$m = 1, \cdots, M, j = 1, \cdots, n.$$

模型（10-1）可得到 DMU$_d$ 的效率，从 DMU 个体角度出发，每个 DMU 都想最大化自己的效率。但是对于决策者来说，希望最大化整体效率，用以下模型表示：

$$E_{all}^* = \max \frac{1}{n} \sum_{j=1}^{n} E_j \tag{10-2}$$

$$\text{s.t.} \quad 0 \leq E_j = \frac{\sum_{m=1}^{M} w_m z_{mj} + \sum_{q=1}^{Q} u_q y_{qj}}{\sum_{i=1}^{I} v_i x_{ij} + \sum_{m=1}^{M} w_m z_{mj} + R_j} \leq 1$$

$$\sum_{j=1}^{n} R_j = R, R_j \geq 0$$

$$L_j \leq \alpha_j \leq U_j$$

$$v_i, u_q, w_m \geq 0, i = 1, \cdots, I, q = 1, \cdots, Q,$$

$$m = 1, \cdots, M, j = 1, \cdots, n.$$

模型（10-2）旨在最大化所有 DMU 的平均效率，令所有 DMU 的平均效率值为 E_{all}^*。

E_{all}^* 的值越大，整体效率越大，当 E_{all}^* 的值为 1 时，代表所有 DMU 均为有效。那么，分摊后是否每个 DMU 都能达到有效？我们给出了如下定理：

定理 10-1：模型（10-1）中，任意 DMU$_d$ 均为 DEA（弱）有效决策单元，即 $E_d^* = 1$。

证明：令 $\bar{y}_{Qj0} = \max_{j=1,\cdots,n}\{y_{Q1}, y_{Q2}, \cdots, y_{Qn}\}$，$\bar{z}_{Mj0} = \max_{j=1,\cdots,n}\{z_{M1}, z_{M2}, \cdots, z_{Mn}\}$，则向量

$$\xi = \{v_i = 0 (i = 1, \cdots, I), u_q = 0 (q = 1, \cdots, Q-1),$$

$$u_Q = R \cdot z_{Mj0} / [y_{Qj0} \cdot z_{Mj0} + (n-1)\bar{y}_{Qj0} \cdot \bar{z}_{Mj0}],$$

$$w_m = 0, m = 1, \cdots, M-1,$$

$$w_M = \alpha_j R \cdot z_{Mj0} \cdot y_{Qj0} / [y_{Qj0} \cdot z_{Mj0} + (n-1)\bar{y}_{Qj0} \cdot \bar{z}_{Mj0}],$$

$$R_{j0} = y_{Qj0} \cdot z_{Mj0} \cdot R / [y_{Qj0} \cdot z_{Mj0} + (n-1)\bar{y}_{Qj0} \cdot \bar{z}_{Mj0}],$$

$$R_j = \bar{y}_{Qj0} \cdot \bar{z}_{Mj0} \cdot R / [y_{Qj0} \cdot z_{Mj0} + (n-1)\bar{y}_{Qj0} \cdot \bar{z}_{Mj0}], j \neq j0\}$$

满足模型（10-1）的所有约束，是模型（10-1）的可行解，因此

$$\theta_j = \frac{\sum_{m=1}^{M} w_m z_{mj} + \sum_{q=1}^{Q} u_q y_{qj}}{\sum_{i=1}^{I} v_i x_{ij} + \sum_{m=1}^{M} w_m z_{mj} + R_j}$$

$$= \frac{\sum_{m=1}^{M} w_m z_{mj} + R \cdot z_{Mj} \cdot y_{Qj}/[y_{Qj} \cdot z_{Mj} + (n-1)\bar{y}_{Qj} \cdot \bar{z}_{Mj}]}{\sum_{m=1}^{M} w_m z_{mj} + R_j}$$

$$= \begin{cases} \dfrac{\sum_{m=1}^{M} w_m z_{mj} + R \cdot z_{Mj0} \cdot y_{Qj0}/[y_{Qj0} \cdot z_{Mj0} + (n-1)\bar{y}_{Qj0} \cdot \bar{z}_{Mj0}]}{\sum_{m=1}^{M} w_m z_{mj} + y_{Qj0} \cdot z_{Mj0} \cdot R/[y_{Qj0} \cdot z_{Mj0} + (n-1)\bar{y}_{Qj0} \cdot \bar{z}_{Mj0}]} = 1, j = j0 \\ \dfrac{\sum_{m=1}^{M} w_m z_{mj} + R \cdot z_{Mj0} \cdot y_{Qj0}/[y_{Qj0} \cdot z_{Mj0} + (n-1)\bar{y}_{Qj0} \cdot \bar{z}_{Mj0}]}{\sum_{m=1}^{M} w_m z_{mj} + \bar{y}_{Qj0} \cdot \bar{z}_{Mj0} \cdot R/[y_{Qj0} \cdot z_{Mj0} + (n-1)\bar{y}_{Qj0} \cdot \bar{z}_{Mj0}]} \leq 1, j \neq j0 \end{cases}$$

$$\sum_{j=1}^{n} R_j = \frac{z_{Mj0} \cdot y_{Mj0} \cdot R + (n-1)\bar{y}_{Qjo} \cdot \bar{z}_{Mj0} \cdot R}{y_{Qj0} \cdot z_{Mj0} + (n-1)\bar{y}_{Qj0} \cdot \bar{z}_{Mj0}} = R$$

从而可以推出 $\theta_{j0}(\xi) = \dfrac{\sum_{m=1}^{M} w_m z_{mj} + \sum_{q=1}^{Q} u_q y_{qj}}{\sum_{i=1}^{I} v_i x_{ij} + \sum_{m=1}^{M} w_m z_{mj} + R_j} (j = j_0) = 1$。所以模型（10-1）的最优值 $\theta_j^* \geq \theta_{j0}(\xi) = 1$，又因为在 CCR 模型下，任何 DMU 的效率不能大于 1，所以有且只有 $\theta_j^* = 1$。

此定理说明从个体理性角度出发，某个 DMU 在自己设计成本分摊方案时，总是尽量使自身的效率达到最大值，从而使各自成为有效的 DMU。

定理 10-2：当 DMU_d 有效时，它的两个子阶段也是有效的。

证明：已知 θ_{1d}, θ_{2d} 分别是子阶段的效率，且 $\theta_{1d} < 1, \theta_{2d} < 1$，无论 p_1，p_2（$p_1, p_2 \in [0, 1]$）的值是多少，$p_1 \theta_1 + p_2 \theta_2$ 都比 1 小，系统效率均为无效。因此，当系统为有效时，子阶段效率为 1 才能满足 $p_1 \theta_1 + p_2 \theta_2 = 1$。

该定理表示决策者可以找到一种成本分摊方案使 DMU_d 和子阶段效率都达到有效。由于整体效率是由阶段效率计算得到，因此，整体有效时子阶段也

<<< 第十章 考虑两阶段网络系统外部竞合关系的固定成本分摊

有效。

定理 10-3：模型（10-2）下，决策单元整体是 DEA（弱）有效，即 $E_{all}^* = 1$。

证明：令向量 $\Gamma = (u_q = 0, q = 1, \cdots, Q-1, u_Q = R/\sum_{d=1}^{n} y_{qd}; R_j = \frac{y_{qj}R}{\sum_{d=1}^{n} y_{qd}}, j = 1, \cdots, n; v_i = 0, i = 1, \cdots, I)$，则 Γ 是模型（10-2）的一组可行解。因为

$$E_j = \frac{\sum_{m=1}^{M} w_m z_{mj} + \sum_{q=1}^{Q} u_q y_{qj}}{\sum_{i=1}^{I} v_i x_{ij} + \sum_{m=1}^{M} w_m z_{mj} + R_j}$$

$$= \frac{\sum_{m=1}^{M} w_m z_{mj} + u_Q y_{Qj}}{\sum_{m=1}^{M} w_m z_{mj} + R_j}$$

$$= \frac{\sum_{m=1}^{M} w_m z_{mj} + R/\sum_{d=1}^{n} y_{qd} * y_{Qj}}{\sum_{m=1}^{M} w_m z_{mj} + \frac{y_{qj}R}{\sum_{d=1}^{n} y_{qd}}} = 1, \forall j$$

且 $\sum_{j=1}^{n} R_j = \sum_{j=1}^{n} \frac{y_{qj}R}{\sum_{d=1}^{n} y_{qd}} = R$，因此，$E_{all}^* \geq \frac{1}{n}\sum_{j=1}^{n} E_j = 1$，又因为由 $E_j \leq 1, \forall j$ 可知，最优目标值 $E_{all}^* \leq 1$，所以 $E_{all}^* = 1$。证毕。

第二节 基于合作博弈的两阶段网络系统固定成本分摊模型

为了更好地描述决策单元之间的合作关系，我们提出了一种基于合作博弈和 DEA 方法研究两阶段网络系统的固定成本分摊问题。

一、问题描述

在建立公共平台时，如银行交易系统、连锁超市为各个子超市建立的物

流配送系统，往往投资较大，成本回收期长，风险大。显然各个独立的决策单元不会自己单独投资，合作投资显然是一种更好的选择。各个独立的决策单元之间通过联盟合作进行投资，但同时引发如何公平分摊成本的争执。

由文献综述可知，固定成本的分摊分为基于效率不变原则和效率最大化原则两种方法。此处，我们假设分摊后效率最大化，在上一节中我们介绍了当固定成本作为新的投入时，能同时满足个体有效和整体有效，对应的成本分摊方案可以表示如下：

$$\Psi = \{A_1, A_2, \cdots, A_n, B_1, B_2, \cdots, B_n \mid A_j = \sum_{m=1}^{M} w_m z_{mj} - \sum_{i=1}^{I} v_i x_{ij},$$

$$B_j = \sum_{q=1}^{Q} u_q y_{qj} - \sum_{m=1}^{M} w_m z_{mj}, \sum_{j=1}^{n} (A_j + B_j) = R\}, \qquad (10-3)$$

其中 A_j 代表分给DMU $_j$ 第一阶段的成本，B_j 代表分给DMU $_j$ 第二阶段的成本。显然，满足上述式子的分摊方案是无穷多的，不能确定决策者应该选择哪一种成本分摊方案。所以本章在考虑 DMU 外部之间合作关系的同时给出了一种合理的成本分摊方案。

二、理性假设与特征函数

根据合作关系和博弈理论，我们通过以下假设来呈现决策单元之间的相互合作关系：

（1）所有决策单元都是自私的，所有决策单元都希望自己分摊的成本最少。

（2）所有决策单元都愿意参与合作博弈，并且最终形成一个公平的分摊方案。

一般来讲，满足公式（10-3）的成本分摊方案是不唯一的，因此如何在考虑合作博弈的情况下找到一个基于效率最大化原则的唯一的成本分摊方案至关重要。我们需要先定义一个特征函数。假设联盟 K 是集合 $N = \{1, 2, \cdots, n\}$ 的子集合。联盟 K 的投入、产出分别记为：$x_i(K) = \sum_{d \in K} x_{id}$，$z_m(K) = \sum_{d \in K} z_{md}$ 和 $y_q(K) = \sum_{d \in K} y_{qd}$。为了得到联盟 K 所能承受的最大成本，我们需要计算以下模型：

$$C(K) = \max \sum_{q=1}^{Q} u_q \sum_{d \in K} y_{qd} - \sum_{i=1}^{I} v_i \sum_{d \in K} x_{id} \qquad (10-4)$$

s.t. $R_j = \sum_{q=1}^{Q} u_q y_{qj} - \sum_{i=1}^{I} v_i x_{ij}$

$\sum_{j=1}^{n} R_j = R$

$v_i, w_m \geq 0, R_j \geq 0, j = 1, \cdots, n.$

对于每一个联盟 K，模型（10-4）的最优目标函数值代表联盟 K 所能承受的最大成本。Li 等（2019）将这个最大值称为"心理价格"。采用同样的方法，我们可以得到 DMU$_j$ 每个阶段分摊成本的上下限。

$$C1(d) = \max/\min \sum_{m=1}^{M} w_m z_{md} - \sum_{i=1}^{I} v_i x_{id} \qquad (10-5)$$

s.t. $A_j = \sum_{m=1}^{M} w_m z_{mj} - \sum_{i=1}^{I} v_i x_{ij}, j = 1, \cdots, n.$

$B_j = \sum_{q=1}^{Q} u_q y_{qj} - \sum_{m=1}^{M} w_m z_{mj}, j = 1, \cdots, n.$

$\sum_{j=1}^{n} (A_j + B_j) = R$

$A_j \geq 0, B_j \geq 0$

$v_i, u_q, w_m \geq 0, i = 1, \cdots, I,$

$q = 1, \cdots, Q, m = 1, \cdots, M.$

$$C2(d) = \max/\min \sum_{q=1}^{Q} u_q y_{qd} - \sum_{m=1}^{M} w_m z_{md} \qquad (10-6)$$

s.t. $A_j = \sum_{m=1}^{M} w_m z_{mj} - \sum_{i=1}^{I} v_i x_{ij}, j = 1, \cdots, n.$

$B_j = \sum_{q=1}^{Q} u_q y_{qj} - \sum_{m=1}^{M} w_m z_{mj}, j = 1, \cdots, n.$

$\sum_{j=1}^{n} (A_j + B_j) = R$

$A_j \geq 0, B_j \geq 0$

$v_i, u_q, w_m \geq 0,$

$i = 1, \cdots, I, q = 1, \cdots, Q, m = 1, \cdots, M.$

模型（10-5）计算的是每个 DMU 第一阶段所能承担成本的上下限，当目标函数是最大值时对应上限，最小值时对应下限。同样地，模型（10-6）

计算的是第二阶段承担成本的上下限。

定义10-1：对于任意子集 $K \subseteq N$，子集 K 的特征函数定义为：$V(K) = \sum_{j \in K} [C1(j) + C2(j)] - C(K)$.

上述式子表明，联盟 K 中每一个决策单元所能承受的最大心理价格之和与联盟 K 对应的心理价格之间的差距。特征值越大，代表此联盟节省的成本越大。因此，特征值也可以代表由于结成联盟 K 而获取的收益。

此特征函数具有几个性质：

性质（1）：$V(\emptyset) = 0, V(N) = \sum_{j \in N} [C1(j) + C2(j)] - R$

证明：当集合是空时，联盟为空，显然，特征函数的值为0。当集合不为空时，

$$V(N) = \sum_{j \in N} [C1(j) + C2(j)] - C(N) = \sum_{j \in N} [C1(j) + C2(j)] - R \geq 0$$

性质（2）：超可加性：$V(S) + V(T) \leq V(S \cup T), S, T \subseteq N, S \cap T = \emptyset$.

证明：

$$V(S) + V(T) = \sum_{j \in S} [C1(j) + C2(j)] - C(S) + \sum_{j \in T} [C1(j) + C2(j)] - C(T)$$
$$= \sum_{j \in S \cup T} [C1(j) + C2(j)] - [C(S) + C(T)]$$

Nakabayashi 和 Tone（2006）证明 $C(S \cup T) \leq C(S) + C(T)$。因此，可以推出：

$$V(S) + V(T) = \sum_{j \in S \cup T} [C1(j) + C2(j)] - [C(S) + C(T)]$$
$$\leq \sum_{j \in S \cup T} [C1(j) + C2(j)] - C(S \cup T) = V(S \cup T)$$

性质（2）表明两个联盟之间的合作是共赢的，两个小的联盟通过合作会有更多的收益。

定理10-4：合作博弈（N, V）是平衡的。

证明：令向量 π 代表 $n^2 - 2$ 个非负元素 π_K，$K \subseteq N$，且 $\sum_{j \in K \subseteq N} \pi_K = 1$，$\forall j \in N$。由于（N, V）是平衡博弈，满足 $\sum_{K \subseteq N} \pi_K V(K) \leq V(N)$。

根据模型（10-4）和特征函数，有：

$$\sum_{K \subseteq N} \pi_K V(K)$$

$$= \sum_{K \subseteq N} \pi_K [\sum_{j \in K}(C1(j) + C2(j)) - C(K)]$$

$$= \sum_{K \subseteq N} \pi_K [\sum_{j \in K}(C1(j) + C2(j)) - \max(\sum_{q=1}^{Q} u_q \sum_{j \in K} y_{qj} - \sum_{i=1}^{I} v_i \sum_{j \in K} x_{ij})]$$

$$\leq \sum_{K \subseteq N} \pi_K [\sum_{j \in K}(C1(j) + C2(j))] - \max \sum_{K \subseteq N} \pi_K (\sum_{q=1}^{Q} u_q \sum_{j \in K} y_{qj} - \sum_{i=1}^{I} v_i \sum_{j \in K} x_{ij})$$

$$= \sum_{K \subseteq N} \pi_K [\sum_{j \in K}(C1(j) + C2(j))] - \max \{\sum_{q=1}^{Q} u_q [\sum_{K \subseteq N} \pi_K (\sum_{j \in K} y_{qj})] - \sum_{i=1}^{I} v_i [\sum_{K \subseteq N} \pi_K (\sum_{j \in K} x_{ij})]\}$$

$$= \sum_{j \in N}(C1(j) + C2(j))(\sum_{j \in K \subseteq N} \pi_K) - \max\{\sum_{q=1}^{Q} u_q [\sum_{j \in N} y_{qj}(\sum_{j \in K \subseteq N} \pi_K)] - \sum_{i=1}^{I} v_i [\sum_{j \in N} x_{ij}(\sum_{j \in K \subseteq N} \pi_K)]\}$$

$$= \sum_{j \in N}(C1(j) + C2(j)) - \max(\sum_{q=1}^{Q} u_q \sum_{j \in N} y_{qj} - \sum_{i=1}^{I} v_i \sum_{j \in N} x_{ij})$$

$$= \sum_{j \in N}(C1(j) + C2(j)) - C(N) = \sum_{j \in N}(C1(j) + C2(j)) - R = V(N)$$

如果博弈（N, V）是平衡的，则该博弈的核是非空的，从而总固定成本可以根据核仁解、核心解等分给所有 DMU。证毕。

三、基于核仁解的成本分摊模型

在这一部分，我们主要用博弈论中的核仁解来求两阶段网络系统的固定成本分摊问题。尽管在博弈论中存在其他方法，如 Shapley 值、核心解（李勇军等，2009；李勇军等，2010；Yang 和 Zhang，2015），但 Schmeidler（1969）指出核仁解始终存在并且唯一，因此我们选择核仁解来求成本分摊方案。假设 $H1 = (h1(1), h1(2), \cdots, h1(n))$，$H2 = (h2(1), h2(2), \cdots, h2(n))$ 是合作博弈 DEA (N, V) 最后计算得到的核仁解，$h1(j), h2(j)$ 分别代表分给某个 DMU 第一阶段、第二阶段的值。基于核仁解的成本分摊具有以下特性：

个人理性：$C1(j) + C2(j) - h1(j) - h2(j) \geq V(j)$。

联盟理性：$\sum_{j \in K}[C1(j) + C2(j)] - \sum_{j \in K}[h1(j) + h2(j)] \geq V(K)$。

集体理性：$\sum_{j \in N}[C1(j) + C2(j)] - \sum_{j \in N}[h1(j) + h2(j)] = V(N) = \sum_{j \in N}[C1(j) + C2(j)] - R$。

个体理性表明所生成的成本分摊方案增加了每个 DMU 的利润。联盟理性确保没有任何一个联盟有动机退出大联盟。集体理性表明固定成本被分摊给所有 DMU。为了衡量基于核仁解的成本分摊方案对联盟 K 的满意度，我们给出了以下定义：

定义 10-2：令 $H1 = (h1(1), h1(2), \cdots, h1(n))$，$H2 = (h2(1), h2(2), \cdots, h2(n))$ 作为合作博弈 $DEA(N,V)$ 的中心，则联盟 K 的超出值表示为 $e(K,h) = \sum_{j \in K}[C1(j) + C2(j)] - \sum_{j \in K}[h1(j) + h2(j)] - V(K)$

根据定义 10-1 知，$e(K,h) = C(K) - \sum_{j \in K}[h1(j) + h2(j)]$，$e(K,h)$ 衡量的是合作博弈的中心值与最坏的成本分摊 $C(K)$ 之间的差异，代表联盟对于分摊方案的满意度。$e(K,h)$ 的值越大，联盟 K 对分摊方案越满意。然后将所有联盟的超出值降序排列，即 $\rho(h) = (\rho_1(h), \cdots, \rho_{2^n-1}(h)) = (e(k_1,h), \cdots, e(K_{2^n-2},h))$，其中 $e(K_1,h) \geq e(K_2,h) \geq e(K_3,h) \cdots \geq e(K_{2^n-2},h)$。

四、基于核仁解的求解算法

本部分根据上述描述和定理，考虑所有联盟超出值最小的情况，拟选择一种最大化最小超出值的方案。为了得到基于核仁解的成本分摊方案，在 Maschler 等（1979）的基础上提出了如下模型：

$$\max \quad \min \quad e(K,h) \quad (10-7)$$

s.t. $h1(j) = \sum_{m=1}^{M} w_m z_{mj} - \sum_{i=1}^{I} v_i x_{ij}, j = 1, \cdots, n.$

$h2(j) = \sum_{q=1}^{Q} u_q y_{qj} - \sum_{m=1}^{M} w_m z_{mj}, j = 1, \cdots, n.$

$\sum_{j=1}^{n}(h1(j) + h2(j)) = R$

$h1(j), h2(j) \geq 0, v_i, w_m \geq 0.$

令 $\beta = \min e(K,h)$，上述模型可以转换为以下线性模型：

$$\max \quad \beta \quad (10-8)$$

s.t. $h1(j) = \sum_{m=1}^{M} w_m z_{mj} - \sum_{i=1}^{I} v_i x_{ij}, j = 1, \cdots, n.$

$$h2(j) = \sum_{q=1}^{Q} u_q y_{qj} - \sum_{m=1}^{M} w_m z_{mj}, j = 1, \cdots, n.$$

$$\sum_{j=1}^{n} (h1(j) + h2(j)) = R$$

$$\sum_{j \in K} [C1(j) + C2(j)] - \sum_{j \in K} [h1(j) + h2(j)] - V(K) \geq \beta$$

$$h1(j), h2(j) \geq 0, v_i, w_m \geq 0.$$

假设模型（10-8）的最优解为（$\beta_1^*, h1_j^*, h2_j^*$），所有的联盟都可以分为以下集合：

$$T1 = \{K | \sum_{j \in K} [C1(j) + C2(j)] - \sum_{j \in K} [h1(j) + h2(j)] - V(K) = \beta_1^*, \forall K \subseteq N, K \neq \varnothing\}$$

$$T2 = \{K | \sum_{j \in K} [C1(j) + C2(j)] - \sum_{j \in K} [h1(j) + h2(j)] - V(K) > \beta_1^*, \forall K \subseteq N, K \neq \varnothing\}$$

其次，最大化集合需要最大化集合 T2 中的 β_1^*，然后不断重复直到得到所有联盟的超出值。最终的成本分摊方案记为 $h1_j^*, h2_j^*$（$\forall j \in N$）。

具体的求解步骤如下：

（1）令 $b = 1$，将模型（10-8）的解记为（$\beta_1^*, v_i^*, w_m^*, u_q^*, h1_j^*, h2_j^*$）。如果联盟的超出值等于 β_1^*，这些联盟构成集合 T1：

$$T1 = \{K | \sum_{j \in K} [C1(j) + C2(j)] - \sum_{j \in K} [h1(j) + h2(j)] - V(K)$$
$$= \beta_1^*, \forall K \subseteq N, K \neq \varnothing\}$$

令 f_b 代表矩阵（$\sum_{j \in K} X_j, \sum_{j \in K} Z_j, \sum_{j \in K} Y_j$）的秩，$K \in T1$。其他联盟构成的集合记为：

$$T2 = \{K | \sum_{j \in K} [C1(j) + C2(j)] - \sum_{j \in K} [h1(j) + h2(j)] - V(K) >$$
$$\beta_1^*, \forall K \subseteq N, K \neq \varnothing\}$$

$T1 \cup T2$ 代表所有的联盟。

（2）如果 $f_b = I + M + Q$，则终止循环，得到唯一最优解（$\beta_1^*, v_i^*, w_m^*, u_q^*, h1_j^*, h2_j^*$）。否则，进行第三步。

（3）令 $b = b + 1$，并计算以下模型：

$$\beta_b^* = \max \beta$$

s.t. $h1(j) = \sum_{m=1}^{M} w_m z_{mj} - \sum_{i=1}^{I} v_i x_{ij}, j = 1, \cdots, n.$ (10-9)

$h2(j) = \sum_{q=1}^{Q} u_q y_{qj} - \sum_{m=1}^{M} w_m z_{mj}, j = 1, \cdots, n.$

$\sum_{j=1}^{n} (h1(j) + h2(j)) = R$

$\sum_{j \in K} [C1(j) + C2(j)] - \sum_{j \in K} [h1(j) + h2(j)] - V(K) = \beta_1^*, \forall K \in T1$

$\sum_{j \in K} [C1(j) + C2(j)] - \sum_{j \in K} [h1(j) + h2(j)] - V(K) = \beta_2^*, \forall K \in T3$

$\vdots$

$\sum_{j \in K} [C1(j) + C2(j)] - \sum_{j \in K} [h1(j) + h2(j)] - V(K) = \beta_{b-1}^*, \forall K \in T_{2b-3}$

$\sum_{j \in K} [C1(j) + C2(j)] - \sum_{j \in K} [h1(j) + h2(j)] - V(K) \geq \beta, \forall K \in T_{2b-2}$

$h1(j), h2(j) \geq 0, v_i, w_m \geq 0.$

记模型（10-9）的最优解为 $(\beta_b^*, v_{bi}^*, w_{bm}^*, u_{bq}^*, h1_{bj}^*, h2_{bj}^*)$，集合 T_{2b-2} 可以分为：

$T_{2b-1} = \{K | \sum_{j \in K} [C1(j) + C2(j)] - \sum_{j \in K} [h1(j) + h2(j)] - V(K)$
$= \beta_b^*, \forall K \subseteq N, K \neq \varnothing\}$

$T_{2b} = \{K | \sum_{j \in K} [C1(j) + C2(j)] - \sum_{j \in K} [h1(j) + h2(j)] - V(K) >$
$\beta_b^*, \forall K \subseteq N, K \neq \varnothing\}$

（4）如果 $f_b = I + M + Q$，算法终止。最优解 $(\beta_b^*, v_{bi}^*, w_{bm}^*, u_{bq}^*, h1_{bj}^*, h2_{bj}^*)$ 得到，否则重复步骤（3）。

五、实例分析

为了验证上述方法的可行性，我们引入了某商业银行的数据。此商业银行包括 27 个分支结构（Li 等，2019），该银行的总固定成本为 8000 个单位，主要被用于建设信息化系统。为了减轻总部的财务压力，银行分行有义务分担总固定成本。根据 Wang 等（1997），Li 等（2019），银行的业务流程可以分为两个阶段，第一阶段以资金业务活动为主，例如存款和其他基金活动；

而第二阶段主要利用存款和其他基金获取收益。图 10-1 展示了银行具体业务活动：

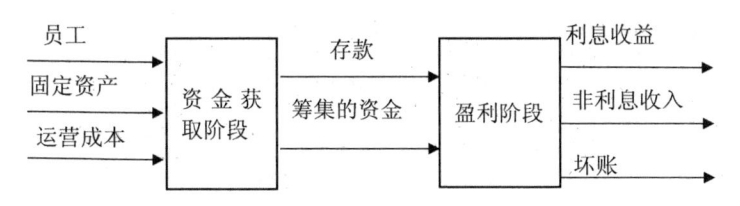

图 10-1 银行结构图

银行的数据如表 10-1 所示：

表 10-1 银行数据

银行	X_1	X_2	X_3	Z_1	Z_2	Y_1	Y_2	Y_3
1	25	619	538	77,237	34,224	2,947	913	224
2	27	419	489	88,031	56,559	3,138	478	516
3	40	1670	1459	164053	62776	5494	1242	877
4	42	2931	1497	145369	65226	3144	870	1138
5	52	2587	797	166424	85886	6705	854	618
6	45	2181	697	215695	30179	8487	1023	2096
7	33	989	1217	114043	43447	4996	767	713
8	107	6277	2189	727699	294126	21265	6282	6287
9	88	3197	949	186642	53223	8574	1537	1739
10	146	6222	1824	614241	121784	21937	5008	3261
11	57	1532	2248	241794	83634	8351	1530	2011
12	42	1194	1604	150707	57875	5594	858	1203
13	132	5608	1731	416754	168798	15271	4442	2743
14	77	2136	906	276379	38763	10070	2445	1487
15	43	1534	438	133359	48239	4842	1172	1355
16	43	1711	1069	157275	27004	6505	1469	1217
17	59	3686	820	150827	60244	6552	1209	1082

续表

银行	X_1	X_2	X_3	Z_1	Z_2	Y_1	Y_2	Y_3
18	33	1479	2347	215012	78253	8624	894	2228
19	38	1822	1577	192746	76284	9422	967	1367
20	162	5922	2330	533273	163816	18700	4249	6545
21	60	2158	1153	252568	77887	10573	1611	2210
22	56	2666	2683	269402	158835	10678	1589	1834
23	71	2969	1521	197684	100321	8563	905	1316
24	117	5527	2369	406475	106073	15545	2359	2717
25	78	3219	2738	371847	125323	14681	3477	3134
26	51	2431	741	190055	142422	7964	1318	1158
27	48	2924	1561	332641	94933	11756	2779	1398

由于得到 n 个参与人合作博弈的核仁解，需要计算 2^n-2 个联盟的上限，为了简化程序，我们引入了 Hallefjord 等（1995）提到的行生成算法，并结合本书提到的求解步骤，最终得到的成本分摊方案如表 10-2 所示：

表 10-2 银行之间合作情况下的成本分摊

银行	阶段1 效率	阶段2 效率	阶段1 上限	阶段2 上限	阶段1 分摊成本	阶段2 分摊成本	系统 分摊成本
1	0.7597	1.0000	73.1000	146.6000	38.3807	27.2257	65.6064
2	1.0000	0.7595	111.0000	96.4000	60.8270	16.9459	77.7729
3	0.7204	0.7839	149.6000	190.2000	69.3762	40.9393	110.3155
4	0.5125	0.6900	132.6000	173.5000	0.0000	31.7393	31.7393
5	0.6118	0.7735	155.3000	206.0000	68.9433	0.0000	68.9433
6	0.8554	0.9362	231.8000	340.1000	169.3338	142.3087	311.6425
7	1.0000	0.9343	144.1000	153.5000	91.6188	54.1728	145.7916
8	1.0000	0.9235	896.3000	961.9000	666.1061	464.5616	1130.6680
9	0.4946	1.0000	170.2000	265.1000	29.6486	183.1708	212.8194

续表

银行	阶段1效率	阶段2效率	阶段1上限	阶段2上限	阶段1分摊成本	阶段2分摊成本	系统分摊成本
10	0.8618	0.8370	682.1000	766.8000	469.2628	200.4776	669.7404
11	0.9380	0.8120	252.4000	306.6000	126.0951	127.2596	253.3547
12	0.7733	0.8288	143.5000	183.4000	52.4346	73.2677	125.7023
13	0.6385	1.0000	393.8000	680.2000	210.5658	280.7648	491.3306
14	0.9701	0.8767	297.1000	401.8000	211.8888	109.9055	321.7943
15	0.7403	0.9942	142.2000	206.6000	80.5106	126.9650	207.4756
16	0.6847	0.9906	143.5000	237.2000	76.1670	125.2281	201.3951
17	0.4897	0.9534	137.6000	201.3000	3.7096	101.1040	104.8136
18	1.0000	0.9752	232.7000	339.7000	110.6827	151.8673	262.5500
19	0.8078	1.0000	179.0000	289.5000	104.1755	103.7777	207.9532
20	0.7164	1.0000	487.9000	1049.0000	307.7174	596.5718	904.2892
21	0.8525	0.9232	231.5000	336.9000	182.0058	179.0464	361.0522
22	0.7567	0.8422	269.0000	328.1000	111.7930	109.7114	221.5044
23	0.5109	0.8946	183.7000	263.1000	41.5035	70.8058	112.3093
24	0.5918	0.8145	370.8000	477.6000	179.7843	146.9588	326.7431
25	0.8465	0.9968	339.2000	532.4000	220.9374	314.2438	535.1812
26	0.6937	0.9023	256.8000	244.7000	113.5608	83.2892	196.8500
27	1.0000	0.8482	368.4000	425.5000	272.5812	68.0811	340.6623

注：为保证数据的精确性，表格中数据保留小数点后四位。

根据表10-2中的结果可知，银行8承担的成本超过了总成本的1/8，比其他银行承担的成本都多，这可能是因为银行8的上限较高。但是，虽然银行4和银行3的上限是近似的，分摊结果显示，银行4的第一阶段不承担任何成本，这说明成本分摊方案不仅与上下限有关还与效率有关。另外，观察银行8和银行18的分摊结果可知，银行8承担的成本较多，这是因为银行8的上限和效率都较高。综合来说，当银行之间存在合作关系时，我们提出的成本方案对效率较低的银行更有利，因为他们可以和其他银行合作提高自己的收益。

第三节 基于非合作博弈的两阶段网络系统固定成本分摊模型

一、问题描述

上一节中介绍了当两阶段 DMU 之间存在合作关系时,如何合理分摊固定成本。实际上,在分摊固定成本的过程中,DMU 之间也存在相互竞争的关系。每个 DMU 都希望按照对自己最有利的方案来分摊成本,假设 ρ_d 是 DUM_d 的收益,以下模型最大化 DMU_d 的自身收益。

$$\max \quad \rho_d \qquad (10-10)$$

$$\text{s. t.} \quad e_j = \sum_{r=1}^{R} u_r y_{rj} / (\sum_{i=1}^{I} v_i x_{ij} + v_{I+1} r_j), \ d = 1, \cdots, n$$

$$\sum_{j=1}^{n} r_j = R$$

$$0 \leq e_j \leq 1, \ j = 1, \cdots, n.$$

$$v_i, u_r \geq 0$$

由于上述模型忽略其他 DMU 的收益,上述分配结果并不公平。本节考虑到这种情况,从 DMU 的竞争关系出发,将满意度与非合作博弈理论结合,通过模拟 DMU 之间的多轮竞争得到最终的成本分摊方案。

二、收益函数

考虑到两阶段决策单元分摊成本过程中的竞争关系,我们将每一个决策单元看成是一个参与人,此时两个子阶段可以看成整体(合作关系),每个参与人和其他参与人之间不断竞争,最终得到每个参与人都满足的均衡值。为了更好地刻画每个决策单元在竞争过程中的收益,我们给出了如下定义:

定义 10-3:DMU_g 第一阶段的收益定义为:$\rho_g^1 = \dfrac{R_g^{1max} - R_g^1}{R_g^{1max} - R_g^{1min}}$,第二阶段的收益定义为 $\rho_g^2 = \dfrac{R_g^{2max} - R_g^2}{R_g^{2max} - R_g^{2min}}$,$DMU_g$ 的整体收益定义为 $\rho_g = \rho_g^1 * \rho_g^2 =$

$$\frac{R_g^{1max} - R_g^1}{R_g^{1max} - R_g^{1min}} * \frac{R_g^{2max} - R_g^2}{R_g^{2max} - R_g^{2min}}$$

实际上，上述对收益的定义类似于满意度（Wu 等人，2016；Li 等人，2013），R_g^{1max}，R_g^{2max} 分别代表两个阶段能承担的最大成本，R_g^{1min}，R_g^{2min} 代表两个阶段都能承担的最小成本。收益的取值范围在 0～1 之间，如果收益值为 1，代表两个阶段都对此成本分摊方案满意；相反，收益值为 0，代表两个阶段都对此成本分摊方案不满意。DMU 每个阶段所能承受的最大成本额和最小成本额可以通过以下模型得到：

$$\max/\min \quad R_g^1 \tag{10-11}$$

$$\text{s. t.} \quad \theta_j^{1*} \leq \frac{\sum_{m=1}^{M} w_m z_{mj}^1 + \sum_{q=1}^{Q} h_q z_{qj}^2}{\sum_{i=1}^{I} v_i x_{ij}^1 + R_j^1} \leq 1, j=1,\cdots,n.$$

$$\theta_j^{2*} \leq \frac{\sum_{k=1}^{K} u_k y_{kj}}{\sum_{d=1}^{D} p_d x_{dj}^2 + \sum_{m=1}^{M} w_m z_{mj}^1 + R_j^2} \leq 1, j=1,\cdots,n.$$

$$\sum_{j=1}^{n}(R_j^1 + R_j^2) = R$$

$$v_i, w_m, p_d, h_q, u_k, R_j \geq 0, \forall i, m, d, q, k.$$

$$\max/\min \quad R_g^2 \tag{10-12}$$

$$\text{s. t.} \quad \theta_j^{1*} \leq \frac{\sum_{m=1}^{M} w_m z_{mj}^1 + \sum_{q=1}^{Q} h_q z_{qj}^2}{\sum_{i=1}^{I} v_i x_{ij}^1 + R_j^1} \leq 1, j=1,\cdots,n.$$

$$\theta_j^{2*} \leq \frac{\sum_{k=1}^{K} u_k y_{kj}}{\sum_{d=1}^{D} p_d x_{dj}^2 + \sum_{m=1}^{M} w_m z_{mj}^1 + R_j^2} \leq 1, j=1,\cdots,n.$$

$$\sum_{j=1}^{n}(R_j^1 + R_j^2) = R$$

$$v_i, w_m, p_d, h_q, u_k, R_j \geq 0, \forall i, m, d, q, k.$$

对于模型（10-11）和模型（10-12），θ_j^{1*} 表示分摊前阶段 1 的效率，θ_j^{2*} 表示分摊前阶段 2 的效率，具体计算方式参考公式（9-8）。模型的前两个约束分别代表阶段效率不超过 1，第三个约束代表固定成本被所有 DMU 分摊完。显然，如果我们分给每个子阶段最多的成本，会出现原来的固定成本不够分的情况,即 $\sum_{j=1}^{n}(R_j^{1max} + R_j^{2max}) \geqslant R$,但是如果分给每个DMU所能承担的最少成本,则会出现总成本分不完的情况($\sum_{j=1}^{n}(R_j^{1min} + R_j^{2min}) \leqslant R$)。因此,需要确定一种考虑DMU之间竞争关系的合理成本分摊方案。

三、基于非合作博弈的固定成本分摊模型

考虑到决策单元之间的非合作关系,每个决策单元都希望在竞争中获取最大的收益,从DMU_g自身角度来看,获取最大利益的动机可以通过以下模型体现:

$$\max \quad \rho_{gg} = \frac{R_g^{1max} - R_g^1}{R_g^{1max} - R_g^{1min}} * \frac{R_g^{2max} - R_g^2}{R_g^{2max} - R_g^{2min}} \qquad (10-13)$$

$$\text{s.t.} \quad \sum_{m=1}^{M} w_{mg} z_{mj}^1 + \sum_{q=1}^{Q} h_{qg} z_{qj}^2 - \left(\sum_{i=1}^{I} v_{ig} x_{ij}^1 + R_j^1 \right) \leqslant 0, j = 1, \cdots, n.$$

$$\sum_{m=1}^{M} w_{mg} z_{mj}^1 + \sum_{q=1}^{Q} h_{qg} z_{qj}^2 - \theta_j^{1*} * \left(\sum_{i=1}^{I} v_{ig} x_{ij}^1 + R_j^1 \right) \geqslant 0, j = 1, \cdots, n.$$

$$\sum_{k=1}^{K} u_{kg} y_{kj} - \left(\sum_{d=1}^{D} p_{dg} x_{dj}^2 + \sum_{m=1}^{M} w_{mg} z_{mj}^1 + R_j^2 \right) \leqslant 0, j = 1, \cdots, n.$$

$$\sum_{k=1}^{K} u_{kg} y_{kj} - \theta_j^{2*} * \left(\sum_{d=1}^{D} p_{dg} x_{dj}^2 + \sum_{m=1}^{M} w_{mg} z_{mj}^1 + R_j^2 \right) \geqslant 0, j = 1, \cdots, n.$$

$$\sum_{j=1}^{n} (R_j^1 + R_j^2) = R$$

$$v_{ig}, w_{mg}, p_{dg}, h_{qg}, u_{kg}, R_j \geqslant 0, \forall i, m, d, q, k.$$

通过模型(10-13),可以得到一组分摊解 $[(R_1^{1*}, R_1^{2*}), (R_2^{1*}, R_2^{2*}), \cdots, (R_g^{1*}, R_g^{2*}), \cdots, (R_n^{1*}, R_n^{2*})]$,但是这组分摊方案只对$DMU_g$是有利的,为了避免这种情况,我们提出了以下方法:

$$\max \quad \rho_{gj} = \frac{R_j^{1max} - R_j^1}{R_j^{1max} - R_j^{1min}} * \frac{R_j^{2max} - R_j^2}{R_j^{2max} - R_j^{2min}} \qquad (10-14)$$

$$\text{s.t.} \quad \sum_{m=1}^{M} w_{mg} z_{mj}^1 + \sum_{q=1}^{Q} h_{qg} z_{qj}^2 - \left(\sum_{i=1}^{I} v_{ig} x_{ij}^1 + R_j^1 \right) \leqslant 0, j = 1, \cdots, n.$$

$$\sum_{m=1}^{M} w_{mg} z_{mj}^1 + \sum_{q=1}^{Q} h_{qg} z_{qj}^2 - \theta_j^{1*} * \left(\sum_{i=1}^{I} v_{ig} x_{ij}^1 + R_j^1 \right) \geqslant 0, j = 1, \cdots, n.$$

$$\sum_{k=1}^{K} u_{kg} y_{kj} - \left(\sum_{d=1}^{D} p_{dg} x_{dj}^2 + \sum_{m=1}^{M} w_{mg} z_{mj}^1 + R_j^2 \right) \leqslant 0, j = 1, \cdots, n.$$

$$\sum_{k=1}^{K} u_{kg} y_{kj} - \theta_j^{2*} * \left(\sum_{d=1}^{D} p_{dg} x_{dj}^2 + \sum_{m=1}^{M} w_{mg} z_{mj}^1 + R_j^2 \right) \geqslant 0, j = 1, \cdots, n.$$

$$\sum_{j=1}^{n} (R_j^1 + R_j^2) = R$$

$$\frac{R_g^{1max} - R_g^1}{R_g^{1max} - R_g^{1min}} * \frac{R_g^{2max} - R_g^2}{R_g^{2max} - R_g^{2min}} \geqslant \varphi_g$$

$$v_{ig}, w_{mg}, p_{dg}, h_{qg}, u_{kg}, R_j \geqslant 0, \forall i, m, d, q, k.$$

模型（10-14）比（10-13）多了第六个约束，此约束保证了在每一轮竞争中，DMU_g 的满意度不低于 φ_g，φ_g 是一个在 [0, 1] 区间的参数。最终的成本分摊方案经过有限次竞争可以得到。非合作博弈的初始值为 φ_g^0，对每个 DMU_j，需要在 φ_g 条件下解模型（10-13）n 次。初始值 φ_g^1 定义如下：

定义 10-4：在模型（10-14）中，令 ρ_{gj} 代表在保证 DMU_g 的满意度不低于 φ_g 时 DMU_j 的最优收益值。对于 DMU_j，博弈收益值为 $\varphi_j = \frac{1}{n}\sum_{g=1}^{n} \rho_{gj}$。

定义 10-5：由模型（10-13）中的结果可知，在 DMU_d 的收益最优化的情况下，DMU_j 的收益值记为 $\rho_{gj} = \frac{R_j^{1max} - R_j^1}{R_j^{1max} - R_j^{1min}} * \frac{R_j^{2max} - R_j^2}{R_j^{2max} - R_j^{2min}} (j = 1, \cdots, n)$。根据博弈交叉效率模型（Liang 等，2018），DMU_g 的初始收益值为 $\bar{\varphi}_g = \varphi_g^1 = \frac{1}{n}\sum_{j=1}^{n} \rho_{jg}$，其他 DMU 的初始收益值为 $\bar{\varphi}_j = \frac{1}{n}\sum_{g=1}^{n} \rho_{gj} (j \neq g)$。

四、基于非合作博弈的分摊方案求解算法

为了得到基于非合作博弈的成本分摊值，我们给出了具体的求解步骤：

（1）通过解模型（10-13）得到一组最初的基于非合作博弈的平均收益，令 $t = 1$，$\varphi_g = \varphi_g^1 = \bar{\varphi}_g$。

（2）通过模型（10-14）可以得到在保证 DMU_g 的满意度不低于 φ_g 时，DMU_j 的收益值，从而 $\varphi_j^2 = \frac{1}{n}\sum_{g=1}^{n} \rho_{gj}^1, j = 1, \cdots, n$。一般形式为 $\varphi_j^{t+1} = \frac{1}{n}\sum_{g=1}^{n} \rho_{gj}^t$，

$j = 1, \cdots, n$, ρ_{gj}^t 是模型（10 - 14）在 $\varphi_g = \varphi_g^t$ 条件下的最优值。

（3）$|\varphi_j^{t+1} - \varphi_j^t| \geq \varepsilon(\varepsilon$ 是一个无穷小的正数），则令 $\varphi_g = \varphi_g^{t+1}$，重复步骤（2）；如果 $|\varphi_j^{t+1} - \varphi_j^t| \leq \varepsilon$ 对所有 DMU 成立，则终止程序，φ_j^{t+1} 是最终的均衡收益值。当程序结束时，通过最终的均衡收益值，我们可以得到成本分摊方案 $[(R_1^{1*}, R_1^{2*}), (R_2^{1*}, R_2^{2*}), \cdots, (R_g^{1*}, R_g^{2*}), \cdots, (R_n^{1*}, R_n^{2*})]$。

定理 10 - 5：此非合作固定成本分摊方法是收敛的。

证明：在模型（10 - 14）中令 $\varphi_g = \rho_{gg}$，ρ_{gg} 是 DMU $_g$ 满意的最大收益。因此，$\frac{1}{n}\sum_{g=1}^{n}\rho_j(\rho_{gg}) \geq \frac{1}{n}\sum_{g=1}^{n}\rho_{gj} = \varphi_g^1$，$\rho_j(\rho_{gg})$ 代表当 $\varphi_g = \rho_{gg}$ 时，模型（10 - 14）的最优值。因为 ρ_{gg} 是 DMU $_g$ 能达到的最大收益值，故 $\varphi_g^t \leq \rho_{gg}$，从而当 $\varphi_g = \rho_{gg}$ 被条件 $\varphi_g = \varphi_g^t$ 取代时，模型（10 - 14）的可行域不会减小，推出模型（10 - 14）的最优值不会低于 $\rho_j(\rho_{gg})$，即 $\varphi_j^t \geq \frac{1}{n}\sum_{g=1}^{n}\rho_j(\rho_{gg})$ 对于所有 $t > 1$。所以我们得到结论 $\varphi_j^t \geq \varphi_g^1$。（I）

根据以上证明，可得 $\varphi_j^2 \geq \varphi_g^1$，当 $t = 2$ 时，$\varphi_g = \varphi_g^1$ 被 $\varphi_g = \varphi_g^2$ 代替，从而模型（10 - 14）的可行域减小，得到 $\rho_{gj}^1 \geq \rho_{gj}^2$，进而 $\varphi_j^3 = \frac{1}{n}\sum_{g=1}^{n}\rho_{gj}^2 \leq \varphi_j^2 = \frac{1}{n}\sum_{g=1}^{n}\rho_{gj}^1$。当 $t = 3$ 时，$\varphi_g = \varphi_g^2$ 被 $\varphi_g = \varphi_g^3$ 替代，模型（10 - 14）的可行域不减小，$\rho_{gj}^3 \geq \rho_{gj}^2$。接下来，重复同样的步骤，$\varphi_j^4 = \frac{1}{n}\sum_{g=1}^{n}\rho_{gj}^3 \geq \varphi_j^3 = \frac{1}{n}\sum_{g=1}^{n}\rho_{gj}^2$，$\cdots$，当 $t = n$ 时，$\varphi_j^{2n} \geq \varphi_g^{2n-1}$ 且 $\varphi_j^{2n} \geq \varphi_g^{2n+1}$。（II）

由（I）可得，$\varphi_j^t \geq \varphi_g^1$，令 $t = 3$，则 $\varphi_j^3 \geq \varphi_g^1$，$\varphi_g = \varphi_g^1$ 被 $\varphi_g = \varphi_g^3$ 取代，模型（10 - 14）的可行域减小，$\rho_{gj}^3 \leq \rho_{gj}^1$ 且 $\varphi_j^4 = \frac{1}{n}\sum_{g=1}^{n}\rho_{gj}^3 \leq \varphi_j^2 = \frac{1}{n}\sum_{g=1}^{n}\rho_{gj}^1$。如果 $t = 4$，$\varphi_g = \varphi_g^2$ 被 $\varphi_g = \varphi_g^4$ 取代，模型（10 - 14）的可行域增加，从而 $\rho_{gj}^4 \geq \rho_{gj}^2$，$\varphi_j^5 = \frac{1}{n}\sum_{g=1}^{n}\rho_{gj}^4 \leq \varphi_j^3 = \frac{1}{n}\sum_{g=1}^{n}\rho_{gj}^3$，以此类推，当 $t = n$ 时，得到结论 $\varphi_j^{2n+1} \geq \varphi_g^{2n-1}$，$\varphi_j^{2n} \geq \varphi_g^{2n+2}$。（III）

通过以上（I）（II）（III）证明过程，我们可以得出非合作情形下的固定成本分摊方法是收敛的。

五、实例分析

为了验证基于非合作博弈的成本分摊方法的有效性，我们同样用表10-1中的银行数据进行验证。为了得到成本分摊方案，需要首先根据模型（10-11）（10-12）得到各阶段分摊成本的上下限，上下限的结果如下图所示：

表10-3 效率值和 R_j^{max}, R_j^{min}

银行	θ_j	θ_j^1	θ_j^2	R_j^{1max}	R_j^{1min}	R_j^{2max}	R_j^{2min}
1	1.000000	0.229788	1.000000	447.1771	0.000000	44.1288	0.000000
2	0.886196	1.000000	0.778573	84.3386	0.000000	30.3903	0.000000
3	0.751458	0.720386	0.792444	97.5354	0.000000	66.3381	0.000000
4	0.521765	0.513255	0.538345	123.7117	0.000000	53.3824	0.000000
5	0.824666	0.618547	0.824666	131.1316	0.000000	101.5529	0.000000
6	0.837682	0.855387	0.816983	126.911	0.000000	132.207	0.000000
7	0.978290	1.000000	0.959157	59.782500	0.000000	48.401800	0.000000
8	0.877523	1.000000	0.755046	605.953400	0.000000	225.099300	0.000000
9	0.671762	0.494596	1.000000	148.893500	0.000000	89.761700	1.026600
10	0.854879	0.861814	0.847230	274.203500	0.000000	281.910600	0.000000
11	0.850144	0.938013	0.756467	110.661300	0.000000	91.064800	0.000000
12	0.783590	0.773259	0.795982	82.203400	0.000000	59.279400	0.000000
13	0.755658	0.637992	0.940091	275.096900	0.000000	167.210800	0.000000
14	0.922604	0.970124	0.876073	140.629500	0.000000	165.417400	0.000000
15	0.794592	0.740317	0.867906	81.499000	0.000000	45.919600	0.000000
16	0.800250	0.684675	0.957156	86.913500	0.000000	84.230600	0.081000
17	0.670652	0.490966	0.882474	116.191500	0.000000	95.385600	0.108500
18	0.917496	1.000000	0.834992	116.021500	0.000000	94.868300	0.000000
19	0.917669	0.803709	1.000000	114.565200	0.000000	102.056800	0.053400
20	0.759856	0.716383	0.820540	273.357000	0.000000	171.759500	0.000000

续表

银行	θ_j	θ_j^1	θ_j^2	R_j^{1max}	R_j^{1min}	R_j^{2max}	R_j^{2min}
21	0.870775	0.852488	0.890532	150.265900	0.000000	116.277300	0.000000
22	0.809849	0.861124	0.763596	131.053200	0.000000	150.610900	0.000000
23	0.686045	0.511455	0.905498	222.845900	0.000000	83.147400	0.000000
24	0.691276	0.591822	0.799675	295.089000	0.000000	210.006000	0.000000
25	0.887899	0.846536	0.936760	169.705700	0.000000	131.552900	0.000000
26	0.828374	0.945283	0.743335	81.577500	0.000000	154.878300	0.000000
27	0.934049	0.978167	0.892807	215.412800	0.000000	140.523100	0.000000

注：为保证数据精确性，表格保留小数点后六位。

由表10-3可知银行8所能承担的成本比其他银行都多，因为银行的投入和产出规模都比较大，从而可以推测银行分摊成本的上限和投入产出规模有关。根据表10-3中的值和第二节基于非合作博弈的分摊方案求解算法，可以得到初始收益值和最终收益值。在程序迭代过程中，我们假设 $\varepsilon = 0.05$，通过最终迭代值求得的成本分摊方案如下：

表10-4 成本分摊和效益值

银行	成本分摊计划		效益值		
	阶段1	阶段2	系统整体	阶段1	阶段2
1	56.746700	6.417100	0.746136	0.873100	0.854582
2	26.011900	0.575600	0.678478	0.691578	0.981060
3	18.854000	3.402300	0.765322	0.806696	0.948713
4	9.899800	1.324900	0.897144	0.919977	0.975181
5	19.828900	10.776800	0.758713	0.848786	0.893880
6	4.784700	9.784700	0.891078	0.962299	0.925990
7	14.472600	8.010100	0.632483	0.757912	0.834508
8	58.334400	54.013100	0.686879	0.903731	0.760048
9	29.887000	11.243000	0.707250	0.799273	0.884867
10	30.505200	33.861200	0.781999	0.888750	0.879887

续表

银行	成本分摊计划 阶段1	成本分摊计划 阶段2	效益值 系统整体	效益值 阶段1	效益值 阶段2
11	26.341200	21.169900	0.584831	0.761966	0.767529
12	14.697800	2.163400	0.791233	0.821202	0.963505
13	30.562800	12.899500	0.820327	0.888902	0.922855
14	16.427600	26.051900	0.744091	0.883185	0.842508
15	3.289100	1.771100	0.922630	0.959642	0.96143
16	14.110700	15.787700	0.681299	0.837647	0.813349
17	17.717300	11.353200	0.747492	0.847516	0.881979
18	13.309100	6.252600	0.826939	0.885288	0.934092
19	16.782200	14.342900	0.733946	0.853514	0.859912
20	6.362600	1.144400	0.970216	0.976724	0.993337
21	26.574700	18.735200	0.690519	0.823149	0.838875
22	19.090800	27.526800	0.698184	0.854328	0.817232
23	25.205600	0.472000	0.881857	0.886892	0.994323
24	33.903000	24.773200	0.780698	0.885109	0.882036
25	28.059700	20.631000	0.703760	0.834657	0.843173
26	4.245200	34.433000	0.737208	0.947961	0.777677
27	33.995500	21.083200	0.715828	0.842184	0.849966

注：为保证数据精确性，表格保留小数点后六位。

表10-4展示了27家银行的具体分摊值，最后三列展示了各银行的总收益和每个阶段的收益值。由表10-4可知，所有银行第一阶段的成本分摊总值为600.0，其余的分给了第二阶段，这说明第一阶段承担的总成本较多。由最后三列的数据可知，银行11的整体收益为0.584831，是所有银行中收益最小的，其次是银行7。这表明二者在竞争过程中竞争力较低。尽管大多数银行在竞争过程中表现得不是很好，但银行20比其他银行表现较好，对最终的分摊方案较满意。观察银行8的分摊结果发现，它承担的成本较多，这是因为银行8规模较大，承受能力较强。分析最后的分摊结果还可以发现，子阶段

的收益值比整体收益值大,这说明如果两个子阶段对最终的分摊方案满意,则银行整体也对最终的结果满意。

本章小结

在现实生活中某些企业之间会通过联盟合作的方式弥补缺陷,从而达到共赢。本章主要讨论了决策单元外部存在竞争与合作关系时应该如何进行固定成本分摊。当两阶段决策单元之间是合作关系时,首先给出了考虑固定成本的两阶段网络系统效率评价方法,并证明了成本分摊后可以达到决策单元个体有效和整体有效;其次通过理性假设和定义特征函数,用合作博弈中的核仁解来求解两阶段网络系统的固定成本分摊方案。当两阶段决策单元外部存在竞争关系时,将非合作博弈思想与满意度(payoff)结合,通过模拟多轮竞争得到最终成本分摊方案。最后为了验证本章提出的成本分摊方案的可行性,用27家商业银行的实际运营数据进行验证,并结合银行自身特点对分摊结果进行了分析。

第十一章

结论与展望

第一节 结 论

效率视角下的资源配置和固定成本分摊问题是近年来管理科学与运筹学领域的热点前沿问题，受到国内外学者的广泛关注。本书在对国内外文献归纳和总结的基础上，对效率视角下资源配置和成本分摊问题进行了研究和拓展，与此同时还将资源配置和成本分摊方法运用到诸多现实问题中。本书主要从资源配置和固定成本分摊两个方面分别进行了阐述，其主要研究成果体现在以下三方面。

一、单阶段系统资源配置管理方面

考虑到现有单阶段系统资源配置大都聚焦于最后的资源配置结果，本书提出了一种考虑网络流的 DEA 资源配置模型。该模型不仅可以得到各个决策单元的资源分配量，同时揭露了资源是如何在各个决策单元之间流动的。此外，本书提出了一种基于 DEA 的广义资源配置框架并证明了所提资源配置模型也是该框架的一个拓展，并将该方法应用于银行系统的集中化资源配置实例中。

针对现有 DEA 资源配置大都依赖 DEA 的生产可能集特征，本书提出了一种综合 DEA 和多目标线性规划的方法来解决资源配置问题。该方法假设决策单元的效率在资源配置后可变并保证了资源配置结果的 Pareto 有效性，从宏观的角度给决策者提供了解决资源配置问题的合理方案，最后该方法被运用到25家超级市场的资源配置当中。

二、网络系统资源配置管理方面

针对现实生活中所广泛存在的非期望产出,本书从两阶段系统整体的角度出发,将已有的串联系统整体效率评价模型拓展为考虑非期望产出的串联系统整体效率评价模型,并在此效率评估的基础上对串联系统整体建立相应的资源配置模型。最后本书将上述研究思路与理论模型应用到考虑非期望产出的16家中国上市商业银行配置资源的实际问题中。相较基于传统逆DEA的资源配置研究,本书考虑了更为细致的系统结构和更多的指标维度,得到了更加准确的实验结果,拓展了该方法在两阶段实际问题中的应用范畴。

针对并联系统资源配置问题,本书使用已有的并联系统效率评价方法为资源配置模型提供了效率参考指标,提出了基于逆DEA方法考虑多个子系统的并联系统资源配置模型,将逆DEA方法拓展应用到并联系统中。最后,将上述模型用于解决中国台湾7家连锁酒店集团的资源配置问题。本书的研究内容考虑了更为细致的并联结构,相比不考虑内部结构的情况,通过本方法制订的资源计划更为节约,提高了集团资源配置后的最终整体效率。

针对含有共享资源和非同质平行子系统的混合系统,本书提出了效率评价与资源配置模型,并将模型应用于58家台湾国际旅游酒店的资源计划制订中;详细分解了酒店系统的混合结构特点,同时还考虑了其共享资源、非同质子系统等更为细致的附加特征。总的来说,本书在系统结构的刻画上较为细致,在模型的构建上具有针对性,可以很好地解决酒店资源计划制定的实际问题。

现有大多数DEA资源配置研究主要关注单阶段系统,或者将系统视为黑箱,而忽略了系统内部结构,本书提出一种新的方法用于双向交互式并行系统中的资源配置。该方法不仅考虑某个决策单元的资源配置,还构建了集中化模型为集中决策者分配所有决策单元的资源。此外,作为理论上的扩展,本书通过非合作模型研究了两个子决策单元之间的领导者—跟随者的关系。最后,该方法被应用于合作场景中的该方法被应用于我国各省行业间的资源配置当中的资源配置当中。通过与传统方法进行比较,发现所提出的方法可以获取更多的潜在收益。

三、成本分摊管理方面

针对决策单元子阶段之间的竞争与合作关系，引入合作和非合作博弈理论，提出了基于不同情况的成本分摊方案。当决策单元子阶段之间是合作关系时，根据加法效率模型推出基于整体效率不变原则的固定成本分摊方案；当决策单元子阶段之间是竞争关系时，根据乘法效率模型推出基于阶段效率不变的固定成本分摊方案。最后用台湾24家保险公司的数据进行验证，得到两种情形下的分摊结果并对结果进行了实证分析。

现实生活中某些企业之间会通过联盟合作的方式弥补自身不足，从而达到共赢。本书考虑两阶段决策单元之间的合作关系，首次给出了考虑固定成本的两阶段网络系统效率评价方法，并证明了成本分摊后可以达到DEA个体有效和整体有效，其次通过理性假设和定义特征函数，用合作博弈中的核仁解来求解两阶段系统的固定成本分摊方案，并用27家商业银行的实际运营数据进行验证。最后结合决策单元自身特点对分摊结果进行了分析。

讨论了决策单元外部存在竞争关系时应该如何进行固定成本分摊。无论是单阶段决策单元还是两阶段决策单元，决策单元之间都会存在特定情况下的竞争关系，尤其是涉及自身利益时。本书针对决策单元外部之间的竞争关系设计成本分摊方案，当决策单元之间是竞争关系时，结合非合作博弈思想与满意度，通过模拟多轮竞争得到最终成本分摊方案。最后运用银行数据验证本文提出的成本分摊方案的可行性并进行了简单分析。

第二节 展 望

资源配置和固定成本分摊问题是运筹学和管理科学领域内的经典研究问题，基于效率的资源配置和固定成本分摊方法为该问题提供了全新的理论研究基础，现已发展成为最流行的资源配置和固定成本分摊研究范式。然而现有研究仍然停留在理论建模基础上，其理论与方法在社会和企业等实际问题的应用中仍然处于较低水平。资源配置和固定成本分摊问题涉及面广，影响配置或者分摊结果的因素较多，尽管本书对集中化和非集中化资源配置、单阶段系统和网络阶段系统资源配置以及考虑决策单元内部和外部竞争与合作关系的成本分摊问题进行了理论研究，但上述研究仍然只是资源配置和固定成本分摊问题的冰山一角。通过进一步研究发现，对资源配置和固定成本分摊问题的研究可以从以下几个方面进行深入探讨，以逐步构建效率视角下资源配置和固定成本分摊理论与方法的体系框架。

考虑时间和空间等因素的资源配置问题。现有研究大都从效率视角出发，注重对资源配置后资源量的优化和求解。然而注意到资源配置是需要一定时间的，并具有明显的空间特征，比如说，国家层面上教育资源的分配，教师从教育较发达地区分配至教育欠发达地区，不仅需要花费一定的时间，而且具有明显的地理位置移动。这种考虑时间和空间跨度的资源配置问题在具有供应链结构的公司和组织的运营管理相关问题上显得越发重要。

针对包含非期望产出的资源配置问题。非期望产出主要考虑的是生产过程中所排放的废气废水等污染物。包含非期望产出的环境生产技术的建模一直是生产经济学中的热点问题之一。由于非期望产出也可能是资源配置的结果，因此如何对包含非期望产出的生产过程的资源配置问题进行研究仍然是一个非常具有研究价值的研究问题。尽管本文已研究了不同情况下考虑非期望产出的资源配置建模，采用不同的环境生产技术建模将具有不同的经济学含义，在如今强调绿色发展、可持续发展的国际大形势下，如何分配资源使其非期望产出尽可能少显得至关重要。

考虑多阶段网络结构的固定成本分摊问题。两阶段结构是最简单也是最常见的网络结构，本书已经对两阶段的固定成本分摊问题进行了细致研究，然而对于广义的网络结构的固定成本分摊问题却仍未解决。DEA 对具有网络结构的决策单元的效率评估已有较为完善的理论模型，这可为多阶段网络结构的固定成本分摊研究提供全新的思路。

非效率视角下固定成本分摊问题。本书着重研究了效率视角下的固定成本分摊问题，这主要取决于所使用的 DEA 方法是一种测量效率的方法，然而固定成本分摊问题也可以从许多其他角度进行研究，效率视角在某些情况下仍然不够适用，比如说效率视角往往很难考虑固定成本分摊的公平性，基于

DEA 的效率视角下固定成本分摊的生产可能集发生了变化,而该变化却无法很好解释等情况,因此研究非效率视角下固定成本分摊问题仍然非常必要。

本书研究的效率视角下资源配置和固定成本分摊问题本质上还是狭义 DEA 方法在经典运筹问题上的应用。但随着时间的推移,基于其他方法的资源配置和固定成本分摊方法会不断发展,因此,广义情境下的资源配置和固定成本分摊方法显得愈发重要,同时也迫切需要进一步研究和拓展。

参考文献

[1] 成刚. 数据包络分析方法与 MaxDEA 软件 [M]. 北京：知识产权出版社, 2014.

[2] 董保民, 王运通, 郭桂霞. 合作博弈论：解与成本分摊 [M]. 北京：中国市场出版社, 2008.

[3] 孙巍. 生产资源配置效率：生产前沿面理论及其应用 [M]. 北京：社会科学文献出版社, 2000.

[4] 魏权龄. 数据包络分析 [M]. 北京：科学出版社, 2004.

[5] 张维迎. 博弈论与信息经济学 [M]. 上海：格致出版社, 2004.

[6] 王海琴. 基于两阶段网络 DEA 的固定成本分摊方法研究 [D]. 南京：南京邮电大学, 2017.

[7] 丁晶晶, 毕功兵, 梁樑. 并联系统资源和目标配置双准则 DEA 模型 [J]. 管理科学学报, 2013 (1)：14.25.

[8] 胡晓燕, 程希骏, 马利军. 考虑非期望产出的两阶段 DEA 模型及其在银行效率评价中的应用 [J]. 中国科学院大学学报, 2013, 30 (4)：462 – 471.

[9] 李桂范, 李绍平, 王玉翠. 将酌量性固定成本作为资产进行处理的理论依据 [J]. 大庆社会科学, 2001 (3)：59.

[10] 李映照, 崔毅. 企业经营杠杆分解的研究 [J]. 经济师, 2002 (12)：11 – 11.

[11] 李勇军, 梁樑, 凌六一. 基于 DEA 联盟博弈核仁解的固定成本分摊方法研究 [J]. 中国管理科学, 2009, 17 (1)：58 – 63.

[12] 李勇军, 戴前智, 毕功兵, 等. 基于 DEA 和核心解的固定成本分

摊方法研究 [J]. 系统工程学报, 2010, 25 (5): 675 – 680.

[13] 于长军. 固定成本与变动成本问题的研究 [J]. 中国市场, 2013 (30): 107 – 108.

[14] 赵萌. 并联决策单元的动态 DEA 效率评价研究 [J]. 管理科学, 2011, 24 (1): 90 – 97.

[15] AHUJA R K. Network Flows: Theory, Algorithms, and Applications [M]. New York: Pearson Education Limited, 2017.

[16] CHEN Y, COOK W D, ZHU J. Additive Efficiency Decomposition in Network DEA [M] //Data Envelopment Analysis. Boston, MA: Springer, 2014: 91 – 118.

[17] CHEN Y, COOK W D, KAO C, et al. Network DEA pitfalls: Divisional efficiency and frontier projection [M] //Data Envelopment Analysis. Springer, Boston, MA. 2014: 31 – 54.

[18] FÄRE R, GROSSKOPF S, WHITTAKER G. Network DEA. Modeling Data Irregularities and Structural Complexities in Data Envelopment Analysis [M]. Boston, MA: Springer, 2007: 209 – 240.

[19] SALO A, KEISLER J, MORTON A. Portfolio Decision Analysis: Improved Methods for Resource Allocation [M]. Bolin: Springer Science & Business Media, 2011.

[20] TONE K, TSUTSUI M. Slacks – Based Network DEA [M] //Data Envelopment Analysis. Springer, Boston, MA, 2014: 231 – 259.

[21] AHUJA R K, GOLDBERG A V, ORLIN J B, et al. Finding Minimum – Cost Flows by Double Scaling [J]. Mathematical Programming, 1992, 53 (1 – 3): 243 – 266.

[22] AHUJA R K, MAGNANTI T L, ORLIN J B. Network Flows: Theory, Algorithms and Applications [M]. Englewood Cliffss, NJ: Prentice Hall, 1993.

[23] AJAEIYA G, ELHAJJ I H, CHEHAB A, et al. Mobile Apps Identification Based on Network Flows [J]. Knowledge and Information Systems, 2018, 55 (3): 771 – 796.

[24] AMIRTEIMOORI A, EMROUZNEJAD A. Input/output Deterioration in

Production Processes [J]. Expert Systems with Applications, 2011, 38 (5): 5822 – 5825.

[25] AMIRTEIMOORI A, EMROUZNEJAD A. Optimal Input/Output Reduction in Production Processes [J]. Decision Support Systems, 2012, 52 (3): 742 – 747.

[26] AMIRTEIMOORI A, KORDROSTAMI S. Allocating Fixed Costs and Target Setting: A DEA Based Approach [J]. Applied Mathematics and Computation, 2005, 171 (1): 136 – 151.

[27] AMIRTEIMOORI A, SHAFIEI M. Characterizing an Equitable Omission of Shared Resources: A DEA. Based Approach [J]. Applied Mathematics and Computation, 2006, 177 (1): 18 – 23.

[28] AMIRTEIMOORI A, TABAR M M. Resource Allocation and Target Setting in Data Envelopment Analysis [J]. Expert Systems with Applications, 2010, 37 (4): 3036 – 3039.

[29] AMIRTEIMOORI A. A DEA Two – stage Decision Processes with Shared Resources [J]. Central European Journal of Operations Research, 2013, 21 (1): 141 – 151.

[30] AN Q, CHEN H, XIONG B, et al. Target Intermediate Products Setting in a Two – stage System With Fairness Concern [J]. Omega, 2017, 73: 49 – 59.

[31] AN Q, TAO X, DAI B, et al. Modified Distance Friction Minimization Model with Undesirable Output: An Application to the Environmental Efficiency of China's Regional Industry [J]. Computational Economics, 2020, 55 (4): 1047 – 1071.

[32] AN Q, TAO X, XIONG B. Benchmarking with Data Envelopment Analysis: an Agency Perspective [J]. Omega, 2021, 101: 102235.

[33] AN Q, WEN Y, DING T, et al. Resource Sharing and Payoff Allocation in a Three – Stage System: Integrating Network DEA with the Shapley Value Method [J]. Omega, 2019, 85: 16 – 25.

[34] AN Q, WEN Y, XIONG B. Allocation of Carbon Dioxide Emission Permits with the Minimum Cost for Chinese Provinces in Big Data Environment [J].

Journal of Cleaner Production, 2017, 142: 886 – 893.

[35] AN Q, YANG M, CHU J, et al. Efficiency Evaluation of an Interactive System by Data Envelopment Analysis Approach [J]. Computers & Industrial Engineering, 2017, 103: 17 – 25.

[36] ANG S, CHEN M, YANG F. Group Cross – efficiency Evaluation in Data Envelopment Analysis: An Application to Taiwan Hotels [J]. Computers & Industrial Engineering, 2018, 125: 190 – 199.

[37] ANG S, LIU P, YANG F. Intra – Organizational and Inter – Organizational Resource Allocation in Two – stage Network Systems [J]. Omega, 2020, 91: 102009.

[38] ANG S, ZHU Y, YANG F. Efficiency Evaluation and Ranking of Supply Chains Based on Stochastic Multicriteria Acceptability Analysis and Data Envelopment Analysis [J]. International Transactions in Operational Research, 2019. https://doi.org/10.1111/itor.12707.

[39] ASMILD M, PARADI J C, PASTOR J T. Centralized Resource Allocation BCC Models [J]. Omega, 2009, 37 (1): 40 – 49.

[40] ATHANASSOPOULOS A D. Decision Support for Target – based Resource Allocation of Public Services in Multiunit and Multilevel Systems [J]. Management Science, 1998, 44 (2): 173 – 187.

[41] BANKER R D, CHARNES A, COOPER W W. Some Models for Estimating Technical and Scale Inefficiencies in Data Envelopment Analysis [J]. Management Science, 1984, 30 (9): 1078 – 1092.

[42] BASSO A, PECCATI L A. Optimal Resource Allocation with Minimum Activation Levels and Fixed Costs [J]. European Journal of Operational Research, 2001, 131 (3): 536 – 549.

[43] BEASLEY J E. Allocating Fixed Costs and Resources Via Data Envelopment Analysis [J]. European Journal of Operational Research, 2003, 147 (1): 198 – 216.

[44] BI G, DING J, LUO Y, et al. Resource Allocation and Target Setting for Parallel Production System Based On DEA [J]. Applied Mathematical Model-

ling, 2011, 35 (9): 4270 - 4280.

[45] BI G, FENG C, DING J, et al. Estimating Relative Efficiency of DMU: Pareto Principle and Monte Carlo Oriented DEA Approach [J]. INFOR: Information Systems and Operational Research, 2012, 50 (1): 44 - 57.

[46] BIAN Y, HU M, XU H. Measuring Efficiencies of Parallel Systems with Shared Inputs/Outputs Using Data Envelopment Analysis [J]. Kybernetes, 2015, 44 (3): 336 - 352.

[47] BONDAREVA O. Certain Applications of the Methods of Linear Programming to the Theory of Cooperative Games [J]. Problemy Kibernetiki, 1963, 10: 119 - 139.

[48] CASTELLI L, PESENTI R, UKOVICH W. DEA - like Models for the Efficiency Evaluation of Hierarchically Structured Units [J]. European Journal of Operational Research, 2004, 154 (2): 465 - 476.

[49] CHARNES A, COOPER W W, RHODES E. Measuring the Efficiency of Decision Making Units [J]. European Journal of Operational Research, 1978, 2 (6): 429 - 444.

[50] CHARNES A, COOPER W W, THRALL R M. A Structure for Classifying and Characterizing Efficiency and Inefficiency in Data Envelopment Analysis [J]. Journal of Productivity Analysis, 1991, 2 (3): 197 - 237.

[51] CHARNES A, COOPER W W. Programming with Linear Fractional Functionals [J]. Naval Research Logistics Quarterly, 1962, 9 (3/4): 181 - 186.

[52] CHEN C, YAN H. Network DEA Model for Supply Chain Performance Evaluation [J]. European Journal Of Operational Research, 2011, 213 (1): 147 - 155.

[53] CHEN H, HSU C W. Internationalization, Resource Allocation and Firm Performance [J]. Industrial Marketing Management, 2010, 39 (7): 1103 - 1110.

[54] CHEN L, JIA G. Environmental Efficiency Analysis of China's Regional Industry: a Data Envelopment Analysis (DEA) Based Approach [J]. Journal of Cleaner Production, 2017, 142: 846 - 853.

[55] CHEN L, WANG Y M, LAI F. Semi - disposability of Undesirable Out-

puts in Data Envelopment Analysis for Environmental Assessments [J]. European Journal of Operational Research, 2017, 260 (2): 655 – 664.

[56] CHEN Y, COOK W D, ZHU J. Deriving the DEA Frontier for Two – stage Processes [J]. European Journal of Operational Research, 2010, 202 (1): 138 – 142.

[57] CHEN Y, DU J, DAVID SHERMAN H. DEA Model with Shared Resources and Efficiency Decomposition [J]. European Journal of Operational Research, 2010, 207 (1): 339 – 349.

[58] CHEN Y, LIANG L, YANG F. Evaluation of Information Technology Investment: A Data Envelopment Analysis Approach [J]. Computers and Operations Research, 2006, 33 (5): 1368 – 1379.

[59] CHEN Y, ZHU J. Measuring Information Technology's Indirect Impact on Firm Performance [J]. Information Technology and Management, 2004, 5 (1): 9 – 22.

[60] CHEN Y, DU J, SHERMAN H D, et al. DEA Model with Shared Resources and Efficiency Decomposition [J]. European Journal of Operational Research, 2010, 207 (1): 339 – 349.

[61] CHU J, WU J, CHU C, et al. DEA – based Fixed Cost Allocation in Two – stage Systems: Leader – follower and Satisfaction Degree Bargaining Game Approaches [J]. Omega, 2020, 94: 102054.

[62] COOK W D, HABABOU M. Sales performance measurement in bank branches [J]. Omega, 2001, 29 (4): 299 – 307.

[63] COOK W D, KRESS M. Characterizing an Equitable Allocation of Shared Costs: A DEA Approach [J]. European Journal of Operational Research, 1999, 119 (3): 652 – 661.

[64] COOK W D, LIANG L, ZHU J. Measuring Performance of Two – stage Network Structures by DEA: A Review and Future Perspective [J]. Omega, 2010, 38 (6): 423 – 430.

[65] COOK W D, SEIFORD L M. Data Envelopment Analysis (DEA) – Thirty Years On [J]. European Journal of Operational Research, 2009, 192

(1): 1 - 17.

[66] COOK W D, ZHU J. Allocation of Shared Costs Among Decision Making Units: A DEA Approach [J]. Computers and Operations Research, 2005, 32 (8): 2171 - 2178.

[67] COOK W D, ZHU J, BI G, et al. Network DEA: Additive Efficiency Decomposition [J]. European Journal of Operational Research, 2010, 207 (2): 1122 - 1129.

[68] DEHGHANI M S, SHERALI H D. A Resource Allocation Approach for Managing Critical Network - Based Infrastructure Systems [J]. IIE Transactions, 2016, 48 (9): 826 - 837.

[69] DESPOTIS D K, SOTIROS D, KORONAKOS G. A Network DEA Approach for Series Multi - stage Processes [J]. Omega, 2016, 61: 35 - 48.

[70] DIJKSTRA E W. A Note on Two Problems in Connexion with Graphs [J]. Numerische Mathematik, 1959, 1 (1): 269 - 271.

[71] DING T, CHEN Y, WU H, et al. Centralized Fixed Cost and Resource Allocation Considering Technology Heterogeneity: A DEA Approach [J]. Annals of Operations Research, 2018, 268 (1.2): 497 - 511.

[72] DING T, ZHU Q, ZHANG B, et al. Centralized Fixed Cost Allocation For Generalized Two - stage Network DEA [J]. INFOR: Information Systems and Operational Research, 2019, 57 (2): 123 - 140.

[73] DU J, CHEN Y, HUO J. DEA for Non - homogenous Parallel Networks [J]. Omega, 2014, 56: 122 - 132.

[74] DU J, COOK W D, LIANG L. Fixed Cost and Resource Allocation Based on DEA Cross - efficiency [J]. European Journal of Operational Research, 2014, 235 (1): 206 - 214.

[75] DYCKHOFF H, ALLEN K. Measuring Ecological Efficiency with Data Envelopment Analysis (DEA) [J]. European Journal of Operational Research, 2001, 132 (2): 312 - 325.

[76] FANG L, LI H. Centralized Resource Allocation Based on the Cost - revenue Analysis [J]. Computers & Industrial Engineering, 2015, 85: 395 -

401.

[77] FANG L, ZHANG C Q. Resource Allocation Based on the DEA Model [J]. Journal of the Operational Research Society, 2008, 59 (8): 1136 - 1141.

[78] FANG L. A Generalized DEA Model for Centralized Resource Allocation [J]. European Journal of Operational Research, 2013, 228 (2): 405 - 412.

[79] FANG L. Centralized Resource Allocation Based on Efficiency Analysis for Step - by - step Improvement Paths [J]. Omega, 2015, 51: 24 - 28.

[80] FÄRE R, GROSSKOPF S, HERNANDEZ - SANCHO F. Environmental Performance: an Index Number Approach [J]. Resource and Energy Economics, 2004, 26 (4): 343 - 352.

[81] FÄRE R, GROSSKOPF S. A Nonparametric Cost Approach to Scale Efficiency [J]. The Scandinavian Journal of Economics, 1985, 87 (4): 594 - 604.

[82] FÄRE R, GROSSKOPF S. Network DEA [J]. Socio - Economic Planning Sciences, 2000, 34 (1): 35 - 49.

[83] FARRELL M J. The Measurement of Productive Efficiency [J]. Journal of the Royal Statistical Society: Series A (General), 1957, 120 (3): 253 - 281.

[84] FENG C, CHU F, DING J, et al. Carbon Emissions Abatement (CEA) Allocation and Compensation Schemes Based on DEA [J]. Omega, 2015, 53: 78 - 89.

[85] FUKUYAMA H, MATOUSEK R, TZEREMES N G. A Nerlovian Cost Inefficiency Two - stage DEA Model for Modeling Banks' Production Process: Evidence from the Turkish Banking System [J]. Omega, 2020: 102198.

[86] FUKUYAMA H, MIRDEHGHAN S M. Identifying the Efficiency Status in Network DEA [J]. European Journal of Operational Research, 2012, 220 (1): 85 - 92.

[87] GEORGANTZINOS S K, GIANNIKOS I. A Modeling Framework for Incorporating DEA Efficiency into Set Covering, Packing, and Partitioning Formulations [J]. International Transactions in Operational Research, 2019, 26 (6):

2387-2409.

[88] GHIYASI M. Industrial Sector Environmental Planning and Energy Efficiency of Iranian Provinces [J]. Journal of Cleaner Production, 2017, 142: 2328-2339.

[89] GOLANY B, PHILLIPS F Y, ROUSSEAU J J. Models for Improved Effectiveness Based on DEA Efficiency Results [J]. IIE Transactions, 1993, 25(6): 2-10.

[90] GOLANY B. An interactive MOLP Procedure for the Extension of DEA to Effectiveness Analysis [J]. Journal of the Operational Research Society, 1988, 39(8): 725-734.

[91] GRANT R M. The Resource-based Theory of Competitive Advantage: Implications for Strategy Formulation [J]. California Management Review, 1991, 33(3): 114-135.

[92] HADI-VENCHEH A, FOROUGHI A A, SOLEIMANI-DAMANEH M. A DEA Model for Resource Allocation [J]. Economic Modelling, 2008, 25(5): 983-993.

[93] HALKOS G E, TZEREMES N G, KOURTZIDIS S A. A Unified Classification of Two-stage DEA models [J]. Surveys in Operations Research and Management Science, 2014, 19(1): 1-16.

[94] HALKOS G, PETROU K N. Treating Undesirable Outputs in DEA: A Critical Review [J]. Economic Analysis and Policy, 2019, 62: 97-104.

[95] HALLEFJORD A, HELMING R, JØRNSTEN K. Computing the Nucleolus When the Characteristic Function is Given Implicitly: A Constraint Generation Approach [J]. International Journal of Game Theory, 1995, 24(4): 357-372.

[96] HUANG C, HO F N, CHIU Y. Measurement of Tourist Hotels Productive Efficiency, Occupancy, and Catering Service Effectiveness Using a Modified Two-Stage DEA Model in Taiwan [J]. Omega, 2014, 48: 49-59.

[97] JAHANSHAHLOO G R, LOTFI F H, SHOJA N, et al. An Alternative Approach for Equitable Allocation of Shared Costs by Using DEA [J]. Applied Mathematics and Computation, 2004, 153(1): 267-274.

[98] JAHANSHAHLOO G R, SADEGHI J, KHODABAKHSHI M. Proposing a Method for Fixed Cost Allocation Using DEA Based on the Efficiency Invariance and Common Set of Weights Principles [J]. Mathematical Methods of Operations Research, 2017, 85 (2): 223-240.

[99] JEANG A, LIANG F. An Innovation Funnel Process for Set-based Conceptual Design Via DOE Exploration, DEA Selection and Computer Simulation [J]. International Journal of Production Research, 2012, 50 (23): 6792-6810.

[100] JIANG R, YANG Y, CHEN Y, et al. Corporate Diversification, Firm Productivity and Resource Allocation Decisions: The Data Envelopment Analysis Approach [J]. Journal of the Operational Research Society, 2019: 1-13.

[101] JOHNSON D B. A Note on Dijkstra's Shortest Path Algorithm [J]. Journal of the ACM (JACM), 1973, 20 (3): 385-388.

[102] KAO C, HWANG S N. Efficiency Decomposition in Two-stage Data Envelopment Analysis: An Application to Non-life Insurance Companies in Taiwan [J]. European Journal of Operational Research, 2008, 185 (1): 418-429.

[103] KAO C, HWANG S N. Efficiency Measurement for Network Systems: IT Impact on firm Performance [J]. Decision Support Systems, 2010, 48 (3): 437-446.

[104] KAO C. Decomposition of Slacks-based Efficiency Measures in Network Data Envelopment Analysis [J]. European Journal of Operational Research, 2020, 283 (2): 588-600.

[105] KAO C. Efficiency Decomposition for General Multi-stage Systems in Data Envelopment Analysis [J]. European Journal of Operational Research, 2014, 232 (1): 117-124.

[106] KAO C. Efficiency Decomposition for Parallel Production Systems [J]. Journal of the Operational Research Society, 2012, 63 (1): 64-71.

[107] KAO C. Efficiency Decomposition in Network Data Envelopment Analysis: A Relational Model [J]. European Journal of Operational Research, 2009, 192 (3): 949-962.

[108] KAO C. Efficiency Measurement for Hierarchical Network Systems [J].

Omega, 2015, 51: 121 – 127.

[109] KAO C. Efficiency Measurement for Parallel Production Systems [J]. European Journal of Operational Research, 2009, 196 (3): 1107 – 1112.

[110] KARABATI S, YU K G. A Min – Max – Sum Resource Allocation Problem and Its Applications [J]. Operations Research, 2001, 49 (6): 913 – 922.

[111] KHAKBAZ M H, GHAPANCHI A H, TAVANA M. A Multicriteria Decision Model for Supplier Selection in Portfolios with Interactions [J]. International Journal of Services and Operations Management, 2010, 7 (3): 351 – 377.

[112] KHODABAKHSHI M, ARYAVASH K. The Fair Allocation of Common Fixed Cost or Revenue Using DEA Concept [J]. Annals of Operations Research, 2013, 214 (1): 187 – 194.

[113] KORHONEN P, SYRJÄNEN M. Resource Allocation Based on Efficiency Analysis [J]. Management Science, 2004, 50 (8): 1134 – 1144.

[114] LADO – SESTAYO R, FERNÁNDEZ – CASTRO Á S. The Impact of Tourist Destination on Hotel Efficiency: A Data Envelopment Analysis Approach [J]. European Journal of Operational Research, 2019, 272 (2): 674 – 686.

[115] LEE B L, WORTHINGTON A C. A Network DEA Quantity and Quality – orientated Production Model: An Application to Australian University Research Services [J]. Omega, 2016, 60: 26 – 33.

[116] LEWIS H F, SEXTON T R. Network DEA: Efficiency Analysis of Organizations with Complex Internal Structure [J]. Computers & Operations Research, 2004, 31 (9): 1365 – 1410.

[117] LI F, YAN Z, ZHU Q, et al. Allocating a fixed Cost Across Decision Making Units with Explicitly Considering Efficiency Rankings [J]. Journal of the Operational Research Society, 2020: 1 – 15.

[118] LI F, ZHU Q, CHEN Z. Allocating a Fixed Cost Across the Decision Making Units with Two – stage Network Structures [J]. Omega, 2019, 83: 139 – 154.

[119] LI H L, MA L C. Ranking Decision Alternatives by Integrated DEA,

AHP and Gower plot Techniques [J]. International Journal of Information Technology & Decision Making, 2008, 7 (2): 241 - 258.

[120] LI H, ZHU J. Ranking the Efficiency Performance within a Set of Decision Making Units by Data Envelopment Analysis [J]. International Journal of Information Technology & Decision Making, 2005, 4 (3): 345 - 357.

[121] LI Y, WANG L, LI F. A Data - driven Prediction Approach for Sports Team Performance and Its Application to National Basketball Association [J]. Omega, 2019: 102123.

[122] LI Y, YANG F, LIANG L, et al. Allocating the Fixed Cost as a Complement of Other Cost Inputs: A DEA Approach [J]. European Journal of Operational Research, 2009, 197 (1): 389 - 401.

[123] LI Y, YANG M, CHEN Y, et al. Allocating a Fixed Cost Based on Data Envelopment Analysis and Satisfaction Degree [J]. Omega, 2013, 41 (1): 55 - 60.

[124] LI Y, CHEN Y., LIANG L, et al. DEA Models for Extended Two - stage Network structures [J]. Omega, 2012, 40 (5): 611 - 618.

[125] LI Y, LI F, EMROUZNEJAD A, et al. Allocating the fixed cost: An approach based on Data Envelopment Analysis and Cooperative Game [J]. Annals of Operations Research, 2019, 274 (1.2): 373 - 394.

[126] LI Y, LIN L, DAI Q, et al. Allocating Common Costs of Multinational Companies Based on Arm's Length Principle and Nash Non - Cooperative Game [J]. European Journal of Operational Research, 2020, 283 (3): 1002 - 1010.

[127] LIANG L, COOK W D, ZHU J. DEA Models for Two - stage Processes: Game Approach and Efficiency Decomposition [J]. Naval Research Logistics (NRL), 2008, 55 (7): 643 - 653.

[128] LIANG N, CHEN Y, ZHA Y, et al. Performance Evaluation of Individuals in Workgroups with Shared Outcomes Using DEA [J]. INFOR: Information Systems and Operational Research, 2015, 53 (2): 78 - 89.

[129] LIN R, CHEN Z. A DEA - based Method of Allocating the Fixed Cost as a Complement to the Original Input [J]. International Transactions in Opera-

tional Research, 2020, 27 (4): 2230 – 2250.

[130] LIN R, CHEN Z. Fixed Input Allocation Methods Based on Super CCR Efficiency Invariance and Practical Feasibility [J]. Applied Mathematical Modelling, 2016, 40 (9 – 10): 5377 – 5392.

[131] LIN R. Allocating fixed costs and Common Revenue Via Data Envelopment Analysis [J]. Applied Mathematics and computation, 2011b, 218 (7): 3680 – 3688.

[132] LIN R. Allocating Fixed Costs or Resources and Setting Targets Via Data Envelopment Analysis [J]. Applied Mathematics and Computation, 2011a, 217 (13): 6349 – 6358.

[133] LIU J S, LU W M. Network – based Method for Ranking of Efficient Units in Two – stage DEA Models [J]. Journal of the Operational Research Society, 2012, 63 (8): 1153 – 1164.

[134] LIU W, ZHOU Z, MA C, et al. Two – stage DEA Models with Undesirable Input – Intermediate – Outputs [J]. Omega, 2015, 56: 74 – 87.

[135] LOTFI F H, NOORA A A, JAHANSHAHLOO G R, et al. Centralized Resource Allocation for Enhanced Russell Models [J]. Journal of Computational and Applied Mathematics, 2010, 235 (1): 1 – 10.

[136] LOZANO S, ADENSO – DIAZ B. Network DEA – based Biobjective Optimization of Product Flows in a Supply Chain [J]. Annals of Operations Research, 2018, 264 (1/2): 307 – 323.

[137] LOZANO S, HINOJOSA M A, MÁRMOL A M. Extending the Bargaining Approach to DEA Target Setting [J]. Omega, 2019, 85: 94 – 102.

[138] LOZANO S, VILLA G, CANCA D. Application of Centralised DEA Approach to Capital Budgeting in Spanish Ports [J]. Computers & Industrial Engineering, 2011, 60 (3): 455 – 465.

[139] LOZANO S, VILLA G. Centralized Resource Allocation Using Data Envelopment Analysis [J]. Journal of Productivity Analysis, 2004, 22 (1): 143 – 161.

[140] MA C Q, REN Y S, ZHANG Y J, et al. The Allocation of Carbon E-

mission Quotas to Five Major Power Generation Corporations in China [J]. Journal of Cleaner Production, 2018, 189: 1 - 12. https: //doi. org/10. 1016/j. jclepro. 2018. 04. 006.

[141] MANDELL M B. Modelling Effectiveness. Equity Trade. offs in Public Service Delivery Systems [J]. Management Science, 1991, 37 (4): 467 - 482.

[142] MAR - MOLINERO C, PRIOR D, SEGOVIA M M, et al. On Centralized Resource Utilization and Its Reallocation by Using DEA [J]. Annals of Operations Research, 2014, 221 (1), 273 - 283.

[143] MASCHLER M, PELEG B, SHAPLEY L S. Geometric Properties of the Kernel, Nucleolus, and Related Solution Concepts [J]. Mathematics of Operations Research, 1979, 4 (4): 303 - 338.

[144] MAVROTAS G. Effective Implementation of the ε - constraint Method in multi - objective mathematical programming problems [J]. Applied Mathematics and Computation, 2009, 213 (2): 455 - 465.

[145] MILIONI A Z, DE AVELLAR J V G, GOMES E G. An Ellipsoidal Frontier Model: Allocating Input via Parametric DEA [J]. European Journal of Operational Research, 2011, 209 (2): 113 - 121.

[146] MITROPOULOS P, TALIAS M A, MITROPOULOS I. Combining Stochastic DEA with Bayesian Analysis to Obtain Statistical Properties of the Efficiency Scores: An Application to Greek Public Hospitals [J]. European Journal of Operational Research, 2015, 243 (1): 302 - 311.

[147] MORENO P, LOZANO S. Super SBI Dynamic Network DEA Approach to Measuring Efficiency in the Provision of Public Services [J]. International Transactions in Operational Research, 2018, 25 (2): 715 - 735.

[148] MOSTAFAEE A. An Equitable Method for Allocating Fixed Costs by Using Data Envelopment Analysis [J]. Journal of the Operational Research Society, 2013, 64 (3): 326 - 335.

[149] NAKABAYASHI K, TONE K. Egoist's Dilemma: a DEA Game [J]. Omega, 2006, 34 (2): 135 - 148.

[150] ORAL M, KETTANI O, LANG P. A Methodology for Collective Evalu-

ation and Selection of Industrial R&D Projects [J]. Management Science, 1991, 37 (7): 871 - 885.

[151] OWEN G. On the Core of Linear Production Games [J]. Mathematical Programming, 1975, 9 (1): 358 - 370.

[152] PACHKOVA E V. Restricted Reallocation of Resources [J]. European Journal of Operational Research, 2009, 196 (3): 1049 - 1057.

[153] PIMENTEL S D, PAGE L C, LENARD M, et al. Optimal Multilevel Matching Using Network Flows: An Application to a Summer Reading Intervention [J]. The Annals of Applied Statistics, 2018, 12 (3): 1479 - 1505.

[154] RAY S. Cost Efficiency in an Indian Bank Branch Network: A Centralized Resource Allocation Model [J]. Omega, 2016, 65: 69 - 81.

[155] RIPOLL. ZARRAGA A E, LOZANO S. A Centralised DEA Approach to Resource Reallocation in Spanish Airports [J]. Annals of Operations Research, 2020, 288 (2): 701 - 732.

[156] ROGGE N, DE JAEGER S. Evaluating the Efficiency of Municipalities in Collecting and Processing Municipal Solid Waste: A shared input DEA - model [J]. Waste Management, 2012, 32 (10): 1968 - 1978.

[157] RUIZ J L, SIRVENT I. Benchmarking within a DEA Framework: Setting the Closest Targets and Identifying Peer Groups with the Most Similar Performances [J]. International Transactions in Operational Research, 2020 (29): 554 - 573.

[158] SAHOO B K, ZHU J, TONE K, et al. Decomposing Technical Efficiency and Scale Elasticity in Two - stage Network DEA [J]. European Journal of Operational Research, 2014, 233 (3): 584 - 594.

[159] SCHMEIDLER D. The nucleolus of a Characteristic Function Game [J]. SIAM Journal on Applied Mathematics, 1969, 17 (6): 1163 - 1170.

[160] SEGOVIA - GONZALEZ M M, DOMINGUEZ C, CONTRERAS I. An Assessment of the Efficiency of Spanish Schools: Evaluating the Influence of the Geographical, Managerial, and Socioeconomic Features [J]. International Transactions in Operational Research, 2020, 27 (4): 1845 - 1868.

[161] SEIFORD L M, THRALL R M. Recent Developments in DEA: The Mathematical Programming Approach to Frontier Analysis [J]. Journal of Econometrics, 1990, 46 (1/2): 7-38.

[162] SEIFORD L M, ZHU J. Modeling Undesirable Factors in Efficiency Evaluation [J]. European Journal of Operational Research, 2002, 142 (1): 16-20.

[163] SHAO Y, BI G, YANG F, et al. Resource Allocation for Branch Network System with Considering Heterogeneity Based On DEA Method [J]. Central European Journal of Operations Research, 2018, 26 (4): 1005-1025.

[164] SHI Y. Current Research Trend: Information Technology and Decision Making in 2008 [J]. International Journal of Information Technology & Decision Making, 2009, 8 (1): 1-5.

[165] SHI Y. The Research Trend of Information Technology and Decision Making in 2009 [J]. International Journal of Information Technology & Decision Making, 2010, 9 (1): 1-8.

[166] SHI Y, PENG Y, KOU G, et al. Classifying Credit Card Accounts for Business Intelligence and Decision Making: A Multiple-criteria Quadratic Programming Approach [J]. International Journal of Information Technology & Decision Making, 2005, 4 (4): 581-599.

[167] SI X, LIANG L, JIA G, et al. Proportional Sharing and DEA in Allocating the Fixed Cost [J]. Applied Mathematics and Computation, 2013, 219 (12): 6580-6590.

[168] SIRMON D G, HITT M A. Managing Resources: Linking Unique Resources, Management, and Wealth Creation in Family Firms [J]. Entrepreneurship Theory and Practice, 2003, 27 (4): 339-358.

[169] SMITH P. Data Envelopment Analysis Applied to Financial Statements [J]. Omega, 1990, 18 (2): 131-138.

[170] SONGHORI M J, TAVANA M, AZADEH A, et al. A Supplier Selection and Order Allocation Model with Multiple Transportation Alternatives [J]. The International Journal of Advanced Manufacturing Technology, 2011, 52 (1-

4): 365 – 376.

[171] TAYLOR P, GOLANY B, PHILLIPS F Y. Models for improved effectiveness based on DEA Efficiency Results [J]. IIE Transactions, 1993, 25 (6): 2 – 10.

[172] TONE K, TSUTSUI M. Network DEA: A Slacks – based Measure Approach [J]. European Journal of Operational Research, 2009, 197 (1): 243 – 252.

[173] WANG C H, GOPAL R D, ZIONTS S. Use of Data Envelopment Analysis in Assessing Information Technology Impact on Firm Performance [J]. Annals of Operations Research, 1997, 73: 191 – 213.

[174] WANG D D. Performance – based Resource Allocation for Higher Education Institutions in China [J]. Socio – Economic Planning Sciences, 2019, 65: 66 – 75.

[175] WANG Q, WU Z, CHEN X. Decomposition Weights and Overall Efficiency in a Two – stage DEA Model with Shared Resources [J]. Computers & Industrial Engineering, 2019, 136: 135 – 148.

[176] WANG Y M, CHIN K S. Some Alternative DEA Models for Two – stage Process [J]. Expert Systems with Applications, 2010, 37 (12): 8799 – 8808.

[177] WEI Q, YAN H. A Data Envelopment Analysis (DEA) Evaluation Method Based on Sample Decision Making Units [J]. International Journal of Information Technology & Decision Making, 2010, 9 (4): 601 – 624.

[178] WEI Q, ZHANG J, ZHANG X. An Inverse DEA Model for Inputs/Outputs Estimate [J]. European Journal of Operational Research, 2000, 121 (1): 151 – 163.

[179] WU H, DU S, LIANG L. A DEA – based Approach for Fair Reduction and Reallocation of Emission Permits [J]. Mathematical and Computer Modelling, 2013, 58 (5 – 6): 1095 – 1101.

[180] WU H, YANG J, CHEN Y, et al. DEA – based Production Planning Considering Production Stability [J]. INFOR: Information Systems and Operational Research, 2019, 57 (3): 477 – 494.

[181] WU J, AN Q, ALI S, et al. DEA Based Resource Allocation Considering Environmental Factors [J]. Mathematical & Computer Modelling, 2013, 58 (5-6): 1128-1137.

[182] WU J, AN Q. New Approaches for Resource Allocation Via DEA Models [J]. International Journal of Information Technology & Decision Making, 2012, 11 (1): 103-117.

[183] WU J, CHU J, AN Q, et al. Resource Reallocation and Target Setting for Improving Environmental Performance of DMUs: An Application to Regional Highway Transportation Systems in China [J]. Transportation Research Part D: Transport and Environment, 2018, 61: 204-216.

[184] WU J, XIONG B, AN Q, et al. Total-factor Energy Efficiency Evaluation of Chinese Industry by Using Two-stage DEA Model with Shared Inputs [J]. Annals of Operations Research, 2017, 255 (1): 257-276.

[185] WU J, ZHU Q, AN Q, et al. Resource Allocation Based on Context-dependent Data Envelopment Analysis and a Multi-objective Linear Programming Approach [J]. Computers & Industrial Engineering, 2016, 101: 81-90.

[186] WU J, ZHU Q, CHU J, et al. Measuring Energy and Environmental Efficiency of Transportation Systems in China Based on a Parallel DEA Approach [J]. Transportation Research Part D: Transport and Environment, 2016, 48: 460-472.

[187] WU J, ZHU Q, JI X. Two-stage Network Processes with Shared Resources and Resources Recovered from Undesirable Outputs [J]. European Journal of Operational Research, 2016, 251 (1): 182-197.

[188] WU, J., CHU, J., ZHU, Q., YIN, P., LIANG, L. DEA cross-efficiency evaluation based on satisfaction degree: an application to technology selection [J]. International Journal of Production Research, 2016, 54 (20): 5990-6007.

[189] XIONG B, WU J, AN Q, et al. Resource Allocation of a Parallel System with Interaction Consideration Using a DEA Approach: an Application to Chinese Input-Output Table [J]. INFOR: Information Systems and Operational

Research, 2018, 56 (3): 298 – 316.

[190] YAN H, WEI Q, HAO G. DEA Models for Resource Reallocation and Production Input/Output Estimation [J]. European Journal of Operational Research, 2002, 136 (1): 19 – 31.

[191] YAN H, WEI Q, HAO G. DEA Models for Resource Reallocation and Production Input/Output Estimation [J]. European Journal of Operational Research, 2002, 136 (1): 19 – 31.

[192] YANG C C. Local Resource Reallocation Considering Practical Feasibility: a centralized Data Envelopment Analysis Approach [J]. Applied Economics, 2017a, 49 (56): 5709 – 5721.

[193] YANG C C. Measuring Health Indicators and Allocating Health Resources: a DEA – based Approach [J]. Health Care Management Science, 2017b, 20 (3): 365 – 378.

[194] YANG T, CHEN W, ZHOU K, et al. Regional Energy Efficiency Evaluation in China: A Super Efficiency Slack – based Measure Model with Undesirable Outputs [J]. Journal of Cleaner Production, 2018, 198: 859 – 866.

[195] YANG Z, ZHANG Q. Resource Allocation based on DEA and Modified Shapley Value [J]. Applied Mathematics & Computation, 2015, 263: 280 – 286.

[196] YU M M, CHEN L H, HSIAO B. A Fixed Cost Allocation Based on the Two – stage Network Data Envelopment Approach [J]. Journal of Business Research, 2016, 69 (5): 1817 – 1822.

[197] ZHA Y, LIANG L. Two. Stage Cooperation Model with Input Freely Distributed among the Stages [J]. European Journal of Operational Research, 2010, 205 (2): 332 – 338.

[198] ZHANG J, WU Q, ZHOU Z. A Two – stage DEA Model for Resource Allocation in Industrial Pollution Treatment and Its Application in China [J]. Journal of Cleaner Production, 2019, 228: 29 – 39.

[199] ZHANG M, WANG L L, CUI J C. Extra resource allocation: A DEA approach in the view of efficiencies [J]. Journal of the Operations Research Society of China, 2018, 6 (1): 85 – 106.

[200] ZHOU Z, LIU C, ZENG X, et al. Carbon Emission Performance Evaluation and Allocation in Chinese Cities [J]. Journal of Cleaner Production, 2018, 172: 1254-1272.

[201] ZHOU X, LUO R, YAO L, et al. Assessing Integrated Water use and Wastewater Treatment Systems in China: A Mixed Network Structure Two-stage SBM DEA model [J]. Journal of Cleaner Production, 2018, 185: 533-546.

[202] ZHU Q, WU J, LI X. China's regional natural resource allocation and utilization: a DEA-based approach in a big data environment [J]. Journal of Cleaner Production, 2017, 142: 809-818.

[203] ZHU W, ZHANG Q, WANG H. Fixed Costs and Shared Resources Allocation in Two-stage Network DEA [J]. Annals of Operations Research, 2019, 278 (1/2): 177-194.

后　记

　　本书将笔者近几年在资源配置与成本分摊方面研究中的成果进行归纳、总结。内容主要取材于笔者在各期刊上公开发表的论文，同时融入国内外学者在该领域取得的优秀研究成果，力求较全面、系统地概括国内外学者在资源配置与成本分摊方向的最新研究成果，反映发展动态。在结束本书内容之前，笔者想把自己关于本书的一些想法与读者分享。

　　首先，关于选题。资源配置和成本分摊一直是管理学与经济学领域的重要研究课题。小到企业的日常生产管理，大到国家层面的战略布局，都会涉及各种投入资源的分配与成本分摊问题。本书主要研究了资源配置与成本分摊两类问题，资源和成本可看作两种不同属性的投入，对于相关利益主体而言，其分摊到的成本越少越好，而分配的资源越多越好。资源配置和成本分摊是两类并列的问题，前者分配未来生产资源，而后者分摊历史费用，对二者的研究都具有重大现实意义及应用价值。

　　其次，关于创新性。本书的创新性主要体现在方法论上。本书基于数据包络分析、博弈论和多目标规划方法，分别提出了适用于单阶段系统的集中化、多目标资源配置模型，串联、并联、混合、交互式网络结构系统的资源配置模型，以及考虑竞争和合作关系的网络结构系统的固定成本分摊模型，丰富了相关的理论研究。此外，本书兼具理论与政策价值。本书将理论研究成果应用于银行、酒店、金融、建筑等行业中，其结论可为企业、行业间资源配置方案的制订、固定成本的分摊提供有效的决策支持。

在本书的研究和本书的写作过程中，笔者参考了很多国内外专家学者的相关文献资料。除了标注引用外，只恐还有疏漏之处，恳请批评指正，并深致谢意。希望本书的出版能够对相关领域的学者、政府管理部门、企业管理人员以及关注该问题的读者们有所帮助。